National Intelligence & **Police** Intelligence

국가정보와 경찰정보

국가정보의 새로운 영역과
경찰정보의 이론과 실제

II

정육상 저

백산출판사

머리말

필자가 처음으로 정보학을 강의한 것은 1995년 동국대학교 경찰행정학과에서 '정보관리'라는 과목으로 시간 강의를 하면서부터이다. 그리고 국가정보학 강의는 1996년 동국대학교 행정대학원 석사과정 학생을 대상으로 처음 시작한 것인데, 아마도 우리나라에서 같은 제목으로 개설된 최초의 강좌로 기억된다.

당시 정보학을 강의하면서 아쉬웠던 점은 학생들이 이해하기 쉽고 체계적으로 학습할 수 있는 교재가 없었다는 것이었다. 필자의 정보활동 경험과 미국에서 발간된 정보학 교재를 가지고 진행하였지만 한국의 실정에 부합하면서도 짜임새 있는 수업을 하기에는 한계가 있었고 늘 부족한 감을 가지고 있었다.

이러한 이유들로 인해 1993년 미국 연수 길에 올라 University of Oklahoma의 정치학과에서 Stephen Sloan 교수의 지도 아래 정보분야에 대한 연구를 시작하였다. 이 과정에서 국가정보학에 대하여 쉽고 체계적으로 정리한 Abram Shulsky 박사의 저서 『Silent Warfare』를 발견하면서 우리의 실정에 부합하는 교재를 만들고 싶은 욕구가 발동하였다. 그러나 귀국 후 현업에 밀리면서 집필은 단지 마음속 과제로만 남게 되었다.

우리나라에서 정보학 분야는 학계뿐만 아니라 정보실무 분야에서도 많은 성장을 보이고 있다. 처음 강의를 시작할 시기에 정보학 강좌가 개설된 곳은 동국대학교 경찰행정학과와 경찰대학 그리고 군 교육기관 일부에 불과하였으나, 현재는 경찰행정 관련 학과가 설치된 전국 100여 개 이상의 대학과 일부 대학의 정치학과 그리고 경찰과 군 교육기관 등 꽤 많은 분야에서 이루어지고 있다. 또한 정보학과 관련된 저서가 다수 출간되고 있으며, 다양한 학문분야에서 연구 논문이 발표되고 있다.

오늘날 국가정보를 연구하면서 특별하게 관심이 가는 곳은 과거 부문정보 기구적 역할을 담당하였던 경찰이 정책정보를 생산하여 국가정책결정을 뒷받침하는 것은 물론 해외에서도 23개 공관에서 69명의 치안주재관이 파견되어 테러, 국제범죄조직을 대상으로 정보수집을 하는 등 국가정보기구의 기능을 수행하면서 정보능력의 발전과 활동 범위도 크게 확대된 점이다.

이와 같이 우리나라에서 정보학의 질적·양적 성장이 이루어지는 가운데 정보학 학자로 변신한 필자가 본 책자를 발간하게 된 가장 큰 이유는 전국의 경찰관련 학과와 정치학과 그리고 군사학과의 교재로 활용되는 것은 물론 국가정보원, 경찰 등 실무에서도 다소나마 도움이 될 것으로 기대하였기 때문이다.

『국가정보와 경찰정보』는 크게 국가정보 총론을 다루는 I 권과 국가정보의 새로운 영역과 경찰정보를 살펴보는 II권으로 구성되어 있다. I 권은 제1편에서 정보와 국가정보의 개념, 국가정보학의 연구대상과 접근방법, 정보활동의 역사, 정보의 분류, 정보의 순환과정, 그리고 국가정보와 법치 등 국가정보학 일반에 대하여 작성하였고, 제2편에서는 정보기구에서 수행하는 정보활동의 기본요소를 첩보수집, 정보분석, 비밀공작, 방첩활동으로 나누어 자세하게 기술하였으며, 제3편에서는 정보와 정책과의 관계를 설명하는 분야로서 국가정보가 정책과정별로 어떤 기능을 하는지에 대한 설명과 정보의 조작, 정보의 실패 등 정보생산자와 정보사용자의 관계 속에서 발생할 수 있는 여러 문제점과 예방책을 다루었다.

II권은 구체적으로 제1편에서 냉전시대 이후 정보환경의 변화에 따라 정보기구의 주요 활동영역으로 새롭게 자리 잡고 있는 대테러, 사이버테러, 산업스파이, 그리고 국제범죄조직 분야에 대한 의미와 대응 필요성 등을 기술하였다. 제2편에서는 국내외 주요 정보기구의 기능과 조직 그리고 정보기구의 통제 실태를 우리나라와 외국의 주요 기구로 구분하여 살펴보았으며, 마지막으로 제3편에서는 국가정보기구로서 국가안보와 치안 분야에서 중추적 기능을 담당하고 있는 경찰의 정보활동에 대하여 논의하였다. 즉 정보경찰의 개념과 임무 및 특성, 정보경찰의 기원과 발전, 경찰의 첩보수집 및 정보 보고서 작성요령, 신원조사 및 정보기록의 관리에 대하여 알아보았다. 그리고 집회시위의 양상, 집시법과 경찰활동, 채증활동 분야가 포함된 집회시위 관리에 대하여 기술하였다.

아무쪼록 이 책이 국가정보학을 이해하는 데 조금이나마 도움이 되었으면 하는 바람이다. 아울러 우리나라 정보학의 학문적 발전을 위해 조그만 기여가 되었으면 한다.

부족한 능력에도 불구하고 이 책을 집필하는 과정에 많은 분들의 지원과 도움이 있었다. 먼저, 항상 자식의 건강과 행복을 염원하며 격려를 아끼지 않으시는 양가 부모님, 영원한 동반자이자 이 책의 시작에서 출간이 이루어지기까지 함께 고생하고 사랑을 보내준 아내, 어느 사이에 성장하여 아버지의 학교정착을 걱정하는 두 아들 모두에게 고마움의 뜻을 전하고 싶다.

그리고 정보활동을 법적 차원에서 다듬고 경찰정보의 틀을 구성하며 내실화하기까지는 목포해양대 박주상 교수님, 세한대 정병수 교수님을 비롯하여 앞서 정보학의 체계화를 위해 노력해 주신 많은 학자들의 연구 성과와 경찰정보 현업에 종사하는 실무자들의 조언에 힘입은 바가 크다. 진심으로 감사를 드린다.

아울러 어려운 출판여건에도 불구하고 흔쾌하게 출판을 허락해 주신 백산출판사 진욱상 사장님 이하 직원 여러분께 감사를 드린다. 그리고 동국대 박사과정에 재학하면서 바쁜 학업 일정에도 불구하고 원고정리와 교정을 위해 수고해준 조상현 대학원생에게도 깊은 감사를 전한다.

한 가지 강조하고 싶은 것은 본 책자가 여전히 부족한 점이 많다는 것이며, 모두 필자의 능력에서 비롯되었다는 것이다. 오류가 있는 부분에 대하여 많은 지적을 바라면서 앞으로 수정, 보완해 나갈 것을 약속드린다.

2015년 8월

계명대 쉐턱관 연구실에서

정 육 상

추천사 1

20세기 탈냉전 이후 국제사회와 정보환경의 변화에 따라 정보수요가 증가하고 이에 부응하여 정보기구의 역할이 증대되고 있다. 특히 첨단 과학과 정보통신 그리고 교통수단의 발달에 따라 세계화, 개방화, 정보화 현상이 가속화되는가 하면 제4의 영토라고도 하는 사이버공간이 전통적인 국경을 허물고 국가안보와 치안의 개념을 융합시키면서 정보활동의 대상이 늘어나고 대응기구의 활동 영역도 증폭되고 있다.

여사한 정보환경의 변화는 국가정보학 연구분야에 그대로 반영되어 이론과 현장 실무가 긴밀히 교류되면서 상호 보완 · 발전되고 있다.

저자는 신안보분야를 비롯한 여러 국가정보 현장에서 오랜 실무 경험과 연구 업적을 쌓아 왔다. 특히 세계 도처에서 인질로 붙잡힌 우리 국민들을 구출하는 작전에서 무명으로 헌신한 저자의 기획력과 판단 능력은 세계 테러대응 역사상 기념비적인 성과로 기록될 수 있다.

국내외 정보 현장에서 국가안보와 국민의 안전을 위해 위험한 일을 마다 않고 헌신하던 저자가 이제 학계에 진출하여 후학을 양성하면서 정보전문 경험자에 걸맞는 전문서적을 발간한데 대해, 한때 저자와 동고동락했던 국가정보의 전직 수장으로서 이를 높이 평가하며 앞으로도 국가정보와 경찰정보의 학문적 발전과 후학 양성에 더욱 매진할 것을 기대해 본다.

『국가정보와 경찰정보』를 I, II권으로 나누어 발간된 본서는 국가정보기관과 부문정보기관 간의 상호관계를 정립하는데 기여함은 물론, 국가정보원, 경찰, 해경, 군의 실무 정보활동에 활용되어 정보효과를 제고하는데도 기여하게 될 것이라고 확신한다.

아무쪼록 오랜 기간의 정보활동과 학문적 연구 실적을 겸비한 저자의 이 역작이 널리 읽혀져서 국가정보활동에 대한 독자 여러분의 이해를 돕고 나아가 국가와 사회의 발전에 기여하기를 기대한다.

2015년 7월

통일전략연구원 이사장

전 국가정보원장 김 만 복

추천사 2

경찰에서는 시간이 흐를수록 경찰정보에 대한 수요가 증가하는 가운데 이를 체계화하고 짜임새 있게 처리하기 위한 이론서의 발간을 고대하고 있었다.

시의적절하게 정교수께서 오랜 현장 정보활동과 후학을 양성한 경험을 토대로 정보이론과 실무를 체계화한 『국가정보와 경찰정보 Ⅰ』과 『국가정보와 경찰정보 Ⅱ』라는 제목으로 정보전문 서적을 발간한 데 대해 진심으로 축하를 드린다.

특히, 경찰정보를 법령과 실제 수행하는 정보활동의 내용을 근거로 가장 중요한 국가정보기구의 역할로 규정하면서 국가정보학의 중심축의 하나로 설명한 것은 우리나라 경찰의 정보활동 능력을 제고하고 늘어나는 국민적 요구에 부응하는 바람직한 설정으로 보인다.

경찰 재임 중 정교수와 국제범죄 업무를 함께 수행하면서 남다른 열정과 안보의식을 토대로 사회안전과 공공의 안녕질서 유지를 위해 끊임없이 노력하는 모습을 보았다. 그러한 열정이 학교에서도 이어져 오늘의 대작이 나온 것 같다. 앞으로도 이론과 실무를 겸비한 정교수께서 현장이론으로만 남아 있는 정보수집론, 정보분석론 등 순수 실무 책자마저 출간하셔서 현직 정보경찰들이 현장에서 능률적으로 업무를 수행할 수 있도록 뒷받침해 줄 것을 부탁드린다.

이 책자는 향후 정보경찰이 되겠다는 정보학도는 물론 실무에서 정보업무를 수행하는 현장 경찰관에게도 많은 도움이 될 것으로 믿는다.

2015년 7월

전 해양경찰청장, 경찰청장 강 희 락

차 례

제1편 신(新) 정보영역론

제2편 정보기구

제3편 경찰정보의 이론과 실제

부록

제 1 편

신(新) 정보영역론

제1장 신 정보영역과 테러

제1절 신 정보영역의 이해

1. 신 정보영역의 의의

냉전기간 중 게릴라 및 테러 조직은 물론 범죄조직 조차도 미소 강대국의 냉전게임에서 대리전(surrogate warfare)의 역할을 수행했기 때문에 그들의 투쟁은 국제사회를 양분한 강대국들 사이에서 발생할 수 있는 핵전쟁을 피하기 위한 하위단위의 투쟁에 불과하였다.

그러나 탈냉전과 세계화는 위협의 분석단위를 기존의 전통적인 국가 대 국가에서 점차로 국가 대 초국가적 비정부단체로 바꾸어가고 있는데, 반미를 기치로 글로벌 테러행위를 전개하는 이슬람 무장단체들과 초국가적 범죄조직 및 마약조직들의 활동이 대표적인 사례이다. 1990년대는 이들 초국가적 위협들이 변신하면서 새롭게 부상하는 과도기였다면, 9 · 11테러 이후 글로벌 차원의 '테러와의 전쟁'은 초국가적 위협들을 쇠퇴시킨 게 아니라 이들에게는 한 단계 새로운 차원의 도약을 위한 발판을 마련한 시기라고 평가할 수 있다.[1)]

이와 같이 탈냉전시대에 접어들자 전통적 안보위협으로 여겨졌던 전면전쟁의 위협은 크게 줄어든 반면, 테러, 국제범죄 등의 새로운 안보위협이 증가하고 있다. 이에 따라 정보기구의 역할 역시 군사적 위협으로부터 국가안보를 유지하는 활동에서 자국의 생존과 번영을 위한 경제발전과 국제범죄, 사이버 안보 문제를 해결하고 지원하는 기능으로까지 다변화되고 있다.

2. 정보영역의 확대 이유

정보활동에 있어 새로운 영역의 발현은 다음과 같은 이유에서 찾아볼 수 있다. 먼저, 국가안보 개념의 확대이다. 정보활동이란 국가안보를 확보하기 위한 핵심 수단의 하나로써 국가안보의 개념이 확장되면서 정보활동의 새로운 영역이 만들어진 것이다. 오늘날 국가안보의 개념은 국방차원의 전통적 개념에서 국가 및 시민의 핵심적 가치가 대내외로부터 위협받는 상황을 방지하여 심리적(psychology)인 것은 물론 물리적 안정(physical safety)을 추구하는 것으로 확대되고 있다.[2] 이에 따라 정보활동의 대상은 한 나라의 외부에 국한하지 않고 내부세력도 포함되게 되었으며, 보호해야할 핵심적 가치도 경제 및 생태는 물론 테러, 마약, 국제범죄 등 사회안전까지 포함하는 포괄적 개념으로 확대되기에 이르렀다.

둘째, 냉전의 종식이다. 공산진영과 서방진영의 치열한 대결구도가 끝이 나자 군사안보의 비중 감소와 함께 국가권력의 구성요소도 정치, 외교와 같은 경성권력(hard power)보다는 기술, 문화, 경제와 같은 연성권력(soft power)의 중요성이 상대적으로 커지게 되었다. 즉, 막대한 인적·물적 피해를 가져온 9·11테러 사건에서 볼 수 있듯이 테러와 같은 신안보 위협요인이야말로 정보활동의 주요한 영역으로 각인시켜 주고 있다.

셋째, 세계화 현상이다. 인간의 활동이 교통 및 통신의 발달과 정보혁명에 따라 전 지구촌으로 확대되면서 경제위기, 국제범죄, 사이버 테러 등과 같이 국가의 안전과 직결되면서도 자국 내의 조치만으로는 대응을 할 수 없거나 하더라도 근원적인 문제해결은 어렵게 되었다. 이에 따라 활동 반경이 국내외에까지 미치는 정보활동을 통해 이러한 문제를 해결해야 할 필요성이 증대되었다. 특히, 정보기구는 세계화 현상이 국가안보와 치안이 융합되는 환경을 만들어 내면서 마약, 테러 등 신안보 위협에 대응할 중심기구로 자리잡고 있다.

세계화는 안보환경의 특성을 크게 두 가지 측면에서 바꾸어 놓았다. 하나는 국가 행위자에 의한 안보위협을 대신하는 초국가적 행위자의 위협이 강력한 도전으로 등장하였다는 점이다. 과거에는 국내의 정치질서가 불안한 일부 국가에서 초국가적 위협이 심각한 수준이었으나, 국제사회의 안보구조를 불안정하게 만들만큼 여파가 크지는 않았다. 그러나 국가안보를 위협하는 새로운 행위자로 테러집단과 국제범죄 조직이 등장하였다. 이들은 이념과 정파에 관계없이 정치적 목적이나 금전적 이득을 얻기 위해 파괴적 수단을 이용하여 무차별적인 폭력을 사용하고 있다. 9 · 11테러는 국제안보구조와 주요 국가들의 안보조직에 강력한 충격을 준 사례이다. 다른 하나는 안보위협의 국내외 공간적인 구분이 불분명하게 되었다는 점이다. 세계화에 따른 인적 교류와 정보통신기술의 혁신으로 자유로워진 정보교류는 모든 국가를 잠재적 테러 대상으로 내몰았다. 국제안보환경의 변화와 공격 위협의 확산은 초국가적 위협을 범죄 차원에서 안보 수준으로 만들었다.[3)]

끝으로, 안보와 치안의 상호의존성이 강화됨에 따라 정보영역에서 범죄와 연계되는 부분이 늘어났기 때문이다. 안보는 국가의 생존과 주권을 위협하는 요인에 대처하는 것이라면, 치안은 개인의 생명과 권리에 대한 위협을 방지하는 것이다. 그러나 안보와 치안은 국가와 개인의 자유와 생존을 담보하는 동일한 목표를 가지고 있는데다 국가의 존립은 궁극적으로 국가에 소속된 개인의 권리를 보호하는 결과를 가져오기 때문에 상호 의존은 불가피하다. 이러한 가운데 세계화 현상과 인터넷의 보급에 따른 사이버공간의 확대로 국경개념이 엷어지면서 나타나는 안보와 치안의 융합현상으로 인해 정보활동에서 범죄분야가 차지하는 영역이 늘어나는 경향을 보이고 있다.

따라서 여기에서는 정보환경의 변화에 따라 새로운 정보영역으로 자리잡고 있는 테러, 사이버 안보, 경제, 그리고 국제범죄분야에 대하여 살펴본다. 이들

영역은 일부 학자들의 주장처럼 보안과 방첩 대상으로 한정되는 것은 아니며 첩보수집, 정보분석, 비밀공작의 정보목표이기도 하다.

제2절 테러와 국가안보

과거 테러범들의 공격 형태는 자신들의 주장을 널리 알리기 위해 정부요인을 암살하거나 항공기와 같은 교통수단과 건물들을 점거해 정치적인 요구사항을 내거는 방식이 주류를 이루었다. 그러나 1990년대 이후에는 다양한 공격수단과 방법으로 불특정 다수를 겨냥해 무차별 자행되고 있으며, 전쟁수준에 버금가는 피해를 유발함으로써 사회 안녕은 물론 국가안보까지 위협하는 양상으로 전개되고 있다.[4)]

2001년 납치한 민간 항공기를 뉴욕 무역센터 등에 충돌시켜 3,052명의 희생자와 약 95조원의 재산피해를 가져온 9 · 11테러나 2008년 중화기로 무장한 파키스탄 출신 테러범들이 인도 최대도시 뭄바이에서 시민과 외국인에게 무차별 공격을 가해 172명의 목숨을 앗아간 사건 그리고 2013년 240여명의 사상자를 가져온 미국의 보스턴 테러사건에서 발생한 인적, 물적 피해는 전쟁수준에 이르고 있다.

이에 따라 미국은 테러를 냉전시대에 있었던 소련의 위협을 능가하는 가장 중요한 안보위협요소 중의 하나로 판단하고 있으며, 2001년 9 · 11테러 후에는 테러와의 전쟁(war on terroism)을 선언하는 등 테러문제를 국가안보의 당면과제로 삼아 초국가적 안보쟁점으로 설정하고 있다. 우리나라 역시 3대 세습으로 불안정한 정치체제를 유지하고 있는 북한에 의해 대남테러가 우려되고 있으며, 주한미군 등 서방시설이 산재해 있어 알 카에다 등 국제테러조직의 타깃(target)이 되고 있고, 2015년 1월 현재 우리나라에 체류하는 외국인이 1,846,049명인 가운데[5)] 급진 과격이념에 오염된 일부 이슬람 2세들에 의한 자생테러 가능성 등으로 인해 테러로부터 예외일 수가 없는 실정이다.

제3절 테러의 개념과 유형

1. 테러의 개념

W. Laquer가 테러에 대한 정의가 100가지가 넘는다고 주장한 것처럼[6] 테러의 개념에 대해서는 아직도 학계에서 완전한 일치를 보지 못하고 있는 것이 현실이다.[7] 즉, 이토 히로부미(伊藤博文) 살해사건에 대해 한국에서는 '안중근 의사가 조선침략의 원흉을 살해한 사건'이 되고, 일본에서는 '안중근이라는 조선의 테러리스트가 현대 일본 건국의 지도자를 암살한 사건'으로 평가될 수도 있는 것처럼 극단적으로 정당성 측면에서 '테러리스트=자유의 투사'라는 상반된 정의가 현실적으로 가능하기 때문이다.[8]

그러나 테러라는 행위를 규제하기 위해서는 그 개념을 명확히 할 필요가 있으며, 자의적 해석이나 남용의 여지를 최소화하기 위해서라도 개념 확정이 필요한 것은 부인할 수 없다. 따라서 이러한 테러의 개념을 정의하기 위한 노력의 일환으로서 아래에서 권위 있는 기관이나 학자의 개념을 소개한 후 이를 정리하여 테러의 개념적 징표를 규명하고자 한다.

UN은 2005년 테러연구를 위한 UN전문위원회에서 테러행위를 "정부 또는 국제기구를 강요하여 어떤 행동을 하거나 또는 하지 못하게 할 목적으로 일반 시민들을 위협하거나 죽음 또는 중대한 신체적 손상을 초래할 의도로 행해지는 일련의 행동들"로 정의하였다.

아랍국가들은 1998년 개최된 테러금지를 위한 아랍국제회의(Arab Convention on the Suppression of Terrorism)에서 테러행위 자체는 비난하면서도 "아랍국가의 이익에 반하는 행위가 테러행위이고 아랍지역 이외, 그리고 아랍인들 이외의 사람들에 대한 것은 테러가 아니다" 라고 했다.

미국의 경우, 연방수사국(FBI)은 정치적 · 사회적 목적을 달성하기 위해 정부, 시민사회 또는 그 특정구성원을 위협하거나 협박할 목적으로 인명 · 재산에 대해 사용되는 불법적인 물리력 또는 폭력행위로, 국토안보부(DHS)에서는 고의로 인간의 삶을 위협하거나 심각하게 사회기반구조 또는 핵심적 자원을 잠재적으로 파괴할 수 있는 행위로 보고 있으며, 국방부는 자신의 정치적 · 민족적 · 이념적 목적을 위해 정부 또는 시민사회를 협박 또는 위협할 목적으로 사용되는 불법적 폭력의 계획된 사용 또는 불법적 폭력의 위협으로 보고 있다.9)

우리나라에서는 대테러 활동의 근거법이 되고 있는 국가대테러활동지침(대통령 훈령 제337호)에서 테러는 "국가안보 또는 공공의 안전을 위태롭게 할 목적으로 행하는 다음 각목의 어느 하나에 해당하는 행위를 말한다"고 규정하고 있다.

① 국가 또는 국제기구를 대표하는 자 등의 살해 · 납치 등 「외교관 등 국제적 보호인물에 대한 범죄의 방지 및 처벌에 관한 협약」 제2조에 규정된 행위
② 국가 또는 국제기구 등에 대하여 작위 · 부작위를 강요할 목적의 인질억류 · 감금 등 「인질억류 방지에 관한 국제협약」 제1조에 규정된 행위
③ 국가중요시설 또는 다중이 이용하는 시설 · 장비의 폭파 등 「폭탄테러행위의 억제를 위한 국제협약」 제2조에 규정된 행위
④ 운항 중인 항공기의 납치 · 점거 등 「항공기의 불법납치 억제를 위한 협약」 제1조에 규정된 행위
⑤ 운항 중인 항공기의 파괴, 운항 중인 항공기의 안전에 위해를 줄 수 있는 항공시설의 파괴 등 「민간항공의 안전에 대한 불법적 행위의 억제를 위한 협약」 제1조에 규정된 행위
⑥ 국제민간항공에 사용되는 공항 내에서의 인명살상 또는 시설의 파괴 등 「1971년 9월 23일 몬트리올에서 채택된 민간항공의 안전에 대한 불법적 행위의 억제를 위한 협약을 보충하는 국제민간항공에 사용되는 공항에서의 불법적 폭력행위의 억제를 위한 의정서」 제2조에 규정된 행위
⑦ 선박억류, 선박의 안전운항에 위해를 줄 수 있는 선박 또는 항해시설의

파괴 등 「항해의 안전에 대한 불법적 행위의 억제를 위한 협약」 제3조에 규정된 행위

⑧ 해저에 고정된 플랫폼의 파괴 등 「대륙붕상에 소재한 고정플랫폼의 안전에 대한 불법적 행위의 억제를 위한 의정서」 제2조에 규정된 행위

⑨ 핵물질을 이용한 인명살상 또는 핵물질의 절도 · 강탈 등 「핵물질의 방호에 관한 협약」 제7조에 규정된 행위

이상에서 설명한 테러의 개념을 정리해 보면 첫째, 폭력행위의 사용 또는 사용의 위협으로 행해지며, 둘째, 테러 행위자의 정치적 · 민족적 · 이념적 동기를 관철하기 위한 수단으로서 행하는 불법행위이며, 마지막으로 테러의 직접적 공격대상과 자신들의 목적달성을 위한 피강요의 객체가 다르다는 것을 확인할 수 있다. 즉 폭력행위의 직접적 피해당사자와 이러한 폭력행위로 인해 공포감을 조성 받고 의사결정의 침해를 받는 대중이나 정부기관과는 구별된다.[10]

한편, 우리나라에서는 테러와 테러리즘이란 용어를 혼용하고 있어 이에 대한 정리도 필요하다. 테러(terror)는 일반적으로 '놀라운 살인현장을 직접 보거나 영화 등을 통해 알게 됨으로써 경험하는 극도의 불안한 심리상태'임에 비해, 테러리즘(terrorism)은 '특정한 목적 달성을 위해 자행되는 폭력행위'로 정의된다. 그러나 언론계, 학계에서 테러와 테러리즘을 혼용해 사용하고 있어 양자를 구분해서 사용하는 것은 큰 의미가 없는 없는데다[11] 법령 및 정부기관에서도 '테러'라는 어휘로 통일되게 사용하고 있어 본 책에서는 테러라는 용어로 단일화해 사용한다.[12]

2. 테러의 유형

테러의 형태는 테러수단의 발전과 테러 환경에 따라 수시로 변화되고 있기

때문에 일률적인 유형을 제시하기는 어렵다. 다만 여기에서는 경찰청에서 분류하고 있는 유형을 중심으로 설명하기로 한다.[13)]

가. 폭발물 테러

폭발물 테러는 폭약, 폭탄을 주요 수단으로 하는 테러 형태로서 세계의 테러 및 게릴라 사건의 약 55.3% 이상을 차지하는 수단이다. 그 수단이 편지·소포폭탄·가방폭탄·배낭폭탄 등의 소형에서 자동차폭탄과 같은 대형에 이르기까지 광범위하고 종류 또한 다양하며, 최근에는 일반인을 대상으로 출·퇴근 시간대에 지하철과 같이 많은 사람들이 모이는 장소를 겨냥하는 등 그 수법도 점점 흉포화되고 있다. 그리고 폭탄 테러에서 주로 사용되는 플라스틱 폭탄은 RDX를 주성분으로 하는 C4폭탄으로 변형하기 쉬운 성질을 가지고 있으며, 미군에서 사용되고 있는 일반적인 고성능폭탄으로 알려져 있다.

자동차 폭탄은 1995년 오클라호마(Oklahoma) 연방청사 폭파사건과 1998년 탄자니아(Tanzania)와 케냐(Kenya)의 미국대사관 동시 폭파사건에서 사용된 것으로 다량의 폭탄을 탑재할 수 있고, 표적의 내·외부에 비밀리에 설치하기 쉬운데다 원격조작도 가능하다.

자폭테러는 폭탄을 등에 짊어지거나 몸에 감은 채 자신과 함께 표적을 폭파하는 것으로서 여성이나 심지어 나이 어린 소년들까지 자폭테러에 이용되고 있다.

나. 항공기 테러

항공기 테러는 항공기가 테러에 이용되는 유형으로 비행기가 납치되거나, 승객들이 인질로 억류되거나, 폭파되는 경우 정치적, 경제적으로 그 파급효과는 막대하다.

무엇보다도 항공기 테러의 문제가 심각하게 받아들여지는 것은 항공기는 지상관제시설과 공항탑승시설, 항공기 및 격납시설 등 복잡하고 다양한 장비와 최첨단 전산화 체계에 의해 운용되는데다 일단 이륙 후의 발생상황에 대해서는 대처가 어렵다는 사실이다. 그리고 공중납치의 경우 9 · 11테러사건과 같이 납치된 비행기를 이용한 제2 · 제3의 테러가 이어질 수 있다는 심각한 문제점을 가지고 있어 예방과 대처가 어렵다는 이중의 어려움이 있다.

항공기에 대한 테러는 크게 항공기 납치(Aircraft Hijacking), 공중폭파(Sabotage Bombing of Airborne Aircraft), 공항시설과 항공기 이용객에 대한 공격(Attack against Airline Facilities and Their Users) 등 세 가지의 형태로 자행되고 있다. 국제사회에서 항공테러가 본격적으로 문제화된 것은 1960년대 중반 이후 점차 테러단체들이 항공기 납치를 통해 그들의 정치적 목적을 달성하기 위한 수단으로 이용되면서부터이다. 1987년 11월 29일 대한항공 KAL 858기 공중폭파사건에서 볼 수 있는 것처럼 항공기 공중폭파사건은 항공기 납치사건과 비교해 볼 때 발생 빈도수가 낮지만, 항공기가 수천 미터 상공을 비행중일 때 폭발물이 터지도록 장치됨으로써 일단 성공하면 엄청난 인명피해를 초래하게 되어 그 어떤 형태의 테러보다 위협을 더해주고 있다.

그리고 테러범들은 항공시설과 승객에 대한 공격도 주저하지 않고 있다. 대표적인 사례로는 1972년 3명의 일본 적군파(Japanese Red Army-JRA) 소속 테러범들이 에어 프랑스 항공기편으로 이스라엘 로드 공항(Lod Airport)에 도착하여 입국수속을 받기 위해 터미널을 빠져나오는 승객들을 향해, 수류탄과 자동소총으로 무차별 공격하여 성지순례 중이던 푸에르토리코인(Puerto Rican)들을 포함한 28명이 사망하고 70여명이 부상한 사건이 있다.

국제화가 가속화됨에 따라 빈번한 항공기 이용이 필수 불가결한 수단으로 등장한 가운데, 국제항공 노선의 경우 국적이 다른 수많은 이용객을 수송하고 있어 앞으로도 우려가 되는 테러 유형이다.

다. 생화학 테러

생화학 테러는 탄저균, 천연두, 페스트, 에볼라 등의 병원체나 염소가스와 같은 독가스를 이용하여 테러를 행하는 유형으로 과거 정규전 상황 하에서 적 부대 격멸과 전략적 목표지역을 대상으로 전개하였던 기존의 생화학전이 생화학 테러 형태로 변형된 것이다. 대표적인 사례로는 1979년 1월 소련이 아프가니스탄을 침공하기 위해 6개월 전부터 회교 반군에게 화학 무기로 공격을 감행하기 시작하여, 1981년 말까지 총 47회의 침공으로 3천여 명이 사망하였다. 그리고 1980년부터 8년간 지속된 이란-이라크 전쟁에서 이라크 군이 이란 군에게 생화학 무기를 사용하여 5만여 명이 사망하였다.

생화학 테러의 예상 유형은 다음과 같다. ① 지하철 환승역, 극장, 백화점, 대형 유통매장 등 다중이용시설에 화학작용제 및 독가스를 살포하여 즉각적인 대규모 인명 피해를 발생시켜 공황과 불안을 유발하여 혼란을 초래하며, ② 대규모 유독물 제조 및 저장 시설에 대한 폭파를 통해 단기간 내에 광범위한 지역에 걸쳐 오염과 피해를 발생시킬 수 있고, ③ 유독물을 운반하는 차량을 납치하거나 취수장 및 정수장에 유독물을 주입하는 방법으로 은밀하게 테러를 할 수 있다. 그리고 ④ 화물선을 이용하여 화학제 및 유사물질로 항구를 폭발시킬 수 있으며, ⑤ 공용화기를 이용하여 화학탄과 가스탄을 직접 살포하는 것도 가능하다.

라. 핵 테러

핵 테러는 고의적으로 인명의 살상 및 상해를 목적으로 핵무기나 방사능무기를 사용 또는 사용위협을 하거나 핵 · 방사능 물질을 포함하고 있는 시설을 공격하여 핵무기 제조에 필요한 핵물질을 탈취하거나, 고의적으로 방사능 누출사고를 일으키는 행위이다.[14]

핵 테러는 ① 완전한 핵무기의 절도와 폭발, ② 절도 또는 구입한 핵분열성

물질로 제작한 '급조핵장치(IND: Improvised Nuclear Device)' 폭발, ③ 핵발전소와 같은 핵시설에 대한 공격이나 파괴공작을 통한 방사능물질 방출, ④ 방사능물질의 비합법적 습득을 통한 '방사능 살포장치(Radiological Dispersion Device, 일명 Dirty Bomb)' 제작 및 폭발 등 4가지 방식에 의해 자행될 수 있다.

이중 핵폭발이 발생하는 첫 번째와 두 번째 유형이 가장 심각한 핵 테러 위협이 될 수 있다. 세 번째 유형은 비교적 적은 손실을 초래할 수 있으나 원자로 가동 불능과 방사능 물질 오염으로 경제적 손실은 물론 장기적으로 국민보건상태에 큰 피해를 입힐 수 있다. 마지막 시나리오인 방사능 살포장치를 이용한 테러는 가장 용이한 방법으로 발생할 가능성이 높다. 방사능 살포장치는 재래식 폭발물에 방사능물질을 사용하는 방식으로 방사능물질이 광범위하게 확산되어 경제적, 재산적 및 보건적 측면에서 피해를 야기하게 된다.[15]

마. 사이버 테러

사이버 테러는 폭발물과 같은 엄청난 폭음이나 파편으로 인명과 시설을 파괴하지도 않으며 눈에 보이는 세상이 아닌 가상 사이버공간에서 이루어지는 공격형태이나 우리의 생활을 지배하는 사이버 체계로 인하여 폭발물에 의한 테러보다 더 엄청난 파괴력으로 우리를 위협하고 있다.

현재 우리 인류는 첨단 기술의 발달로 대부분의 물리적 세계가 가상공간의 세계로 쉽게 전환되는 시대에 살고 있으며 그 속도와 형태도 상상을 초월할 정도에 이르고 있다. 커텐을 열고 닫으며, 전화나 컴퓨터로 집안의 전자제품을 켜고 끄며, 교통 운용 및 신호체계의 통제와 항공기의 관제 및 항법조정, 각종 도시기반시설의 관리와 통제, 심지어 초정밀 유도무기체계의 운용과 국방 관련 기술 및 보안관리까지 사이버 체계는 우리 일상생활뿐만 아니라 모든 생활 전반에 걸쳐 직접적인 영향 관계에 놓여져 있다. 보다 상세한 내용은 제2장에서 설명하기로 한다.

바. 요인납치

요인납치는 1960년대 초 남미지역에서 주로 사용했던 방법으로 현재는 테러범들이 항공기 납치만큼 즐겨 쓰는 방법이다. 작전에 참여했다가 체포되어 수감되어 있는 동료 테러리스트의 석방을 위한 방편으로 사용하거나 인질을 볼모로 하여 정치적 혹은 물질적인 양보, 그리고 정치적 선전 등과 같은 목적을 달성하기 위해 사용하는 전술이다.

요인납치는 위험부담이 아주 적으면서 정치적 선전효과는 상대적으로 높아 1960년대 후반부터 급증한 이래 1980년대에 이르러서는 전 세계적으로 커다란 문제가 되었다.

사. 요인암살

요인암살(Assassination)은 역사적으로 가장 오래된 테러의 한 형태로 특정 인물을 은밀한 방법으로 살해하는 행위이다.

고대 로마제국 쇠퇴기에 발생했던 황제 암살이나 십자군전쟁 그리고 종교개혁 등을 거치면서 발생했던 일련의 암살, 제1차 세계대전의 도화선이 되었던 프란츠 페르디난트 암살(Assassination of Archduke Franz Ferdinand), 아직도 베일에 싸여 있는 케네디 암살(Assassination of John F. Kennedy) 등과 같이 동서고금을 막론하고 암살의 역사는 과거의 유습이라고 일축할 수 없는 상황이 세계적으로 계속되고 있다.

한편, 요인암살은 북한이 지금까지 대한민국의 지도자를 대상으로 주로 사용해온 테러의 주요 형태이기도 하다.

제4절 최근 테러 양상

오늘날 국제사회는 정보혁명의 진전과 개방화, 세계화 현상이 가속화되면서 인류에게는 풍요로운 생활을 할 수 있는 혜택도 주어졌지만 부정적인 현상으로 신종 테러수법이 개발되어 인류에게 막대한 피해를 주는 등 테러 환경에도 큰 영향을 미치고 있다. 최근에 나타나고 있는 테러 양상은 다음과 같다.[16)]

1. 사이버 테러의 확산

획기적인 과학기술의 산물인 인터넷이 테러에 이용될 수 있는 환경을 제공하면서 사이버공간을 이용한 테러가 다양한 방면에서 여러 형태로 늘어나고 있다. 즉, 항공기 제작과 항공관제시스템 관리에 필요한 소프트웨어를 만드는 회사에 대해 사이버 테러를 한다면 9 · 11테러와 같은 일이 발생할 수 있는 것이다.

테러집단과 테러범에게 인터넷은 시 · 공간을 넘어 조직원의 충원과 관리, 자금조달, 선전, 훈련, 테러행위 선동 그리고 테러목적을 위한 정보수집과 전달이 가능토록 하기 때문에[17)] 테러행위 수행 능력을 증가시켜 주는 주요한 기제로서의 역할[18)]을 하고 있다. 그리고 테러범이 되려는 사람에게는 인터넷 가상공간에 있는 수천 개의 웹사이트를 통해 어떠한 사람의 방해도 없이 자신이 지향하는 사상을 찾아내 심화시키고, 과격폭력의 자기합리화를 찾아내는 통로로 활용할 수 있다.[19)]

이에 따라 유엔마약범죄사무국(United Nations office on Drugs and Crime, UNODC) 사무총장 Yury Fedotov는 인터넷을 이용한 테러행위가 급증하고 있는 것이 오늘의 현실이라며 UN 회원국들의 예방과 공동대응노력이 필요하다고 강조하고 있다.[20)]

2. 테러조직의 네트워크화

접근성이 좋고 익명으로 신속하게 활용할 수 있는 인터넷의 보급 확대와 통신수단의 발달로 인해 장소와 시기를 떠나 의사소통이 가능해짐에 따라 테러집단 구성원 간의 관계는 물론 테러조직 간에도 네트워크화되는 경향을 보이고 있다.

세계 최대 테러조직의 하나인 알 카에다의 경우, 1988년 오사마 빈라덴(Osama Bin Laden)이 무슬림 전사를 규합하여 테러단체를 만들 당시에는 그를 정점으로 엄격한 수직적 구조를 가지고 있었으나, 2001년 9 · 11테러 이후 전 세계 60개 이상 국가에서 소그룹 단위로 분산되어 활동하는 것은 물론 지휘구조도 수평적으로 상호 연결된 상태를 유지하는 구조를 보이고 있다. 그리고 정도의 차이는 있으나 탈레반(Taliban) 등 여타 테러조직도 내부 배신자에 의한 조직의 피해를 방지하고 외부로부터의 군사적 공격이나 체포를 피하기 위해 느슨한 형태의 수평적 조직구조를 보이고 있다.

수사를 통해 2002년 제마이슬라미야(Jemaah Islamiya)가 자행한 인도네시아 발리폭탄테러[21]와 2004년 스페인 마드리드에서 발생한 폭탄테러사건[22]도 테러범들이 네트워크 형태로 연결된 사건이었음을 확인할 수 있었다.

그리고 테러조직 사이에도 상호 연대를 강화하는 현상이 뚜렷해지고 있다. 알 카에다는 북아프리카에서 활동하는 알 카에다 마그렙지부(AQIM)와 아프가니스탄과 파키스탄에 근거지를 둔 탈레반 등과 연계를 강화하는 것은 물론 자생테러 참여자들을 네트워크를 통해 묶는 경향을 보임으로써 사실상 전 지구적인 테러세력으로 만들어가고 있다. 이러한 현상은 인터넷이 유사한 테러이념을 가진 다른 조직과의 의사소통을 은밀하게 할 수 있는 수단이 되어 지역이 다르더라도 네트워크의 형성을 가능하게 해 준데 따른 것이다.

3. 외로운 늑대 테러 증가

테러범 자신의 이념과 종교성 추구, 국가정책의 변경 그리고 정치적 요구 등을 위해 외부 어떤 집단의 지원이나 지휘 없이 혼자 테러를 계획하고 독단적으로 테러를 실행하는 외로운 늑대(Lone Wolf Terrorism) 테러[23)]가 증가하고 있다.

C. Hewitt[24)]의 조사에 따르면, 미국에서 테러 피해자 중 외로운 늑대 테러 피해자가 1955년에서 1977년 사이에는 7%에 불과하였으나 1978년에서 1999년 사이에는 26%나 증가한 것으로 확인된 가운데, 2010년 2월 미국인 Joseph Andrew가 정부정책에 불만을 품고 텍사스 오스틴(Austin)의 국세청 청사를 소형 민간 경비행기로 공격하여 15명의 사상자가 발생하였으며, 2013년 4월에는 Dzhokhar, Tamerrlan Tsarnaev가 독자적으로 보스턴 마라톤 현장을 공격하여 240여명이 죽거나 부상당하였고, 한국에서도 2006년 사회에 불만을 가진 지충호가 박근혜 전 한나라당 대표에게 면도칼 공격을 하고, 2015년 김기종이 한·미연합훈련 반대를 주장하며 주한미국대사 Mark M. Lippert를 과도로 공격하는 등 외로운 늑대 테러는 늘어나고 있는 실정이다.[25)]

이와 같은 외로운 늑대형 테러는 세계 경제의 전반적인 성장에도 불구하고 개인적으로는 국가 간 또는 국가 내 지역 간 빈부격차를 느끼고, 목표달성을 위한 기회의 불공평 등으로 정치, 종교, 사회적 불만이 고조될 여건이 조성되어 있는데다 혼자서도 언론매체나 인터넷을 통해 최신 테러수법과 과격이념을 빠르게 수용할 수 있는데서 비롯되고 있다.

4. 불특정인 대상 무차별 테러

최근에는 대량인명 살상을 목표로 불특정인을 무차별 공격하는 테러가 늘어나고 있다. 과거에는 테러범들이 주로 국가원수나 국가기관을 공격함으로써 희생자와 비희생자를 구분하려는 선택적 테러를 하였지만 오늘날은 점차 일반 대중을 살상하는 보편적 테러가 주를 이루고 있다. 즉 대상을 구분하지 않고 가급적 많은 인원을 살상함으로써 주민들에게 불안과 공포를 유도하고 있는 것이다.[26)]

2001년 9월 납치한 민간 항공기를 뉴욕 무역센터 등에 충돌시켜 사상자를 가져온 9 · 11테러, 2004년 9월 오세티아 공화국 베슬란시에서 체첸반군이 학교에 난입하여 1,200여 명을 인질로 잡고 있다가 진압과정에서 1,294명의 사상자가 발생한 사건, 그리고 2013년 12월 러시아 이슬람 무장단체가 러시아 볼고그라드의 기차역과 트롤리버스를 대상으로 폭탄 테러를 가해 최소 30명이 목숨을 잃은 테러사건에서 볼 수 있듯이, 최근에는 특정 국가나 지역 구분 없이 학교, 대형빌딩, 극장, 기차역, 공항, 버스 등지에서 무차별적으로 테러하는 양상을 보여주고 있다.

5. 테러수법의 다양화

과거에는 테러수법이 권총, 폭탄 등 재래식 무기로 공격하는 비교적 단순한 형태를 가지고 있었으나 최근에는 각종 첨단무기와 문명의 이기들을 테러 수단으로 이용하는 등 테러수법이 다양화되고 있다.

먼저, 대량살상 무기인 화생방 무기와 첨단 미사일을 이용한 테러가 발생하고 있다. 로켓추진 수류탄 등을 이용한 핵시설 테러, 사린가스 등을 사용한 화생방 테러, 그리고 미사일 등 대량살상 무기를 이용한 테러가 증가하는 경향이 있다.[27)]

둘째, 동시다발 테러수법을 동원하고 있다. 9 · 11테러에서 알 카에다가 4대의 민간 항공기를 납치하여 동시다발 테러를 시작한 이래 2008년 5월에는 인도 서부 자이푸르에서 7차례의 동시 연쇄폭탄 테러가 발생하여 63명이 사망하는 등 동시다발적인 테러는 그 효과를 극대화하고 대테러기관의 대응에 혼선을 주고 있다.

셋째, 경계가 적은 아이 등을 이용해 자살폭탄 테러를 행하고 있다. 탈레반이 2011년 아프간에서 8세 여아에게 철제가방을 들고 경찰관에게 다가가게 한 후 자폭하게 하거나,[28] 2009년에는 자살테러범이 사우디아라비아 모하메드 빈 나예프(Mohammed bin Naif) 왕자의 집무실을 방문한 자리에서 왕자와 악수를 하는 순간 그의 몸이 폭발하는 수법으로 테러하는[29] 등 테러수법이 갈수록 교묘해지고 지능화되고 있다.

끝으로 이미 소개한 사이버 테러 또한 최근 등장한 주요 테러수법으로 공격대상의 기반시설을 무차별적으로 공격하여 국가 전체를 공황상태로 몰아넣거나 전쟁수단으로까지 활용되고 있다.

6. 의사소통 수단의 다변화

테러조직들은 신문 등 전통적인 매스미디어를 활용하던 시절에는 비교적 소극적이며 의존적인 위치에 있었으나 오늘날에는 빠르고 적극적이며 독립된 행위자로 전환되면서 인쇄매체는 물론 비디오, 카세트, 인터넷 통신, SNS, 방송 인터뷰 등을 복합적으로 활용하고 있다.

과거 언론매체와 통신수단이 발달하지 못하였던 시기에는 테러 모의자나 실행자가 직접적인 접선을 통해 의사전달을 하였으나 최근에는 테러범들이 많은 시행착오를 겪으면서 대중화된 의사소통 수단을 활용하고 있다. 알 카에다 지도자의 의사전달 양태를 보면, 오사마 빈 라덴(Osama bin Laden)의 경우 주로 비디오 테이프를 이용하여 성전(Jihad)이라는 메시지들을 대중화시켰으며, 빈 라덴의 뒤를 이어 알 카에다의 지도자가 된 아이만 알 자와히리(Ayman al-Zawahiri)는 전통적인 인편 접촉은 아주 제한하면서 다양한 멀티미디어의 형식과 인터넷을 통하여 조직 구성원과 일반 시민에게 선전하고 있다. 그리고 탈레반 등 주요 테러집단은 지도자의 지침에 따라 테러의 시너지 효과를 높이기 위해 알자지라 방송 등 대중매체와의 직접 인터뷰 및 인질들을 고문, 참수 살해하는 장면을 매스컴에 전달하거나 인터넷 웹사이트에 올리는 등의 방법으로 전 세계인을 심리적으로 위협하고 있다.

이상에서 기술한 테러 양상은 과거와 완전히 단절된 양태라기보다는 새로운 수법이 동원되는 등 과거와 비교하여 최근에 상대적으로 많이 나타나거나 변화한 형태를 고려하여 설명한 것이다.

제5절 한국의 테러대응체계와 발전과제

1. 테러대응체계

오늘날 세계화, 개방화 추세로 인해 우리 국민이 기업인이나 여행객 등의 신분으로 해외로 출국하는 사례는 물론 외국인의 국내 입국도 급증하는 가운데 국제테러조직과 북한의 테러위협은 지속되고 있어 실효성 있는 테러 대응활동의 필요성이 더욱 요구되고 있다. 이에 따라 우리나라에서는 대통령훈령(제337호)인 「국가대테러활동지침」을 근간으로 대책기구와 테러사건 대응조직을 운영하고 있다.

테러대책기구로는 국가대테러정책의 심의 및 결정을 위하여 대통령 소속하에 국무총리를 의장으로 하고 국가정보원장, 경찰청장 등 20명의 정무직 공무원을 위원으로 하는 테러대책회의를 두고 있으며(「국가대테러활동지침」 제5조), 대테러 업무를 취급하는 관계기관 간의 유기적인 협조 · 조정 및 테러사건에 대한 대응대책의 결정 등을 위하여 테러대책회의 산하에 국가정보원장을 위원장으로 하고 국가안보실장 등 11명을 위원으로 하는 테러대책상임위원회를 운영하고 있다. 그리고 테러정보 통합관리, 상임위원회의 결정사항에 대한 이행점검, 국내외 테러 관련 정보의 수집 · 분석 · 작성 및 배포, 테러대책회의 · 상임위원회의 운영에 대한 지원, 테러 관련 위기평가 · 경보발령 및 대국민 홍보 등을 위해 국가정보원에 관계기관 합동으로 구성되는 테러정보통합센터를 두고 있으며, 지역의 관계기관 간 테러예방활동의 유기적인 협조 · 조정을 위한 지역 테러대책협의회를 설치해 운영하고 있다(「국가대테러활동지침」 제14조).

테러사건 대응조직에는 테러가 발생하거나 발생이 예상되는 경우 분야별 테러사건대책본부가 설치된다(「국가대테러활동지침」 제20조). 이에 따라, 외교부장관은 국외테러사건대책본부를, 국방부장관은 군사시설테러사건대책본부를, 보건복지부장관은 생물테러사건대책본부를, 환경부장관은 화학테러사건대책본부를, 국토교통부장관은 항공기테러사건대책본부를, 국민안전처장관은 해양테러사건대책본부를, 원자력안전위원회위원장은 방사능테러사건대책본부를, 경찰청장은 국내일반테러사건대책본부를 만들어 운영한다. 즉, 경찰청 등 테러유형별 주관부처는 해당 분야 테러에 대한 대비 및 대책을 주관하게 된다.

그리고 테러사건에 대한 무력진압작전의 수행을 위하여 국방부 · 국민안전처 · 경찰청에 대테러특공대를, 무력을 사용하지 않고 사건을 종결하거나 후발사태를 저지하기 위하여 국방부 · 국민안전처 · 경찰청에 협상실무요원 · 통역요원 · 전문요원으로 구성되는 협상팀을, 테러사건 발생 시 신속히 인명을 구조 · 구급하기 위하여 국민안전처에 긴급구조대를 설치하며(「국가대테러활동지침」 제24, 28, 30조), 화생방 테러에 대응하기 위하여 국방부에 대화생방테러 특수임무대를 둘 수 있도록 하고 있다(「국가대테러활동지침」 제31조의2).

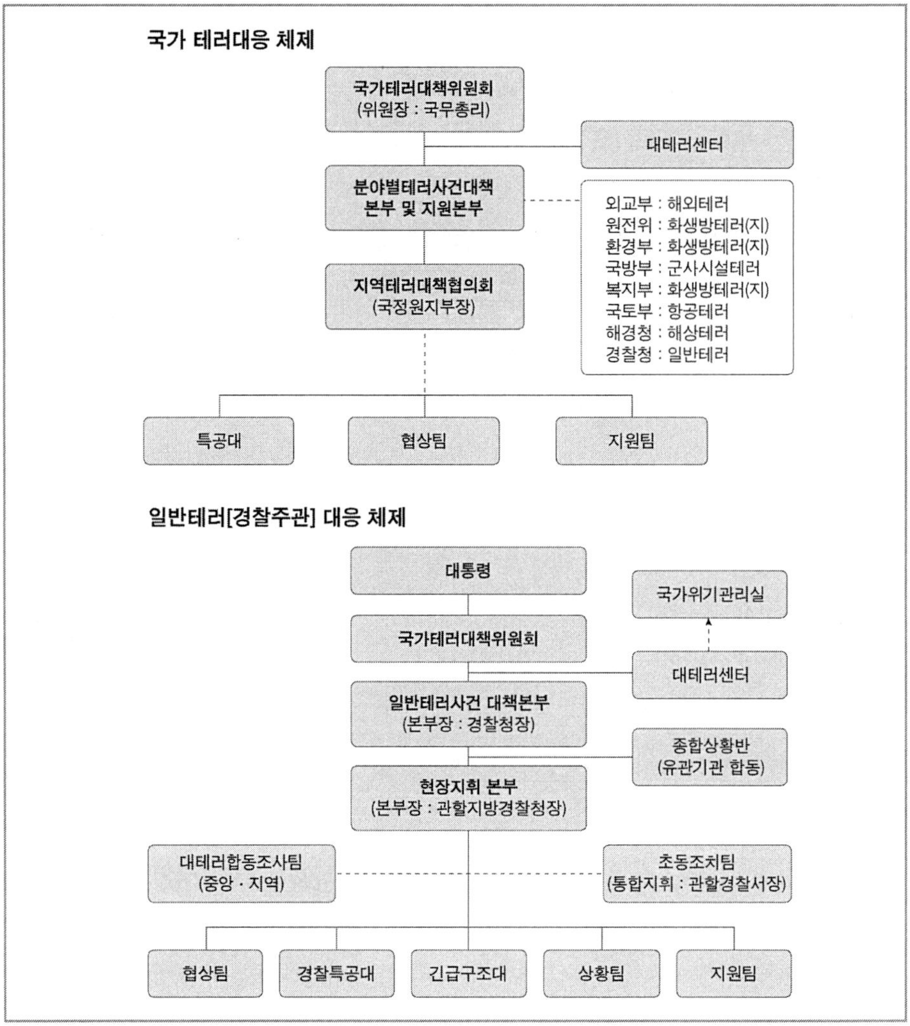

출처 : 「국민보호와 공공안녕을 위한 테러방지법」을 토대로 작성

도 1-1 _ 국가 테러대응 체계도

한편, 우리나라의 사이버 테러 대응체계는 민간분야는 한국인터넷진흥원의 '인터넷침해대응센터'가, 국가기관 및 공공기관은 「국가사이버안전관리규정」에 따라 국가정보원 소속의 '국가사이버안전센터'가, 군은 「국방정보화 기반조성 및 국방정보자원 관리에 관한 법률」에 따라 국방부 직할의 '사이버사령부'가 담당하는 민 · 관 · 군 분산 대응체계를 유지해 오고 있다.[30]

2. 문제점

크게 법적, 조직적, 기능적 측면으로 구분하여 아래와 같이 지적할 수 있다.[31] 첫째, 주요 대테러 법령이 대통령 훈령수준에 그치고 있는데다 여러 법령에 혼재되어 있어 대응에 혼란을 초래하는 것은 물론 집약적인 대테러능력을 유지하는데 제약요인으로 작용하고 있다. 현재 테러방지 활동의 근간인 「국가대테러활동지침」을 비롯하여 연계 법령인 「국가위기관리지침」, 「국가사이버안전관리규정」은 모두 대통령 훈령으로 유관부처 간 역할과 책임에 대한 역할과 구속력이 약할 뿐만 아니라 행정기관 외부에 대한 구속력이 없어 테러예방 및 저지 활동에 한계가 있다. 특히, 사이버 테러 관계 법령은 「국가사이버안전관리규정」에 별도로 규정하고 있어 사이버 테러와 기타 테러가 복합적으로 발생하면 효과적인 대응이 어렵게 되어 있다. 즉, 우리나라에서는 현재까지 테러예방 및 대응에 관한 기본법이 없는 실정이다.

둘째, 8개 테러 유형에 따라 정해진 주관부처별로 대응하는 것은 최근 테러 양상이 복합적인 성격을 가지고 있는 점을 감안하면 비현실적이다. 즉, 테러 유형은 테러가 발생한 후 사후적 분석을 통해서 구분되는 경우가 대부분이기 때문에 테러예방과 사건발생 시 초동단계에서 신속히 대응하는데 어려움이 있고 다차원적으로 발생하는 경우 대응에 문제가 따를 수밖에 없다. 그리고 테러대책회의와 테러대책상임위원회가 각 주관부처를 총괄·조정할 수 있도록 하고 있으나 상설조직이 아니라 사안이 발생할 때마다 소집되는 임시협의체라는 점에서 신속한 대응에 어려움이 있다.

셋째, 생화학테러 대응은 위험물질에 대한 고도의 전문적 지식과 실무적인 취급 요령이 필요하기 때문에 보건복지부, 환경부 등 일반 행정기관에서 담당하는 데는 한계가 있다.

끝으로, 사이버 테러 공격은 국가기관과 민간영역을 구분하지 않고 발생하고 있으나 대응은 민·관·군으로 나누어 대응하고 있어 사각지대가 발생할 수 있으며, 민간조직에서 참여할 여지가 적어 효과적인 처리에 장애가 되고 있다. 이런 문제가 지적되자 2012년 7월부터 청와대가 사이버 안보의 컨트롤타워 역할을 하고 있으나 법적 근거 미약 및 청와대가 정책을 집행하는 부서가 아니라는 점에서 한계가 있을 수밖에 없다.

그리고 사이버 안전을 위해서는 인터넷망을 관리하는 기업의 역할이 중요하나 실제 대응과정에는 국가가 중심을 이루고 민간부문은 소극적 참여자가 되어버려 치밀한 사이버 안전확보가 어렵게 되어 있다.

3. 발전과제

최근 테러양상과 우리나라 테러대응체제가 가지고 있는 문제점을 토대로 앞으로 발전시켜 나가야할 과제와 개선방향은 다음과 같다.[32]

가. 대테러 관계법령 정비

우리나라에서는 2001년 9·11테러가 발생한 것을 계기로 테러대응활동을 시스템적으로 뒷받침하기 위해 테러방지법(안)이 정부발의로 16대 국회에 제출되었으나, 인권침해 논란 등으로 여야가 합의를 보지 못하면서 아직도 결실을 보지 못하고 있다.

이미 지적한 것처럼 테러대응활동의 근거가 되고 있는 「국가대테러활동지침」은 대통령의 직무명령이기 때문에 민간의 협조를 강제할 수 없는 등 국가차원의 종합적인 테러대응체제를 제도적으로 구축하기에는 한계가 있다.

따라서 우리나라에서 국제테러조직의 연계세력이 테러모의를 하다 적발[33]되는 등 테러위협이 상존하고 있는 점을 감안하여 국회를 포함한 모든 국가기관은 물론 민간의 지원과 협조도 받아낼 수 있는 「테러방지법」을 하루빨리 제정하여 테러범죄에 대해 통일적으로 규율할 수 있는 법적 토대를 마련해야 한다.

「테러방지법」에 포함될 내용으로는 우선, 테러의 개념에 최근 변화하는 국제테러양상이 반영되도록 해야 할 것이다. 이를 위해 ① 테러활동을 지원하기 위한 무기판매, 마약거래, 인신매매, 돈세탁, 자선모금 등을 통한 테러 자금 마련 등의 여러 범죄활동과 ② 테러 목적을 정치적인 것에만 두지 않고 특정 종교, 사상, 신념, 증오 등을 고취하거나 전파 확산하는 것까지 확대하고 ③ 사람을 살해, 상해, 인질로 잡는다는 범위에서 공포나 불안, 혼란을 조장하는 행위도 테러의 개념에 넣어야 할 것이다. 이는 최근들어 테러가 공포의 조장을 넘어 국가시스템 자체를 붕괴시키고자 하는 체제 흔들기 전략과 단순한 증오의 전파나 사상, 신념의 확산, 그리고 범죄와 테러 간의 결합현상 등이 테러의 주요한 양상으로 대두되기 때문이다.[34)]

그리고 민 · 관 총력대응체제의 구축, 대테러기관에 예방조치를 할 수 있는 권한의 확대, 테러 재발방지를 위한 테러범 엄중처벌 그리고 대테러 활동과정에서 발생할 수 있는 국민인권 피해방지장치도 대테러기본법에 포함되어야 할 것이다.

나. 대테러업무 통합 및 생화학 테러 대비 조직 설치

우리나라의 테러대응방식은 테러 발생 유형에 따라 주관부처별로 담당하는 대응체제를 유지하고 있다. 그러나 최근 테러양상이 복합테러인 점을 감안해 보면 여러 기관에 분산된 대테러업무를 통합 · 조정할 필요가 있다. 따라서 가칭 '국가대테러센터'를 설립하여 통합하는 권한을 부여함으로써 우리나라 테러대응활동 역량을 최고로 높이는 것이 바람직하다.

이 국가대테러센터는 테러정보 분석 · 평가 · 전파, 국가대테러전략 작성 및 배포, 국가대테러정책 이행여부 점검 등을 통해 국가대테러활동의 방향 선도 및 집행결과를 평가하는 동시에 테러가 발생하면 주관부서와 긴밀한 연계하에 인질구출, 사후 수습 등을 보고받고 국가차원에서 통제, 지휘할 수 있는 권한이 주어져야 한다.

한편, 핵폭탄에 버금가는 피해를 가져올 수 있는 생화학 테러에 효과적으로 대응하기 위해서는 공격수단인 화학물질과 병균에 대한 생산, 유통과정, 독성 정도 등에 대한 특별한 전문지식과 실질적인 대응요령 등을 잘 알아야 한다.

이러한 요구에 따라 우리나라에서는 환경부의 화학물질안전원, 국방부의 대화생방테러 특임대, 국민안전처 중앙소방본부가 독자적인 지휘채널에 따라 생화학 테러 대응임무를 수행해 오고 있으나 생화학 테러는 일반적으로 넓은 지역에 걸쳐 발생하는데다 특정지역의 오염여부나 피해지역의 범위 등을 쉽게 알 수 없기 때문에 특정 전문기관에서 전국 차원의 지휘체계를 가지고 신속한 파악과 대처를 하는 것이 바람직하다.

따라서 화생방 테러 전문기관을 일원화하여 전문성과 대응능력을 제고하여야 할 것이며 그 이전까지는 위 3개 기관 중 1개 기관이 여타 기관을 기능적 차원에서 조정·통제할 수 있는 법적 근거가 마련되어야 할 것이다.

다. 사이버 테러 대응체제 보완

사이버 테러에 의한 피해가 지속되고 있어 기존의 대응체제를 다음과 같이 보완할 필요가 있다. 첫째, 산재해 있는 사이버 테러 관계 법령을 정비하는 한편 국가의 대사이버 테러 역량을 결집시키기 위해 사이버 테러 대응 총괄조정기관의 신설이 요구된다. 즉, 「정보통신망법」, 「정보통신기반보호법」, 「국가사이버안전관리규정」을 통합한 사이버 테러 기본법을 제정하여 신속하게 대응역량을 모을 수 있도록 법률적인 근거를 마련하고, 사이버 테러 대상에 따라 대응기관이 달라 발생하는 부작용을 최소화하기 위해 가칭 '사이버 안전청'을 설치하여 분산된 대사이버 테러 능력을 통합할 필요가 있다.

둘째, 사이버 테러 증거물에 대한 과학적 감정 및 사이버 테러 대응기술 연구 등을 위해 가칭 '디지털증거연구원'의 설립이 필요하다. 현재 물리적, 생물학적 증거에 대한 감정과 연구는 국립과학수사연구원에서 하고 있으나 디지털 증거를 그 대상으로 하는 기관은 없는 실정이다.[35] 사이버 테러는 그 주체와 원인 규명이 어려운데다 증거인멸도 용이하여 디지털 증거에 대한 과학적 감정 및 사이버 테러 방지 기술을 연구하는 전문기관의 운영이 요구된다.

마지막으로, 사이버 테러는 해외에서도 실시간 공격이 가능하므로 예방과 대처를 위해 공격거점으로 이용되는 중국 등과 국가간 협약 또는 양해각서를 통해 긴밀한 협조관계를 유지해 나가야 한다.

라. 다문화 구성원 및 소외계층 지원체계 구축

다문화 가정 출신 2세 자녀 등 소외받기 쉬운 이들이 테러에 연계될 취약성을 가지고 있기 때문에 국가 차원의 지원체제 구축이 필요하다.

우리나라의 경우 결혼부부 10쌍 중 1쌍은 국제결혼을 하고, 북한이탈주민은 3만 명을 향해 나아가고 있으며, 최저생계비 이하에서 생활하는 소외계층도 500만 명을 상회하는 것이 현실이다. 이들 중 언어소통의 어려움, 취업난, 주류사회의 멸시와 가난으로 고통을 받는 사람들은 평소 잠재한 불만이 급진 이념화되거나 폭력화로 연결될 가능성을 배제할 수 없다.[36]

따라서 법령제정을 통해서라도 다문화 구성원, 북한이탈주민, 소외계층에게 관심과 지원이 요구되는 교육, 문화, 취업, 범죄 문제에 대해 범국가 차원에서 집중적으로 도와줄 수 있는 체계를 마련하여야 한다. 즉, 교육부는 다문화 사회의 장점과 건전한 발전방향, 급진이념의 문제점과 대항논리, 북한이탈주민에 대한 자본주의 교육 등을 정규 교과과정으로 편성하도록 지도해야 하며, 법무부와 보건복지부는 건전한 국제결혼문화 조성, 외국인 대상 한국어교육 지원, 저소득층 자녀대상 취업을 알선하고, 지방자치단체는 소외계층과 자선 또는 공익단체 간 자매결연 주선, 세밀한 기초수급생활자 지원기준 작성 및 지원을 확대해야 한다. 또한 경찰이 지역경찰활동차원에서 다문화 가정의 2세, 외국인 근로자 등과 자주 접촉하면서 범죄예방 지도를 해나간다면 이들이 외로운 늑대 테러나 국제테러단체의 유혹에 넘어가지 않고 사회발전에 이바지하는 인자로 자리 잡을 수 있을 것이다.

마. 민·관 협력체제 강화

테러 공격이 시간과 공간의 제약을 받지 않고 무차별 이루어지면서 국가기관의 한정된 대응자원만으로 대처하기에는 한계가 있다. 따라서 민간부분과의 협력이 필수적이며 구체적으로 협조해야 할 사항들을 열거하면 다음과 같다.

먼저, 민간경비회사와 적극적인 협력체제 유지가 중요하다. 경비회사 중에는 고성능의 경비기계와 우수 경비인력을 가진 업체가 적지 않다. 따라서 무기까지 사용할 수 있는 특수경비업체(경비업법 제14조)가 국가중요시설 경비분담을 확대해 나가고 일반경비업체 역시 다가오는 2018년 평창동계올림픽 등 중요행사 경비에 참여하여 국가가 놓치기 쉬운 사각지대를 메워줌으로써 성공적인 사회안전을 도모하는데 일익을 담당해야 할 것이다. 물론 사회안전 업무의 최종 책임은 국가이므로 경비업체는 경찰 등의 지도하에 운영되어야 하며, 국가는 경비업체에 대하여 전문경비교육 지원 및 테러정보를 신속하게 전달하여 공존하는 분위기를 만들어야 한다.

둘째, 대테러기관은 사이버 운영체제를 담당하는 기업, 사이버 테러 피해업체 또는 그 피해가 우려되는 업체와 긴밀한 협조가 요구된다. 사이버 테러를 초기에 진압하고 발생 시 조속한 복구를 위해서는 사이버 운영을 지원하는 기업의 협조 없이는 사실상 불가능하다. 그리고 초기 진압을 위해서는 피해업체가 빠른 시간 내에 대테러기관에 신고하고 적극 협조하는 것이 관건이 된다. 따라서 대테러기관과 민간기업 간에 협의체가 구성되면 사이버 테러 대처에 큰 도움이 될 것이다.

셋째, 대국민 안전의식 고취를 위한 홍보 및 교육이 필요하다. 테러대응이 정부만의 노력으로는 완전하지 못하며 일반시민과 기업의 협조 필요성을 교육과 홍보를 통해 인식토록 하여야 한다. 즉 일반시민들을 대상으로 교양프로그램 등을 통해 테러혐의자 식별 및 신고요령을 교육하는 한편, 기업들에 대해서는 자체 안전교육 및 대테러 시스템을 설치하도록 홍보함으로써 자발적인 대응을 유도함과 아울러 국가에 정기 점검을 요청하는 적극적 태도를 견지하여 테러피해를 미연에 방지할 수 있도록 해야 할 것이다.

1) 조성권. (2012), "초국가적 위협: 테러, 마약, 범죄조직의 상호 연계", 「JPI정책포럼 세미나 발표자료」, 2.
2) Mandel, Robert. (1994), *The Changing Face of National Security: A Conceptual Analysis.* Westport, Connecticut: Greenwood Press, 21.
3) 장노순. (2014), "안보와 치안의 상호의존성: 초국가적 위협에 대한 정보활동을 중심으로", 「한국테러학회보」, 7(1), 156-157.
4) 정육상a. (2009), "한국의 테러방지법 제정방향에 관한 연구: 외국의 입법 경험을 중심으로", 「한국공안행정학회보」, 36, 282.
5) "법무부 출입국·외국인정책본부". (2015), 「출입국·외국인정책 통계월보」, 4, 13.
6) Laquer, W. (1999), *The New Terrorism: Fanaticism and the Arms of Mass Destruction.* New York: Oxford Univ. Press, 5.
7) Mahan, S. & Griset, Palmala, L. (2008), *Terrorism in Perspective.* California: Sage Publication, 2; Patton, Kerry. (2007), *Terrorism Intelligence & National Security, Bloomington*, Indiana: Author House, 6.
8) 김찬규. (1987), "국제인도법상 테러리즘의 금지", 「인도법 논총」, 7, 15-16.
9) Ronczkowski, M. R. (2011), *Terrorism and Organized Hate Crime.* FL: CRC Press, 18.
10) 박웅신·윤해성. (2013), "테러개념에 대한 소고", 「한국테러학회보」, 6(2), 63-66.
11) 조영갑. (2009), 「현대전쟁과 테러」, 서울: 선학사, 204; 박준석. 2006. 「뉴테러리즘개론」, 서울: 백산출판사, 10.
12) 정육상b. (2014), "외로운 늑대 테러의 발생가능성과 경찰의 대응방안", 「한국경찰학회보」, 15(5), 203.
13) http://cta.police.go.kr:8080/know/know/type/index.jsp/검색일: 2015. 2. 1.
14) 김석철. (2008), "원자력 안전과 방호의 연계성에 대한 국제 동향", 「원자력산업」, 34-43.
15) Ferguson, Charles D. & William C. Potter. (2004). The Four Faces of Nuclear Terrorism, Monterey: *The Center for Nonproliferation Studies,* 3-4; 이태윤. (2009), "국제 핵테러의 발생가능성에 관한 연구: 현황과 전망, 대안을 중심으로," 「한국테러학회보」, 2(2), 38-86; 윤태영. (2011), "핵테러리즘과 세계핵테러방지구상(GICNT): 위협, 대응 및 한국에 대한 함의," 「한국경호경비학회」, 26, 36-37 재인용.
16) 정육상c. 전게논문, 139-144를 일부 수정.
17) UNODC. (2012), The Use of The Internet for Terrorist Purposes, New York: UN, 1.
18) 주수기. (2006), "e-테러리즘: 테러웹사이트와 인터넷테러리즘", 「전략논단」, 5, 143.
19) Sin, S. S. (2007), Home Grown Terrorism: South Korea's Next Challenge against Terrorism. *Asian Affair, 29,* 36.
20) UNODC., op. cit, 5.
21) Magouirk (Ed.). (2008), Connecting terrorist networks. *Studies in Conflict & Terrorism, 31(1),* 1-16.
22) Jordan (Ed.). (2008), Strengths and weakness of grassroot jihadist network: the Madrid bombings. *Studies in Conflict & Terrorism, 31(1),* 17-39.
23) 정육상b. 전게논문, 204.
24) Hewitt, C. (2003), *Understanding Terrorism in America. From the Klan to alQaeda.* London

and New York: Routledge, 78-79.

25) 김영미. (2012), "세상에서 가장 무서운 테러범". 시사 IN, 238호, http://www.sisainlive. com/news/articleView.html?idxno=12820/검색일: 2015. 3. 15; 정육상b. 전게논문, 202.

26) 김응수. (2012), "글로벌 테러리즘 양상과 한국 대테러체계 발전방향에 관한 연구", 「군사논단」, 70권, 171.

27) Matthew Bunn, Matthew. (2011), "핵테러 위협: 무엇이 새롭고, 무엇이 진실인가." 서울: 「핵안보정상회의 세미나 자료」, 12, 47; 조갑제닷컴. (2010), '北휴대용 미사일을 사용하는 中東 테러조직'. 8월 18일자, http://www.chogabje.com/board/view.asp?C_IDX=34365&C_CC=AB/검색일: 2015. 3. 25.

28) 연합뉴스. (2011), "아프간서 8세 여아 자폭테러 동원 '충격'", 6월 26일자.

29) 연합뉴스. (2009), "사우디, 알-카에다 새 테러 수법 우려", 10월 8일자.

30) 윤해성 외. (2010), "사이버안전체계 구축에 관한 연구", 「형사정책연구원 연구총서」 10-07, 79.

31) 정육상c. 전게논문, 146.

32) 정육상c. 전게논문, 151-154.

33) 동아일보(2008년 9월 22일자)에 따르면 민주당 원혜영 의원은 국가정보원 자료를 인용해 2003년부터 2008년간 국내에서 적발된 테러관련 활동은 모두 19건으로, 74명이 구속 또는 강제 출국되었다고 설명하고 있다. http://www.donga.com/news/print.php?n=200809220163/검색일: 2015. 3. 15.

34) 윤민우. (2013), "국제테러 양상과 도시 안전망", 「도시문제」, 48(536), 20.

35) 윤해성 외. (2012), "사이버테러의 동향과 대응방안에 관한 연구", 「한국형사정책연구원」, 12, 272.

36) 정육상b, 전게논문, 217.

제2장 사이버 테러

제1절 개관

북한은 2014년 11월 미국 영화제작사 소니픽처스사가 480억원을 투자하여 김정은 암살을 다룬 코미디 영화 '인터뷰' 상영을 추진하자 같은 영화사 기밀자료를 해킹하여 공개하겠다는 등의 사이버 위협을 통해 상영을 중단시켰으며, 2013년 3월과 6월에는 우리나라의 방송국과 은행을 해킹하거나 분산서비스거부(DDos)와 웹사이트 변조방법으로 공격하여 8000억원의 피해를 입혔다. 그리고 2009년 7월에는 같은 방법으로 국가정보원 등 정부기관을 공격하여 500억원의 손실을 주는가 하면, 자신들의 미사일 발사에 따른 국외 동향과 한국군 대응 방향, 주요 인사 정보를 주기적으로 확인하고 한국군의 휼장, 휘장, 계급장 정보 등을 수집한 것으로 알려졌다.[1)]

2008년 러시아와 그루지야 전쟁에서는 사이버 전쟁의 위력을 확인시켜 주었다. 러시아는 당시 상대 군 지휘부의 작전 통신 시스템을 해킹하여 전쟁 수행 능력을 저하시킴으로써 보다 손쉬운 전쟁을 이어나갔다. 이로 인해 그루지야는 군과 정부는 물론 은행, 언론 등 국가의 주요 신경이 작동하지 않아 혼란에 휩싸였고 결국 개전 5일만에 백기를 들었다.

이러한 가운데 지구상에서 인터넷을 사용하는 인구가 1995년에는 세계인구의 1%도 되지 못하였으나 2015년 7월 현재 31억명을 웃돌면서 지구상 인구의 40%를 넘어가고 있으며, 2017년에는 세계인구의 절반을 상회할 것으로 전망되고 있어,[2] 적대세력 간의 사이버 공격은 더욱 늘어날 것으로 예상되고 있다. 특히, 우리나라는 인터넷 이용자와 스마트폰 가입자 수가 4천만명이 넘어서고, 4세대 이동통신 기술 LTE와 LTE-A를 세계 최초로 상용화하는 등 세계 어느 나라와 견주어도 뒤지지 않은 IT강국이다.

그러나 2013년 12월 한국인터넷진흥원(KISA)에 의해 우리나라가 국내외에 유포된 인터넷 악성코드의 70%가 경유되는 세계 1위 악성코드 유포지로 확인됨에 따라[3] IT세계에서는 가장 불안한 나라로서 사이버 테러 공격자에게는 좋은 공격목표가 될 수 있는 환경을 가지고 있다.

이와 같이 오늘날 제4의 영토라고도 지칭되는 사이버공간을 이용한 위협과 공격은 공격주체를 숨기는데 유용할 뿐 아니라 사회질서를 파괴하는 것은 물론 전쟁의 승패에도 주요한 요인으로 등장하면서 새로운 안보이슈가 되고 있다.

한편, 사이버 공격(Cyber Attack)이란 인터넷을 통해 다른 컴퓨터에 불법으로 접속하여 공격대상인 국가나 기업 등 적대세력에 손상을 입히려는 행동으로 사이버 테러(Cyber Terrorism), 사이버 전쟁(Cyberwar), 인공두뇌 전쟁(Cybernetic war), 정보공작(Information Operation)이라는 용어와 혼용하여 사용되기도 한다.

사이버 공격을 의미하는 다양한 단어가 존재하고 있지만 여기에서는 사이버 테러와 사이버 전쟁으로 크게 나누어 설명하고자 한다. 즉 전자는 공격을 당하는 나라나 기업 등 대상세력에게 극도의 공포를 야기하여 의사결정이나 정책을 변경시키려는 어떤 목적으로 행해지는 공격이며, 후자는 대상국가를 붕괴 또는 멸망시키려는 목적의 공격을 의미한다.

제2절 사이버 테러

1. 사이버 테러의 개념

현재 사이버 테러에 대하여 합의된 개념을 가지고 있는 것은 아니며 지금도 변화하고 있는 개념이다. 그 이유는 사이버 테러의 본질이 포괄적이고 사이버 공간이 가지는 특성으로 인해 지속적으로 새로운 수법과 기술들이 나타나기 때문이다. 그러나 사회 및 국가안보 이슈가 되고 있는 사이버 테러를 그대로 방치하기보다는 실태를 파악하고 대응방안을 모색하기 위해서는 개념 정의가 불가피하다. 따라서 여기에서는 몇 가지 권위 있는 개념들을 살펴본 후 사이버 테러의 개념을 정의하기로 한다.

미국 연방수사국(FBI)은 “유사 국가단체나 비밀요원이 민간인에 대한 폭력으로 귀결되는 정보, 전산기기 시스템, 컴퓨터 프로그램 그리고 데이터에 대한 계획된 정치적 공격”으로 정의하고 있다.

미국의 국가기반시설보호센터(National Infrastructure Protection Center)는 “컴퓨터 시스템이나 연결망을 활용한 공격을 통하여 폭력, 사망 그리고 파괴 및 공포를 조장한 다음 이를 바탕으로 정부에게 정책을 변경하라고 강요하는 행위”를 의미한다고 제시하고 있다.[4)]

국가사이버안전관리규정(대통령훈령 제310호) 제2조 제2호에는 사이버 테러 대신에 사이버 공격이라는 용어를 사용하면서 “해킹 · 컴퓨터바이러스 · 논리폭탄 · 메일폭탄 · 서비스방해 등 전자적 수단에 의하여 국가정보통신망을 불법침입 · 교란 · 마비 · 파괴하거나 정보를 절취 · 훼손하는 일체의 공격행위”를 말한다고 규정하고 있다.

문종식 외[5)]는 “상대방 컴퓨터나 정보기술을 해킹하거나 악성 프로그램을 의도적으로 설치하는 등 컴퓨터 시스템과 정보통신망을 무력화하는 새로운 형태의 테러로서 그 대상이 개인인가 국가인가를 불문하고 사이버공간을 이용한 모든 공격행위 자체를 의미하며, 인터넷 사기, 인터넷 음란, 사이버 폭력, 사이버 비밀침해 행위 등도 모두 사이버 테러의 개념 속에 포함된다"고 주장한다.

이와 같이 사이버 테러의 개념은 사이버 테러의 내용이나 수단이 변화하기 때문에 일률적으로 규정하기가 쉽지 않지만 여러 정의를 모아 정리한다면 사이버 테러는 '사이버 공간을 이용하여, 국가기관이나 다중에 영향을 미치는 민간인 및 그 영역에 대하여, IT기술을 활용한 공격행위로 사회적 혼란을 야기하거나 국가안보를 위협하는 목적을 가진 행위'로 볼 수 있을 것이다.

2. 사이버 테러의 유형

사이버 테러의 유형은 공격주체, 수법, 피해, 공격 대상 등의 기준에 따라 여러 가지로 분류할 수 있다. 여기에서는 공격 수법을 기준으로 다음과 같이 비인가 접근, 멀웨어 공격, 분산 서비스 거부공격, 전자전 무기 공격으로 구분해 설명한다.[6] 그러나 여러 공격 수법이 복합적으로 이용되어 발생하는 유형도 있다.

가. 비인가 접근

비인가 접근 공격은 해커가 정상적인 사용자로 가장하여 컴퓨터 시스템에 부정 침입하여 네트워크와 전산시스템, 전산자료 등에 대한 접근권을 가지고 상대방의 정보를 수집하거나 상대방의 정보를 새롭게 각색하여 몰래 가공해 놓는 등의 악성행위를 하는 것이다. 시스템 접속권한을 쟁취하는 것을 크래킹(cracking)이라고 하는데 일반적으로 해킹으로 통용되고 있다.

대상 시스템에 불법으로 접근하기 위해서는 정상적으로 사용하는 사람의 ID 및 패스워드를 트로이 목마나 백도어 공격기법 등을 통해 몰래 알아내어 접속하거나 응용프로그램의 보안 취약점을 찾아내어 접속하는 방식으로 이루어진다. 최근에는 응용프로그램의 업그레이드나 P2P 등을 통해 백도어를 먼저 설치하고 키로깅(Keylogging)기법 등을 이용하여 사용자 계정을 취득하여 공격에 이용하고 있다.

1999년 러시아 컴퓨터 망으로 추정되는 곳에서 지속적으로 미국 컴퓨터 시스템에 침투를 시도한 '달빛 미로(Moonlight Maze)'나 2011년 우리나라 농협 전산망에 테러 공격을 한 사례가 비인가 접근 공격기법을 이용한 것이다.

나. 멀웨어(Malware) 공격

악성코드(malicious code)라고도 불리는 멀웨어(Malware: Malicious Software)는 컴퓨터 네트워크를 교란하거나 개인과 조직의 자료를 파괴하고 탈취하는 등 보안시스템 파괴를 목적으로 만들어진 프로그램으로서, 1980년 프레드 코헨(Fred Cohen)이 최초로 바이러스를 만든 이후로 지능화된 형태로 계속 발전되어 왔다. 악성코드는 그 작용에 따라 바이러스, 웜, 트로이 목마, 백도어, 트렙도어, 래빗 등 종류가 다양하다.

컴퓨터 바이러스는 부트섹터 및 메모리의 다른 프로그램에 기생하여 상주하면서 자기복제 능력을 가지고 있는데 1986년 브레인바이러스가 최초로 등장하였으며 이후 바이러스 제작의 모형이 되었다. 일반 컴퓨터가 바이러스에 감염되면 해당 프로그램이 실행될 때마다 복제 및 저장자료 삭제 등의 악성행위가 이루어진다. 심지어 바이러스 자신이 감시당하거나 삭제당하는 것을 체크하여 다시 복원하는 기능도 있다.

웜은 컴퓨터가 네트워크화되자 이를 이용하여 전파할 수 있도록 만든 악성코드이다. 웜은 바이러스와는 달리 네트워크를 통해 동일한 취약점을 가지고 있는 컴퓨터나 웹서버를 찾아서 자신을 복제하여 전파하면서 네트워크 성능을 저하시키거나 마비시킨다. 1988년 모리스 웜(Morris Worm)이 등장한 이후 코드레트와 SQL의 취약점을 공격하는 슬래머웜 등 다양한 변종으로 발전하여 왔다. 이론적이기는 하지만 전 세계 네트워크를 15초 이내에 감염시킬 수 있는 스마트웜도 가능할 것이라는 발표도 있다.

트로이 목마는 그리스 신화에서 그리스가 트로이에 위장 침투시킨 방법에서 유래된 이름으로 외관상 정상적인 프로그램으로 보이지만 실제 프로그램이 구동되면 예상과는 다르게 사용자 몰래 컴퓨터를 원격 조종하거나 저장자료를 절취, 변조하는 등 악의적인 일을 수행하는 악성코드이다. 백도어는 프로그램 개발자가 시스템 유지 보수 목적으로 우회해서 들어갈 수 있는 비밀입구인데, 해커나 사이버 테러 공격자는 이를 이용하여 악성행위를 하고 있다.

이와 같이 파괴적인 멀웨어는 널리 이용되는 통신 도구를 사용하여 확산되며, 여기에는 이메일과 인스턴트 메시지를 통해 웜을 보내고, 웹사이트에서 트로이 목마를 유포하고, P2P(Peer-to-Peer)에 연결해서 바이러스에 감염된 파일을 다운로드하는 등의 방법이 포함된다. 또한 멀웨어는 시스템의 기존 취약점을 찾아내서 사용자도 모르는 사이에 쉽게 침투한다.[7)]

해커로 추정되는 인물이 2014년 12월 한국 수력원자력의 기밀자료를 몰래 빼내어 공개하면서 1급 국가보안목표 시설인 원자력발전소에 대한 사이버 테러 가능성에 우려를 자아내었었다. 이는 한국수력원자력 직원들이 정체를 알 수 없는 발신자로부터 하드디스크를 파괴하는 악성코드가 담긴 이메일을 받았으며, 이를 열면서 하드디스크에 있는 자료가 외부로 빠져나가면서 비롯된 것으로 추정하고 있다.

다. 분산 서비스 거부공격

네이버 지식백과에 따르면, 분산 서비스 거부 공격(DDos: Distributed Denial of Service)이란 공격할 시스템의 하드웨어나 소프트웨어 등을 무력하게 만들어, 시스템이 정상적인 수행을 하는 데 문제를 일으키는 모든 행위를 의미한다. 즉 네트워크로 연결되어 있는 많은 수의 호스트들의 패킷을 범람시킬 수 있는 DOS(Denial of Service) 공격용 프로그램을 분산 설치하여 이들이 서로 통합된 형태로 공격 대상 시스템에 대해 성능 저하 및 시스템 마비를 일으키는 기법이다.[8)] 마치 정체되어 있는 도로 차량이 움직일 수 없는 현상과 유사하다.

DDos 공격수법은 2007년 러시아가 에스토니아 및 그루지야와 사이버 전쟁을 할 때 상대 국가들의 중요 정보통신망을 마비시키는 데 활용되었다. 우리나라에서도 북한이 2009년 7월 7일, 2011년 3월 4일, 2013년 6월 25일 같은 수법을 동원하여 수십 개의 주요 통신망을 공격하여 장시간 서비스 장애를 발생시킨 바 있다.

라. 전자전 무기 공격

전자전 무기는 멀웨어처럼 프로그램의 취약점을 이용하는 것이 아니고 컴퓨터 하드웨어에 강력한 전자파나 고출력의 마이크로웨이브 빔을 쏘게 되면 하드웨어 자체가 파괴되는 약점을 이용하는 것으로서 전자폭탄, 전자총 등이 대표적인 무기로 알려져 있다. 모든 정보통신 인프라의 내부는 전자회로로 되어 있기 때문에 이들 전자무기들은 군사정보 통신시설뿐만 아니라 금융·전력·교통방송 등 국가 중요 기반시설 등을 일시에 마비시킬 수 있는 핵폭탄과 같은 테러 수단이 될 수 있다.

러시아에서 최초 개발한 것으로 알려진 전자폭탄은 공중에서 투하되면 고출력의 전자기 펄스(Electro Magnetic Pulse)나 고출력의 마이크로웨이브빔(High Powered Microwave Beams)을 방출하여 반도체 등 전자회로로 작동하는 컴퓨터 및 네트워크 장비 등이 일시에 파괴되도록 한다. 이러한 원리를 이용하여 휴대형 총기형태로 제작한 것이 전자총이다.

전자무기는 미래의 전쟁뿐 아니라 사이버 테러에도 활용될 수 있는 무기이기 때문에 전자장치 및 전산실을 만들 때 이들 전자무기에 대응할 수 있도록 전자파를 막을 수 있는 전자파 차폐시설을 의무적으로 구축하는 것이 필수적이다.

제3절 사이버 전쟁

첨단과학기술의 발전과 정보화 사회의 진전은 전쟁의 공간마저 변화시키고 있다. 인간의 전쟁터가 바다, 육지, 하늘 그리고 우주에서 사이버공간이 추가됨으로써 제5의 전쟁터가 만들어진 것이다. 사이버공간에서 일어나는 전쟁은 한 국가의 소멸과도 관계되는 일로써 정부인사는 물론 기업과 개인에 이르기까지 큰 관심사항이 되고 있는 것이다. 여기에서는 사이버 전쟁의 개념, 특징 그리고 주요국가의 대응체제를 살펴본다.[9)]

1. 사이버 전쟁의 개념

사이버 전쟁은 사이버공간에서 일어나는 전쟁(Cyberwar)을 말하며, 그 주체는 고도로 조직화된 단체가 되거나 국가에 의해 행하여지는 것이 일반적이다.[10)]

이 전쟁은 비물질적 공간인 사이버공간에서 총성없이 수행되는 전쟁으로 적군의 정보통신 체계 및 국가기관 전산시스템을 공격하여 기능을 발휘하지 못하게 하거나 그 가치를 떨어뜨림으로써 정보 우위와 특정 목적을 달성하는 동시에 아군의 정보통신체계를 보존하기 위해 수행하는 사이버 상의 전쟁을 의미한다. 주로 고도로 네트워크화된 정보사회의 취약점을 공격함으로써 물리적 군사시스템의 파괴에 버금가는 손실을 초래하는 전쟁이라 할 수 있다.

과거의 사이버 공격이 전문가에 의한 수동적인 공격이었다면, 최근의 사이버 공격은 자동화 · 대규모화되고 있다. 즉, 단순 사이버 공격이 아닌 사이버 범죄 및 사이버 전쟁의 형태로 발전하고 있다. 이러한 변화는 사이버 공격이 정치적, 군사적 목적을 가지면서 더욱 위험해지고 있다. 일단 갖춰진 사이버전 체계는 반드시 전시상황에서만 사용될 수 있는 것은 아니다. 평상시에도 주요 국가 기반시설에 타격을 줄 수 있고 산업 기밀을 유출하는 등의 용도로 활용될 수 있다.

사이버 전쟁과 사이버 테러는 같은 사이버공간에서 일어나는 일들이기 때문에 그 구분에 어려움이 있다. 전자는 국가의 전복과 소멸을 목적으로 하는 것이고, 후자는 국가의 정책이나 기업이나 개인의 의사결정을 변경하려는 목적으로 한다는 점에서 차이를 찾을 수 있다. 이와 같이 공격의 목적에 따라 차이를 설명하지만 양자 모두가 사이버공간에서 거의 동일하게 같은 공격수단을 사용한다는 점에서 명확하게 분류하는 것이 현실적으로 어려움이 있는 것이 사실이다. 그러나 오늘날 사이버 전쟁과 사이버 테러를 구분하고 있는 경향이 두드러지고 있다.[11)]

2. 사이버 전쟁의 특징

사이버 전쟁의 특징은 소수인원과 적은 비용으로 지구촌 어디에서든 공격할 수 있으며, 초보적인 공격기술로도 핵무기 못지않은 치명적인 손상을 줄 수 있고 상대국가의 조직, 군대 기능을 무력화할 수 있다는 점이다. 이러한 사이버 전쟁의 위협은 기술의 발달과 컴퓨터 네트워크에 대한 인류의 의존도가 더 커질수록 증대된다. 따라서 현대사회에서 사이버 전쟁에 의한 물리적 · 경제적 피해는 상상을 초월한다.

또한 사이버 전쟁에 의한 정치적 · 사회적 피해 역시 만만치 않을 것으로 예상하는데, 이는 사이버 전쟁의 여파가 정부 기능 마비, 사회적 혼란, 다른 국가로의 위험 전파, 핵심 기술 및 비밀정보의 유출 등으로 나타나기 때문이다. 여기서 주목해야 할 사항은 사이버 전쟁의 범위가 점점 넓어지고 있다는 점이다. 과거에는 정보통신 기술을 사용하는 무기 시스템이나 군사시설 등이 공격 목표였다면 최근에는 금융, 전력, 수도, 항만 등 국가 기반시설을 포함한 민간 분야도 사이버 전쟁의 공격 목표가 되고 있다.

결과적으로 사이버 전쟁은 군 관련자나 일부 전문가들의 문제가 아닌 현대를 살아가는 모든 일반인이 직면한 문제로써 평상시 대비가 매우 중요해지고 있다. 사이버 전쟁이 국가방위 및 안보에 지대한 영향을 미침에 따라 세계 주요국들은 자국의 군사비밀보호 및 미래형 첨단 사이버 전쟁에 대비하여 전문 인력의 양성, 사이버 특수부대의 창설, 예산증액 등 다양한 노력을 통해 사이버 전력 역량 강화에 주력하고 있다.

3. 주요 국가의 대응태세

가. 미국

미국은 정보전 또는 사이버 전쟁이라는 용어를 처음 사용한 나라이고, 전 세계 컴퓨터 용량의 46%를 사용할 정도로 세계에서 컴퓨터 및 네트워크 의존도가 가장 높은 나라이기 때문에 사이버 전쟁을 우려하고 있다. 2013년 미국 정보기구의 연례 '전 세계 위협 평가보고서'에서 처음으로 사이버 공격이 미국이 직면한 보안위협 중 가장 높은 것으로 발표한 것은 이러한 우려를 명백하게 보여준다고 할 수 있다.

미국은 2009년 5월에 발표된 '사이버정책 검토 보고서'를 기점으로 지금까지 미국 정부에서 발표한 수많은 보고서를 통해 미국이 사이버 안보 및 전력에 대한 논의를 발전시키고 체계화하는 것은 물론 적극적으로 사이버 전쟁에 대응하고 있다는 것을 보여주고 있다.

미국의 사이버 정책 관련 보고서들을 통해 공개된 전략적 기조는 다음과 같이 정리할 수 있다. 우선 사이버공간을 새로운 작전영역으로 보고 있다. 또한, 국방부가 운영하는 모든 네트워크 및 시스템에 대한 보안조치를 강화하고 통제 및 관리능력을 체계화하려 하고 있으며 범정부 차원의 유기적 협력을 통한 총체적 대응 필요성을 제시하고 있다. 동맹국 및 협력국과의 국제협력을 증진하고 민간영역과의 협력 필요성 역시 강조하고 있으며 집단적 자위권과 집단적 억지력 발휘를 위해서는 국제협력 및 연합 훈련을 통한 능력의 배양을 절

실히 요구하고 있다. 마지막으로 사이버 분야에 대한 우수 인력을 육성·확보하고 각종 장비를 지속적으로 업그레이드할 필요성을 제시하고 있다. 이와 더불어 사이버 전쟁 억지력을 보유하기 위해 공격과 방어 기술이 적절한 균형을 이루어야 할 필요성을 인식하고 기술개발 및 인력양성을 강화하고 있다.

미국 국토안보부(DHS)는 2012년 말에 고도의 기술력을 갖춘 사이버 보안전문인력을 정부가 상시로 운용하기 위한 방안으로 '사이버 예비군' 창설을 발표하였다. 사이버 예비군은 사이버 보안인력채용, 교육 등 다양한 방법을 통해 약 600여 명 규모로 구성되어 있으며, 점차 인력을 확대해 나갈 것으로 예상된다.

2010년 5월에는 사이버 작전을 실행하기 위해서 '미 사이버사령부'를 출범시켰고 2011년 미 국방부는 사이버공간을 작전 영역으로 지정하는 '사이버공간 운용전략(Strategy for Operating in Cyberspace)'을 출판했다.[12]

이러한 사이버 전담부대는 방어적으로 운영될 뿐만 아니라 사이버 공격이 있을 경우 국가방위를 목적으로 공격적 행동에 나설 수 있다고 밝힌 바 있다. 이는 최근 미국의 주요 금융, 언론기관, 영화사의 해킹사고가 빈번하게 발생함에 따라 사이버 전담부대 확충의 필요성에 크게 공감하여 이루어진 조치이다. 한편, 미 국방부는 2013년부터 2017년까지 사이버 무기개발 프로젝트인 '플랜 X'를 통해 사이버 작전에 사용되는 무기들의 자동화된 능력을 개발할 것을 밝히는 등 기술적인 부분에서도 미래의 위협에 가장 발 빠르게 준비하고 있다.

2015년 2월 발표된 '미 국가안보전략보고서'는 사이버 안보를 새로운 안보이슈로 포함시켰다. 이 보고서는 미국의 번영과 안보가 개방적이고 상호 호환가능하며 안전하고 신뢰할 수 있는 인터넷에 의존하고 있으나 사악한 정부, 범죄적 행위자, 개인들에 의한 공격의 대상이 되었다고 진단했다. 또 미국은 사이버 공격으로부터 인터넷을 방어할 것이며, 불법적 사이버 활동에 대한 기소를 포함해서 사악한 사이버 행위자들에게 대가를 치르게 할 것이라고 밝혔다.[13]

나. 중국

중국은 1997년 4월 인민해방군 내에 '사이버 해커 부대'를 창설한 이후 현재 베이징, 광저우, 지난, 난징 등 4개 군 · 구에 사이버 특수부대를 운영하고 있다. 특히, 인민해방군 총참모부 직속 사이버사령부 산하에 창설된 '61398부대'는 사이버 공격 및 방어체제 구축을 전담하고 있다.

중국은 사이버 전쟁에 매우 적극적인 모습을 보이는데 미국 국방부의 '중국 군사력 보고서'에 따르면 중국은 2007년부터 인민군의 컴퓨터 네트워크 공격 및 방어대책에 투자를 아끼지 않는 것으로 보고하고 있다. 이러한 중국의 노력은 미국에 비해 육 · 해 · 공 전력이 상대적으로 약한 전통적인 전력에서의 약세를 보완하기 위해 사이버 전력 증강에 전력을 기울이고 있는 것이라고 전문가들은 보고 있다.

다. 북한

북한은 1990년대 초반부터 정책적으로 사이버 전쟁 인력을 양성한 것으로 알려져 있으며, 현재 러시아와 미국에 이은 세계 3위권의 사이버 전쟁 강국으로 평가받고 있다. 2009년에는 대남 · 해외 공작업무를 총괄하기 위해 인민무력부 산하에 정찰총국을 만들면서 사이버 전쟁 능력을 대폭 강화했다. 당시 정찰총국 산하에 5,900여 명 규모의[14] '전자정찰국 사이버전지도국(121국)'이 생겼으며, 북한 사이버부대의 중심으로 알려져 있다.

북한은 뛰어난 해커 양성을 위해 10대 컴퓨터 영재들을 전국적으로 광범위하게 선발, 모집하고 있으며 일찌감치 외국의 사이버 정보 관련 대학에 조기유학을 보내는 등 사이버 전쟁 인력 양성에 심혈을 기울이고 있다. 특히, 북한은 재래식 전력에서 뒤진 한국과의 큰 격차를 만회하기 위해 사이버 전쟁에 큰 관심을 보이고 있다.

Richard Clarke 전 백악관 안보특별보좌관이 2010년 출간한 '사이버 전쟁(Cyberwar)'에서 미국, 러시아, 중국, 이란, 북한을 대상으로 한 평가에서 북한은 총점 18점으로 사이버 전쟁 수행능력이 가장 뛰어난 것으로 평가되었다고 기술하고 있다. 공격력은 2점으로 높은 편이 아니었지만 세계에서 가장 고립된 국가여서 방어력이 월등히 높았다. 국가 기간시설이 인터넷망에 거의 연결되어 있지 않아 상대방이 공격할 대상이 없는 북한이 역설적으로 뛰어난 방어력 평가를 받은 것이다. 이러한 결과를 토대로 북한의 사이버 전쟁 수행능력을 세계 최고 수준으로 평가했다.15)

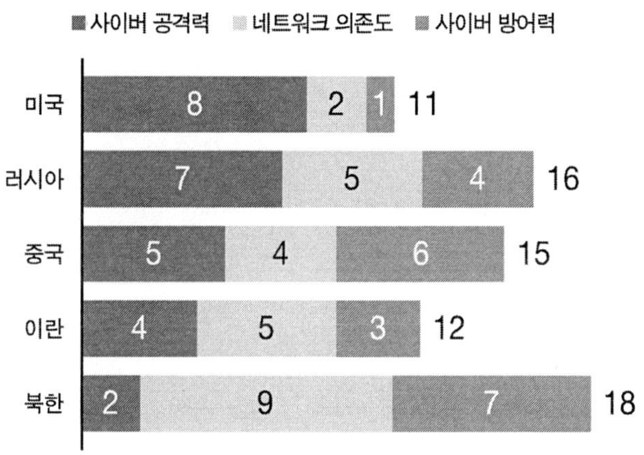

출처 : 중앙일보, 상게기사.

도 1-2 _ 주요 국가의 사이버 전쟁 수행능력

라. 이스라엘

이스라엘은 국방부 직속 정보부대인 '8200부대'를 운영하고 있다. '8200부대'는 1952년 창설된 정보부대로, 준장급 장교가 이끄는 이스라엘 군대 내 최대 규모로 꼽히고 있으며, 미국 사이버부대와 견줄 만한 수준인 것으로 알려져 있다. 인터넷이 일반화된 이후에 사이버 공격 훈련에 주력하는 등 사이버부대로 전환했으며 이란의 원자력 기간망 시설을 공격한 '스턱스넷(Stuxnet)' 등의 변종 바이러스를 개발한 바 있다.

제4절 사이버 공격 실례와 대응체제

1. 주요 실례

가. 에스토니아(Estonia) 사례

발트해의 인터넷 강국으로 불리는 에스토니아는 2007년 4월 27일부터 5월 17일까지 대통령궁을 비롯해 의회, 정부, 은행 그리고 언론사 등 주요 기관의 홈페이지와 전산망이 광범위한 공격을 받았다. 전 세계 100여개 국에서 100만대 이상의 '좀비PC'가 동원된 DDoS 공격으로 인구 130만명에 불과한 에스토니아가 감당하기 어려운 수준이었다. 3주간 지속된 공격에 국가 기간망이 1주일 이상 마비되어 금융거래와 행정업무가 불통됨으로써 피해 규모는 수천만 달러에 달한 것으로 추정된다.

에스토니아 정부는 사이버 공격의 배후로 외교적 갈등을 빚고 있던 러시아를 지목했다. 당시 에스토니아 정부는 수도 탈린 중심부에 있던 옛 소련군 동상의 외곽이전에 항의하는 러시아계 주민 1000여 명이 극렬한 반대시위를 벌이자 최루탄과 고무탄총을 동원해 시위를 진압한 사태로 인해 러시아와는 불편한 관계에 있었다.

나. 미국 사례

김정은 암살을 다룬 코미디 영화 '인터뷰(The Interview)'를 제작한 미국 영화사인 소니픽처스(Sony Pictures)는 2014년 11월 25일부터 영화 개봉을 중단하라는 메시지와 함께 230GB의 데이터가 유출되고 네트워크 전체가 해킹당하면서 각 사업부가 영향을 받자 12월 17일 영화 '인터뷰' 상영의 중단을 발표하였다.

이와 관련하여 미국 연방수사국(FBI)은 12월 19일 공식적으로 소니픽처스사에 대한 공격을 북한의 소행이라고 발표하면서, "북한은 미국의 기업에 중대한 피해를 끼치고 미국 시민들이 표현할 권리를 압제하는 행위를 저질렀다"고 비난하였으며, 미국 국토안보부(DHS) 사무국장 존슨은 "소니픽처스에 대한 사이버 공격은 단순히 회사와 직원들에 대한 공격이 아니었다. 이것은 표현의 자유와 삶의 방식에 대한 공격이기도 했다"고 밝히는 등 북한이 미국을 고의적으로 공격한 사건으로서 자유민주주의 체제에 대한 위협으로 규정하였다. 미국 대통령 버락 오바마도 같은 날 소니픽처스에 대한 북한의 사이버 공격에 대해 "미국은 받은 만큼 응답할 것"이라고 밝히면서 미국의 단호한 대응을 시사한 이후 북한의 인터넷이 10시간 이상 완전히 먹통이 되었으며, 이후 며칠에 걸쳐 부분적인 장애를 입었다. 정보보안전문가들은 이것을 미국의 공격으로 추정하고 있다.

그리고 2014년 5월 미국 연방대배심은 중국 인민해방군 소속 장교 5명을 온라인을 이용한 산업스파이 혐의로 기소하였다. 중국은 미국이 역사상 처음으로 현역 중국 군인을 기소하자 맥스 보커스 주중 미국대사를 소환해 항의한데 이어 미국의 조치에 항의하는 차원에서 IBM, 마이크로소프트(MS) 등 미국 회사 제품의 사용금지 명령을 내렸다. 사이버 전쟁이 현실로 확대되는 양상을 보여 주는 것이었다.

다. 그루지야 사례

배후 주체로 추정되는 러시아는 남오세티아공화국 통합문제를 둘러싸고 충돌을 하고 있는 그루지야에 대해 2008년 8월 12일부터 사이버 공격을 가해 대통령 홈페이지, 의회 · 국방부 · 외교부 사이트를 무차별로 공격하였다.

이 공격은 그루지야의 정보, 언론, 교통, 금융을 마비시킨 후 물리적 군대에 의한 전쟁이 발생한 사건으로 사이버 공격이 전쟁의 초기 공격이 될 수 있음을 보여주는 사례였다. 공격방법은 페이스북과 트위트 등을 해킹하여 미국인들의 개인정보를 확보한 후 마이크로소프트의 소프트웨어와 연결해 그루지야측의 사이트를 공격한 사건으로 이전의 해킹이나 DDoS 수법과는 다른 형태를 보여주었다.

라. 대한민국 사례

국내에서 발생한 몇 가지 주요 사례를 살펴보면 다음과 같다. 먼저, 2003년 1월 25일 인터넷 대란 사건이다. 이 공격은 공격자가 슬래머 웜을 이용하여 불특정 다수를 대상으로 공격을 감행하여 15분만에 전 세계적인 대규모 트래픽이 발생하였으며, 우리나라 인터넷 상당수도 마비되는 결과를 초래하였다. 2009년 7월 7일에는 북한이 3일 동안 61개 국가의 서버를 사용하는 DDoS 공격수법으로 백악관, 청와대, 국방부, 조선일보 등 고도의 상징성과 대표성을 가진 사이트 35개를 동시다발적으로 공격하여 마비되는 사건이 발생하였다.

그리고 2011년에는 '3 · 4 디도스 대란 사건'과 '농협전산망 마비 사건'이 있었다. 3월 3일 오후 5시경 최초로 국내 포털 사이트 및 공공기관의 웹사이트에 대한 공격 징후가 발생하였고, 4일에는 국방부, 은행, 인터넷 포털, 공공기관 등 총 40개의 웹사이트를 대상으로 하는 디도스 공격이 발생하였다. 3 · 4 디도스 대란은 2009년 7 · 7 DDoS 사건과 유사한 패턴을 보였지만 한층 업그레이드된 모습으로 나타났다. 4월에는 농협전산망이 사이버 공격을 받아 금융시스템이 마비되었다.

2013년에는 3 · 20 및 6 · 25 사이버 공격이 있었다. 3월 20일 오후 2시 50분경 KBS, MBC, YTN 등 주요 방송사와 언론사, 신한은행과 제주은행, 농협은행의 전산망이 악성코드에 감염되어 다운되는 사태가 발생하였으며, 농협은행도 일부 PC에 장애가 발생하여 인터넷을 차단하는 등 피해가 발생하였다. 연합뉴스에 따르면, 3 · 20 사이버 공격으로 실제 피해를 입은 PC는 3만 2천여 대로 추정되며, 사실상 손상된 데이터를 원 상태로 복구하는 것이 불가능하다고 전망하였다. 이어서 6월 25일에는 정부기관 등의 홈페이지 해킹 47개 사이트, DDoS 공격 8개 사이트가 악성코드 공격을 받았으며, 하드디스크가 파괴된 경우가 14곳으로 나타났다. 이 역시 정부는 북한의 소행이라고 공식 발표했다.[16]

2. 우리나라의 대응체계

첨단과학기술 개발을 선도하는 우리나라는 그 기술을 사이버 공격을 통해 빼앗아가려는 국내외의 지속적인 위협에 노출되어 있으며, 북한의 사이버 공격위협도 상존하고 있어, 대응체제도 지속적인 보완을 통해 발전시키고 있다.

우리나라의 사이버 공격 대응체계는 즉응성 강화를 위해 청와대가 사이버 안보 컨트롤타워를, 국가정보원이 실무총괄을 각각 담당하며 민관군 분야별 책임기관을 확립하여 다음과 같이 일원화된 대응체제를 마련하고 있다.[17)]

청와대 국가안보실은 위기 시 컨트롤타워로서 정보보호 관련 법 · 제도 정비, 정책 수립 등의 역할을 담당한다. 그리고 국가사이버안전에 관한 중요사항을 심의하기 위해 국가정보원장 소속하에 '국가사이버안전전략회의'를 두고 국가사이버안전체계 수립 및 개선, 국가사이버안전 관련 정책기관 간 역할조정에 관한 사항, 국가사이버안전 관련 대통령 지시사항에 대한 조치방안 등을 심의한다. 전략회의 의결사항은 국가안보실 및 미래전략수석실과 협의를 거쳐 최종적으로 대통령에게 보고된다.

국가정보원은 산하의 국가사이버안전센터에서 사이버안보 실무총괄 역할을 맡아 국가공공부문 사이버 공격 예방 및 침해사고 조사, 사이버위협정보 수집 · 분석 · 배포, '국가사이버안전전략회의' 운영, 사이버 안전 기본계획 수립 등의 업무를 수행한다.

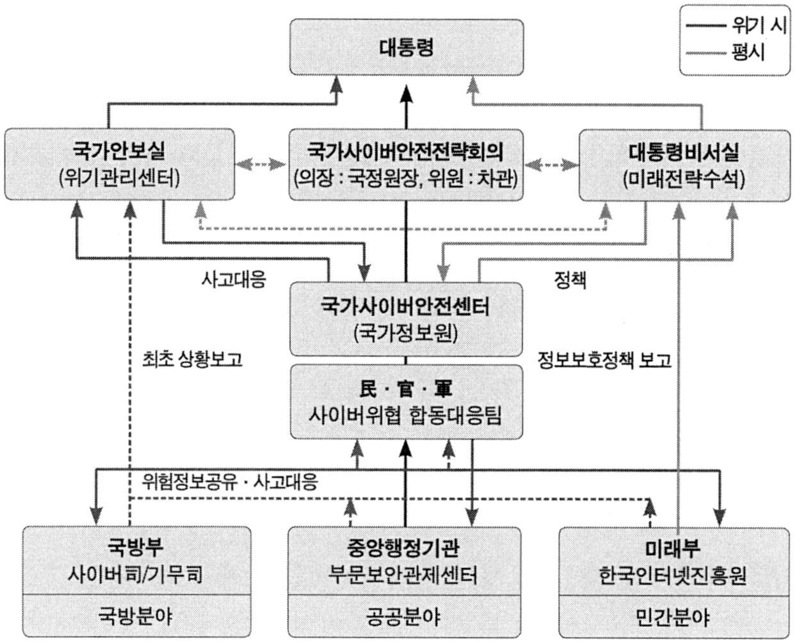

출처 : 국가정보원 · 미래창조과학부 · 방송통신위원회 · 행정자치부, 전게서, 68.

도 1-3 _ 우리나라 사이버 공격 대응체계도

또한 국가사이버안전센터 내에 민 · 관 · 군 사이버 위협 합동 대응팀을 운영함으로써 사이버 위협에 대한 범국가 차원의 체계적인 대응체계를 유지하고 있다.

국방부는 사이버사령부와 기무사령부를 통해 국방분야의 사이버 안보업무를 담당하는데 국방분야 사이버 위협예방 및 침해사고 대응, 전시 사이버 전쟁 수행 및 관련 기술 개발 등의 임무를 수행한다. 사이버사령부는 2009년 7월 7일 북한이 우리나라와 미국의 주요 정부기관, 은행 사이트 등에 대해 DDoS 공격을 하여 서비스를 일시적으로 마비시킨 사건을 계기로 2010년 1월 1일 국방정보본부 예하부대로 창설되었다가 2011년 9월 국방부 직할부대로 개편되었다. 600여 명으로 구성된 이 사령부의 주요 임무는 국방 사이버전의 기획 및 계획 수립, 국방 사이버전의 시행, 국방 사이버전 전문인력의 육성과 기술

개발, 국방 사이버전을 대비한 부대 훈련, 국방 사이버전 유관기관과의 정보 공유 및 협조체제 구축이다(국군사이버사령부령, 대통령령 제26101호).

민간분야의 사이버 안보 활동은 미래창조과학부와 산하 기관인 한국인터넷진흥원이 담당하고 있다. 특히 한국인터넷진흥원은 소속기관인 인터넷침해대응센터(Korea Internet Security Center, KISC)에서는 종합상황실 운영을 통해 국내 주요통신사업자 및 보안관제업체와 연계하여 연중 24시간 인터넷 트래픽상의 이상 징후를 모니터링하고, 보안위협에 대한 정보 수집 · 분석, 국내외 유관기관과의 정보공유, 공동대응을 통해 침해사고를 최소화하는 등 민간분야의 사이버 보안활동을 실질적으로 담당하고 있다.[18]

---

1) 조선일보. (2014), "북의 테러위협에 꼬리내린 소니 · · · 영화 '인터뷰' 개봉 전면취소", 12월 19일자; News Korea. (2013), "세계는 지금 사이버 전쟁 중", 11월 8일자.

2) Internet Live Stats, http://www.internetlivestats.com/internet-users/검색일: 2015. 7. 1.

3) 조선일보. (2014). "IT범죄공화국", 1월 30일자.

4) Wilson, Clay. (2003), Computer Attack and Cyber Terrorism; Vulnerabilities and Policy Issues for Congress, *CRS Report for Congress,* Washington DC: The Library of Congress, http://www.fas.org/irp/crs/RL32114.pdf/검색일: 2015. 3. 15.

5) 문종식 · 이임영. (2010), "사이버 테러 동향과 대응방안", 「정보보호학회지」, 20(4), 21.

6) 박병준 · 신제철, (2012), "국가보안과 방첩", 국가정보연구회 편저, 「분단국의 국가정보」, 서울: 박문각, 201-203 일부 수정.

7) Norton by Symantec. (2014), 악성코드 공격방법, http://kr.norton.com/security_response/malware.jsp/검색일:2015 .1. 15.

8) http://terms.naver.com/entry.nhn?docId=849124&cid=42346&categoryId=42346/검색일:2015. 3. 16.

9) 김종인. (2013). "세계 주요국들 사이버 전쟁 공격적으로 준비해", 「과학과 기술」, 5, 52-56 요약 및 일부 수정.

10) 김태계. (2014), "사이버 테러 범죄 대응에 관한 제도적 문제점과 대책," 「법과 정책연구」, 14(3), 1342.

11) 윤해성 외. (2012), "사이버 테러의 동향과 대응방안에 관한 연구", 「한국형사정책연구원」, 12, 67.

12) 중앙일보. (2015), "오바마의 북한붕괴 발언과 미국의 대북정책", 3월 4일자,

13) 중앙일보. 전게기사.

14) 뉴시스. (2014). 기무사령관, "방사청 담당 요원 전원 교체하겠다", 11월 6일자.

15) 중앙일보. (2014). 강대국들, "새로운 전쟁 … 미국은 백악관이 컨트롤타워", 12월 28일자.

16) 신종환. (2013), "국내 주요 인터넷 사고 경험을 통해 본 침해사고 현황", 「Internet & Security Focus」, 9, 44-45.

17) 국가정보원 · 미래창조과학부 · 방송통신위원회 · 행정자치부. (2014), 「2014 국가정보보호백서」, 68-69.

18) 김태계, 전게논문, 14.

제 3 장 경제정보

제1절 경제정보의 이해

1. 경제정보의 의의

경제정보(Economic Intelligence)에 대한 관심은 인류 문명의 시작과 함께 출현하였다고 해도 과언이 아니다. 개인이나 사회, 나아가 국가가 자신들의 발전과 번영을 위해 남이 가진 중요한 기술이나 영업정보를 가지려는 욕구는 예나 지금이나 다를 바가 없기 때문이다.

이러한 가운데 오늘날 국가정보기구에서 경제정보활동에 더욱 정보력을 집중하고 이에 대한 사회의 관심이 커진 것은 1991년 동구권의 몰락으로 탈냉전시대가 도래하자 서방진영과 공산진영의 최일선에서 활동하던 정보기구들의 주요 타깃이 사실상 사라지고 새로운 정보활동의 대상을 찾은데서 비롯되었다고 볼 수 있다.

특히, 경제정보는 냉전 종식 이후 포괄적 안보개념의 등장으로 경제적 경쟁력이 국가안보의 핵심요소로 등장하면서 정보기구의 주요 활동 대상이 되고 있는 실정이다.

이와 같은 추세에도 불구하고 정보기구의 경제정보활동에 대한 적정여부와 관련하여 논의가 적지 않은 것은 경제정보의 개념이 명확하지 않은 점에서 비롯되고 있다. 즉 경제정보는 경제간첩, 산업스파이, 산업정보, 산업간첩, 산업보안 등을 혼용하여 사용하면서 오해와 혼선을 초래하고 있어 아래와 같이 경제정보와 유사 용어에 대한 개념을 정리하고자 한다.

경제정보(Economic Intelligence)란 한 나라 또는 단체의 경제적인 모든 요소에 관한 정보로서 경제적인 취약점, 능력 및 가능한 행동방안, 의도에 관한 평가 등이 포함된다. 여기서 경제란 인간의 생활에 필요한 재화나 용역을 생산 · 분배 · 소비하는 모든 활동을 의미한다.

산업정보(Industry Intelligence)는 산업에 대한 제반정보를 의미한다. 산업이란 인간의 생활을 경제적으로 풍요롭게 하기 위하여 재화나 서비스를 창출하는 활동이다. 따라서 산업을 꾸려나가는 과학기술과 영업비밀이 모두 해당된다. 경제정보와 산업정보를 비교해 보면 경제정보는 산업정보를 포함하고 있으며, 산업정보는 주로 경쟁기업 상호간에 상대 경쟁업체의 신제품 기술, 가격, 시장출고 시기 등에 관한 정보를 담고 있다.

경제간첩활동(Economic Espionage)은 특정 국가가 경제안보 및 자국의 경제적 이익을 위하여 상대국가의 경제정보를 비밀리에 수집하는 활동을 말한다.[1] 그리고 경제간첩 또는 경제스파이(Economic Spy)는 이런 활동을 행하는 사람을 의미한다.

산업간첩활동(Industrial Espionage)은 국가안보보다는 상업적 목적(Commercial Purpose)으로 기업이나 연구소와 같은 대상세력으로부터 경제정보를 은밀하게 수집하는 활동이다.[2] 산업간첩 또는 산업스파이(Industrial Spy)는 산업간첩활동을 행하는 인물을 뜻한다. 그리고 산업정보가 경제정보에 포함되어 있기 때문에 산업간첩활동에는 경제정보도 대상이 될 수 있을 것이다.

산업보안(Industrial Security)이란 산업기술이나 영업비밀과 같은 기업 등의 자산을 외부의 침해로부터 보호하는 활동을 의미한다. 산업보안은 산업스파이 등 범죄행위로부터 기업 등의 자산에 대한 피해를 방지하는 것으로서 이러한 범죄행위를 예방하고 처벌하는 것은 국가의 기본적인 의무이기 때문에 기업이 주체가 되어 활동하는 산업보안의 영역에 국가가 개입할 수 있는 여지가 되고 있다.[3] 그러나 정부가 기업의 영업행위에 대한 간섭이라는 점에서 적절한 개입의 정도문제를 두고 논란의 여지가 있다.

한편, 국가정보기구에서 수행하는 경제정보활동 역시, 경제첩보수집, 정보분석, 비밀공작, 경제방첩으로 구분할 수 있으나 여기에서는 공격적 의미의 경제정보 수집활동과 방어적 개념인 산업보안활동으로 크게 분류하여 설명한다.

2. 경제정보활동의 배경

구 동구권의 몰락으로 정보기구의 주요 타깃(target)이 불분명해지자 국가정보기구들은 물론 정보학자들도 경제정보활동의 중요성을 강조하고 있다. 이에 따라 정보기구의 수장마저도 취임사에서 적극적인 경제정보 수집활동과 그 방어활동의 필요성을 언급하고 있다. 그 배경은 다음과 같다.[4]

가. 과학기술의 경쟁력 증진과 정보화의 진전

선진국과 후진국을 막론하고 각 국가들은 과학기술 경쟁력을 확보하기 위해 가장 손쉬운 방법 중의 하나로 경제간첩활동을 마다하지 않는다. 첨단 과학기술의 개발에는 엄청난 투자가 들어가며 미개척 분야이기 때문에 실패의 위험도 매우 크다. 또한 냉혹한 국제사회에서 과학기술 협력에는 대가관계가 따를 수밖에 없고, 그러므로 특단의 방법이 없는 한 과학기술 후진국은 영속적으로 뒤처질 수밖에 없다는 결론이 된다. 이를 타파하기 위한 특단의 방법 중 하나가 경제간첩활동이다.

나. 경제방첩의 필요성

세계 여러 나라는 상대세력의 경제정보활동에 대응하기 위해 경제방첩 역량을 제고하는데 노력해왔고, 오늘날에도 경제방첩은 경제정보활동의 동전의 양면과 같은 것으로서 국가정보기구의 영원한 과제이기도 하다. 그런데 경제방첩활동은 상대세력에 대한 경제정보 없이는 효율적으로 전개될 수 없다. 상대세력의 누가, 어떠한 경제간첩 행위를, 무슨 목적으로, 어떤 방법을 동원해 전개하는지를 정확히 탐지하기 위해서는 상대세력의 경제간첩활동에 대한 의도와 능력의 파악이 전제되어야 하기 때문이다.

다. 국가안보 개념의 변화

탈냉전으로 국가안보에서 군사적 수준의 위협요소는 줄면서 전통적인 군사안보가 차지하는 비중도 감소하였다. 국가권력의 구성요소에도 변화를 가져와 정치와 군사, 비밀정보 등 강력한 경성권력(hard power)이 약화된 반면에 경제, 기술, 문화 등 연성권력(soft power)의 중요성과 비중이 상대적으로 커졌다. 따라서 경제안보는 군사안보와 함께 국가안보의 중요한 요소로 대두되었다. 소위 말하는 총체적 안보, 포괄적 안보 또는 다원안보 개념이다. 안보 개념이 다원화되고 경제적 경쟁력이 국가안보의 핵심요소로 등장하면서, 냉전시대가 종료된 이후 한동안 방황하던 국가정보기구들은 냉전시대의 군사외교·정보수집 위주의 정보활동에서 경제정보 중심으로 활동역량을 이동시켰다.

산업스파이와 Lowel시 [5)]

공식적으로 기록된 최초의 미국인 산업스파이는 Cabot Lowel의 이야기가 대표적이다. 그는 1811년 영국 전역을 돌아다니며 당시의 최첨단 방직기기인 카트라이트(Cartwright) 방직기 제작기술을 훔쳐낸 것으로 유명하다. 증기기관으로 가동되던 당시의 혁신적이고 생산성 높은 영국산 방직기는 영국 방직산업의 정수라고 표현될 만큼 생산효율성과 품질이 우수했다. 새로운 첨단기술이 응용된 방직기의 위력을 실감하던 영국은 이미 1780년대 후반부터 방직기 기술의 국외 유출을 법으로 금지하고 있었다. 일종의 산업스파이법이었다. 물론 죽을 때까지 고문을 하겠다던 고대 중국의 비단 지키기 법안보다는 형벌의 정도가 약했지만 영국의 방직기술 수출금지 법안도 상당한 효과를 발휘했던 것으로 평가되고 있다.

이러한 제약에도 불구하고 Cabot Lowel은 방직기 제작기술을 빼내와 미국에서 똑같은 카트라이트 방직기를 만들어 내었다. Cabot Lowel로 인해 미국에서도 산업혁명이 일어났다고 해도 과언이 아니며, 미국 북부의 경제가 성장하기 시작한 것도 이 시점부터이다. 이로부터 한 세기 후에 벌어진 남북전쟁에서 북군이 승리하게 된 것도 공업 생산성의 우위 때문이라는 점은 널리 알려진 사실이다. Cabot Lowel이 훔쳐낸 기술로 만든 방직기들은 곳곳에서 영국과 경쟁을 벌였고, 이로 인해 독점적인 지위를 차지했던 영국 방직회사들은 제품의 판매가격을 내려야만 했다. 미국 매사추세츠주 로웰시는 바로 다른 나라의 기술을 훔쳐낸 산업스파이의 이름을 딴 도시이다.

라. 세계화(globalization)

세계화는 교통 · 통신 · 정보 혁명의 가속화와 냉전 종식으로 인한 이데올로기의 장벽이 제거되면서, 인간의 활동이 영토국가의 경계를 넘어 전 지구촌으로 확대되어가는 과정을 의미하는 것으로서 세계화 현상이 가장 두드러진 영역이 경제분야이다. 각종 생산, 금융 등 핵심적인 경제행위가 이른바 국경 없는 경제(Borderless Economy)에 돌입했고, 교역과 노동의 이동도 지구적 차원으로 확대되고 있다. 선진국이 두뇌유출(Brain Drain)을 촉진하고, 후진국이 그것을 막으려는 노력은 조약국제회의 등 도처에서 나타난다. 이러한 세계화는 속성적으로 경제경쟁을 포함하여 다양한 형태의 경쟁적 요소를 내포하고 있다. 그런데 국제경쟁력은 기본적으로 기술 연구투자에 의해 이루어지는 것이 원칙이지만, 사활이 걸린 자국의 경제 경쟁력 확보의 측면에서 각국은 경제 정보 수집활동의 유혹과 필요성을 절감하게 된다.

제2절 경제정보 수집활동

1. 주체와 대상

경제정보를 수집하려는 주체는 개인, 기업, 국가 등으로 나누어 볼 수 있다. 우선 개인차원에서 보면 적극적이지는 않지만 개연성은 있다고 볼 수 있다. 과학기술 개발을 직무로 하는 개인이나 조직의 구성원들은 적은 비용으로 짧은 시간 내에 목표를 달성하기 위해 여건이 되면 일반인에 비해 익숙한 전문기술을 바탕으로 경제정보 수집활동을 할 수 있다. 예를 들면, 기술개발연구원의 연구원, 과학기술 특허출원을 원하는 발명가, 기업이나 대학에 근무하면서 신(新)기술 개발로 개인 실적을 높이려는 연구자 등이 해당될 수 있다.

기업들은 성장을 유지하고 동종의 타 기업에 대비하여 경쟁력을 확보하기 위해 항상 경제스파이 유혹을 받을 수밖에 없다. 이윤을 최고의 목표로 하는 기업의 특성상 완만한 성장을 가진 회사는 고도성장을 추구하며, 경영관리가 잘못되거나 신제품 개발 정도가 미진하여 경영위기에 봉착한 기업들은 앞서가는 기업의 기술을 쉽게 확보하는 방법으로써 산업스파이를 활용하려는 유혹에 빠져든다. 앞서가는 첨단기술을 짧은 시간에 적은 비용으로 획득할 경우 동종 기업들에 비해 경쟁력을 확보함으로써 성공적인 기업운영이 보장되기 때문이다.

국가 역시 기술개발에 수조 원대의 예산이 필요한 우주항공선과 첨단군사무기 사업에서부터 국가의 전반적인 대외경쟁력을 높이기 위한 기업지원 차원의 분야별 첨단산업기술 확보 등을 위해 산업스파이 유혹에서 예외일 수 없다. 각국의 국가정보기구들은 냉전이 종식된 이후 자국의 이익과 경쟁력의 필요성이 강하게 조명되면서 적국과 우방국을 가리지 않고 수행되는 경제정보 수집 활동이 더욱 활발해지고 있다.

경제정보활동의 대상은 경제정보를 수집하려는 국가나 기업 그리고 개인의 목적과 필요성에 따라 달라질 수 있으나 공통점을 토대로 양분하면 경제정책정보와 산업기술정보의 수집 분야로 구분할 수 있다. 먼저, 경제정책정보는 한 국가의 경제정책 담당자들이 경제정책을 수립하고 집행하는데 필요한 경제정보를 수집 · 분석 · 배포하는 활동을 말한다. 대상 국가의 금리와 환율, 관세 등의 특징과 투자상 문제점 등을 분석하여 상대국가와 무역협상에서 유리한 입장에 서기 위한 협상전략을 제공하며, 국제사회에서 떠오르는 시장과 지는 시장을 파악하여 국가경제정책의 수립 및 집행에 활용하도록 경제정보를 생산할 수 있다.

산업기술정보는 대상 국가나 기업 또는 개인이 보유한 기술 중 시장에서 기술적, 경제적 가치가 높거나 산업성장에 핵심적 역할을 할 수 있는 기술이 주요 타깃이 되며 우주, 원자력, 전기전자, 정보통신 등의 분야에서 많이 발견된다. 그리고 산업기술정보에는 과학기술정보 외에도 대상기업의 재정정보, 조직정보, 시장정보는 물론 경영기법도 포함될 수 있다.

2. 경제정보 수집방법

경제정보 수집 역시 일반적인 정보수집방법이 이용된다. 즉 인간정보(HUMINT), 기술정보(TECHINT), 공개정보(OSINT)를 활용한 수집이다. 이 외에도 기업의 인수합병과 같은 공작적인 방법이 동원될 수 있다.

인간정보는 정보관에 의한 다양한 인적 스파이 활동을 통하여 이루어진다. 인간정보는 인류사 만큼이나 오래된 전통적인 방법인 동시에 현재까지도 경제정보 수집방법의 중심을 차지하고 있다.

인간정보 활동에는 먼저, 경제정보를 가지고 있는 타깃에 접근이 가능한 경제관료, 컴퓨터 기사, 비서, 기술자, 범죄단체 조직원 등을 정보원이나 협조자로 포섭하여 정보를 수집할 수 있다. 대상 기업의 불평 불만자나 성격 결함 또는 약점이 있는 사람에게 접근하여 특정한 반대급부 등을 제시하여 중요 정보를 빼낼 수 있는 것이다. 매수에 쉽게 걸려드는 사람은 대체로 윤리성이 결여되어 있으며, 낭비벽이 있거나, 과도한 성취동기 등 인위적인 취약성을 가지고 있는 경우가 많다. 그렇지 않다고 하더라도 인간은 불완전한 존재로서 성격이나 언행에 많은 취약점을 지니고 있어 쉽게 매수의 대상이 되곤 한다.[6)]

그리고 정보관 또는 정보원을 대상목표에 잠입시켜 정보를 수집할 수 있다. 잠입의 한 방법으로 위장취업을 사용하는 경우도 많이 발생하고 있으며, 이 경우 단기간의 활동에 그치지 않고 수년간 잠복하는 장기 잠입형도 있다.

우리나라에서도 첨단산업기술을 가진 견실한 중소기업에 종업원으로 일한 태국인 근로자가 기술을 빼내기 위해 위장취업을 한 사례가 있다. 태국에서 동종의 기업을 운영하는 아버지를 둔 태국인 근로자는 한국인 사장이 베풀어 준 회식 중에 "사장님은 전문가이고 학자이면서 기업가라며 가장 존경한다"는 말을 하였다. 이 사장은 감동을 받고 열심히 배울 것을 종용하자 "열심히 배우려고 노력하고 있으나 이 분야만은 모르겠다"라는 말에 자기도 모르는 사이에 노하우를 설명해주었던 것이다. 그 이후 이 외국인은 가정사를 빌미로 출국한 이후 재입국하지 않았다.[7)]

기술정보(TECHINT)는 과거 국가정보기구들이 군사정보를 수집하기 위해 활용한 주요한 방법으로써 냉전 이후에는 경제정보 수집에도 많이 활용되고 있는 수단이다. 통신 도청의 경우 냉전시대에 정치 · 군사적 대화를 도청하여 정보를 얻어내는 방식을 전 세계의 기업을 상대로 전개하고 있는 것이다. 국가에 비해 보안의식이나 장비가 상대적으로 취약한 기업은 첨단 통신도청 장비를 보유한 정보기구에 통신내용이 쉽게 노출될 수 있는 이유이다.

그리고 전문 해킹수법을 가지고 있는 국가정보기구들은 외부에서 비교적 접근이 용이한 사기업체의 컴퓨터망에 침입하여 영업비밀이나 첨단기술을 수집하고 있다. 또한 인공위성이나 정찰기를 동원하여 첨단기술 연구소의 위치,

주요 인사 출입 내용, 시제품의 양 등을 파악하여 경제정보 분석자료로 활용할 수 있다.

공개정보(OSINT) 역시 경제정보를 수집하는 주요한 수단인데 인터넷 검색, 공개자료 분석, 공개회의 참여 등을 통해 자료를 획득할 수 있다. 민주주의의 진전으로 정부와 기업에 대한 투명성이 더욱 요구되면서 특정 정부의 경제정책이나 기업의 경영정보가 공개되는 경우가 많기 때문에 이 자료들을 모아 분석하거나 조합하면 의외의 주요한 경제정보가 될 수도 있다. 우선 인터넷 검색으로 특정 국가의 경제지표와 중점 기술개발 계획은 물론 기업의 가격목록, 연구개발 중점 등을 확보할 수 있게 됨에 따라 이를 체계적으로 조합하면 해당 국가나 기업의 경제정책이나 거래비밀에 가까이 접근하거나 심층정보 분석을 위한 기본자료로 활용할 수 있다.

그리고 공개자료도 책자, 보고서, 홍보물, 백서 등 다양한 형태로 공개되고 있어 경제정보 수집에 유용하게 활용할 수 있다. 정부나 연구소에서 정기적으로 발간하는 경제 간행물, 국제 경제기구의 발간물과 보고서, 각종 통계자료, 특정회사의 사보, 과학·기술 잡지, 경제연감, 시장조사 보고서 등을 조사 및 평가함으로써 특정 국가의 경제정책 방향, 기술발전의 추세 등을 얻을 수 있다.

또한 경제관련 국제학술세미나 및 국제회의, 박람회, 전시회 등에 참석하거나 글로벌회사 견학 등의 기회를 이용하여 현재의 기술력은 물론 미래의 기술발전 추세를 파악함으로써 기술개발의 방향을 선점하는데 활용할 수 있다.

마지막으로 대상기업이 알아차리지 못하게 합법적으로 기업의 인수합병 또는 기업합작의 방법으로 상대기업의 기술력 등을 수집하는 것이다. 타깃이 되는 기업의 영업비밀을 알아내기 위해 실제로 경쟁기업을 인수하거나 합병할 수 있으며, 애당초부터 기업합작의 의도는 없이 합작을 전제로 자산이나 영업비밀에 대한 가치평가를 통해 기업의 비밀을 얻어낸 후 합작을 중도에 포기하는 수법을 사용하고 있다.

제3절 산업보안

각 국가들은 경제안보의 중요성이 강조되면서 경제정보를 수집하는 것 못지않게 지키는 일도 그만큼 증대되면서 경제정보 방첩활동의 필요성도 커지고 있다. 다만 여기에서는 경제정보 방첩활동 중 산업기밀 유출방지 활동인 산업보안을 중심으로 설명하려고 한다.[8)]

1. 산업보안의 의의

기술적 격차를 단축하기 위한 과학기술정보를 수집하려는 시도는 기업과 기업, 국가와 국가 사이에서 계속 이루어지고 있다. 그러면서 오늘날 기술 보유가 기업, 국가의 경쟁력으로 해석되는 무한경쟁시대에서 산업보안이라는 용어가 주요 이슈로 등장하였다.[9)]

산업보안이란 용어가 보편적으로 사용되기 시작하고 중요성이 논의된 것은 비교적 최근의 일이다. 2003년 국가정보원에서 '산업기밀보호센터'를 설립한 이후 산업기밀유출 사례가 일반에 공표되자 그 중요성이 강조되었고 경찰, 기무사령부에도 유사한 조직이 연이어 만들어지면서 대응활동이 강화되었다.

2004년 3월에는 기술보호를 위한 민관 교류 협력을 위해 ① 전기/전자, ② 정보통신, ③ 생명공학/화학, ④ 기계산업 등 4개 「분야별 산업보안협의회」를 설립하였고, 2006년 11월에는 삼성전자 등 12개 업체 대표기업 경영진이 참석하는 '산업보안 CEO협의회'를 창설하였으며, 같은 해 12월에는 네패스, 아시씨텍 등 16개 벤처기업으로 구성된 '벤처기업협의회'가 창립되었다. 그리고 2007년 4월에는 「산업기술의 유출방지 및 보호에 관한 법률」이 제정되어 제도적 뒷받침이 강화된 데 이어, 같은 해 10월에는 '한국산업기술보호협회'를 설치하여 민간 주도로 산업보안활동을 할 수 있는 기틀을 만들었다. 이러한 기틀을 토대로 산업기밀유출의 심각성이 언론을 통해 보도되면서 일반인에게도 널리 알려지게 되었으며, 학계, 관계, 민간기업에까지 보편적으로 사용되는 용어로 발전하였다.

산업보안이란 용어는 민간경비, 융합보안, 경제방첩, 기업보안 등의 이름으로 혼용되어 사용되고 있는 것이 사실이다. 산업보안의 개념을 '범죄, 무질서 및 재난 등으로부터 기업을 안전하게 지키는 것'이라고 광의적으로 보는 견해와 '산업기술이나 기밀의 유출을 방지하는 것'[10]으로 국한하는 개념으로 파악하기도 한다.

그러나 이 책에서는 이미 설명한 바와 같이 산업보안의 개념을 '산업기술이나 영업비밀 등 기업의 자산을 외부의 침해로부터 보호하는 활동'의 의미로 사용하기로 한다. 이 책은 특별히 정보적 관점에서 논의되는 부분이 주를 이루기 때문이다.[11]

2. 산업보안의 중요성

이념전쟁에서 경제전쟁으로 변화한 오늘의 정보환경은 첨단기술의 확보야말로 상대에게 우위를 점할 수 있는 강력한 무기가 되고 있다. 이러한 가운데 경제전쟁이 날로 치열해지면서 급증하고 있는 산업기술 · 기밀의 유출사고를 방지하여 기업과 국가경쟁력을 제고할 필요성이 증대하고 있다. 이와 같은 산업보안의 중요성을 국가발전과 산업환경 측면에서 살펴본다.[12]

가. 국가발전 측면

1) 국가안보 확립

오늘날 첨단 과학기술의 보유와 이에 대한 보호는 국가안보 유지의 핵심요체이다. 현대전은 걸프전에서 보았듯이 기술전이기 때문에 좋은 기술이 없이는 국가안보도 지킬 수 없는 것이다. 뿐만 아니라 과거에는 일반 산업기술과 방산기술을 확실히 구별할 수 있었으나 현재는 그 한계가 모호하며 특히 전자나 통신 분야에서는 일반 산업기술이 방산분야에도 그대로 적용되고 있어 국가안보를 위해서라도 기술개발은 꼭 필요하지만 개발된 기술에 대한 보안관리의 중요성은 더욱 부각되고 있다.

2) 국가 이익의 창출

산업보안이 기업의 입장에서는 생존수단이며 경쟁력 강화의 수단이기 때문에 중요한 것은 말할 것도 없지만 다른 한편에서는 핵심 산업기술의 보유는 국가의 경쟁력이며 국가 발전의 원동력이기도 하다. 현대국가에서 핵심기술의 보유와 이에 대한 보호는 국가발전의 중요한 요소가 된다. 즉 좋은 기술을 개발하고 그 기술을 보호할 수 있다면 국가 경쟁력을 유지하여 국가 이익창출의 바탕을 만들어 주는 것이다.

미래학자 앨빈 토플러는 “기업 스파이는 21세기 가장 큰 산업 중의 하나”라고 말했을 정도로 기술 유출 시도와 방지 노력은 창과 방패처럼 끊임없이 이뤄지고 있다. 기술개발과 함께 개발된 기술의 보호 중요성은 아무리 강조해도 지나치지 않다.

나. 산업환경적 측면

1) 국제적 요인

21세기 정보화 사회에서는 첨단기술이나 전문적인 지식은 산업경쟁력의 원천으로 인식되고 있다. 특히 산업에서 원자재가 차지하는 비중은 정보화 사회로 발전할수록 낮아지는 대신에 첨단기술이나 전문적인 지식은 점점 더 중요시되면서 자체 연구개발은 물론 산업스파이 활동을 통한 산업정보 수집요구도 증가하고 있다. 이러한 추세에 따라 첨단기술이나 지식개발 못지않게 개발한 기술이나 지식을 관리하고 보호하는 것이 중요한 국가적 과제로 부상하게 되었다.

세계 각국은 냉전체제가 붕괴된 이후 경제발전과 번영을 제일 목표로 두고 무한경쟁상태에 돌입하면서 각국의 정보기구들도 자국의 산업경쟁력 확보를 위한 정보활동을 강화하고 있다. 이는 소련을 비롯한 동구권이 붕괴되어 이념 문제가 퇴색되고, 정보화 사회의 산업경쟁력이 첨단기술이나 전문적인 지식에 좌우되면서 나타난 자연스러운 현상이기도 하다.

심지어 각국의 일반 행정기관이 자국기업을 위한 정보를 직접 수집하는가 하면 국가의 원수가 외교적 역량을 동원하는 등 총체적으로 유용한 산업기술 확보를 위한 지원활동을 전개하고 있는 것이 국제사회의 현실이다. 즉 산업스파이 활동 무대가 아마추어에서 프로화되었다고 할 수 있다. 이에 따라 산업보안의 중요성과 함께 대책 강구는 더욱 어렵고 심각하게 되었다.[13)]

2) 국내적 요인

산업보안이 중요하게 된 국내적 요인 중 가장 중요한 원인은 국내 노동구조의 변화로 인한 외국 인력의 다수 유입이다. 개방경제정책, 국내 산업계의 임금인상, 국민 생활수준의 향상과 함께 근무환경이 열악하거나 힘이 드는 업종의 기피현상으로 외국의 산업인력이 유입될 수밖에 없었다. 이로 인해 외국인의 우리나라에 대한 산업정보활동 여건이 크게 좋아진 것이다.

한국에 취업한 외국인 산업인력의 대부분이 우리나라보다 기술수준이 뒤떨어진 중국, 인도네시아, 필리핀 등 후진국 근로자들로서 우리나라를 앞서려고 하는 경쟁상대국가 출신들이다. 이들 중에는 산업스파이 목적은 없었다 하더라도 우리나라의 고급기술을 익히고 귀국하여 그 기술을 임의로 사용한다면 우리나라는 결과적으로 산업스파이의 피해를 입게 되는 것이다.

그리고 개발도상국들은 최근 기술수준이 향상된 기업을 대상으로 산업정보활동을 강화하고 있다는 점이다. 분석방법에 따라 다소 차이는 있지만 대략 10~12위 수준으로 평가되고 있는 우리나라의 산업기술 수준은 산업인력을 한국에 보내고 있는 개발도상국의 입장에서 보면 매력적인 산업정보 수집 대상국인 것이다. 이에 따라 이들 국가들은 기술관련 정보의 입수를 위해 한국에

취업하는 산업연수생, 유학생 그리고 공직자들에게도 산업정보 수집기술을 교육시켜 보내는 것으로 알려지고 있다. 또한 산업기술의 유출은 외자유치 또는 기업의 해외매각 및 합병과정에서 발생하고 있다는 점도 우려되고 있다.

그러나 이러한 국내 기술의 입수를 위한 각국의 치밀한 노력보다 더욱 심각한 문제는 산업기술의 보호에 관한 국내 기업인의 보안의식이 부족하다는 점이다. 산업보안 사고의 피해는 매우 치명적이어서 한 번의 사고로써 재생불능의 상태가 되는 경우가 많기 때문에 사고를 당하기 전에 사전 예방대책을 강구하도록 하는 기업인의 보안의식 고취노력이 무엇보다도 필요하다.

3. 산업보안의 유형

과학기술의 유출을 효과적으로 예방하기 위한 보안대책은 보호객체 및 수단과 취급영역에 따라 관리적 보안, 물리적 보안, 기술적 보안으로 구분하여 살펴볼 수 있다.

가. 관리적 보안

관리적 보안이란 국가 또는 기업, 개인이 보호해야할 기술이나 기밀과 연관되어 있는 직원, 조직, 기술에 대한 총체적인 운영과 유지관리에 대한 보안이라고 할 수 있다.[14] 여기에는 기업 내부인원의 채용, 재직, 퇴직에 따른 보안대책, 협력업체를 비롯한 외부기관 출입에 따른 보안대책, 중요자료에 대한 관리 요령 등이 포함된다.

나. 물리적 보안

물리적 보안이란 산업기밀이나 기술의 처리, 보관, 활용에 관계되는 시설,

장비, 장소를 보안의 위협으로부터 보호하는 것을 의미한다. 산업정보에 대한 물리적 보안을 위하여 제한지역, 제한구역, 통제구역의 설정, CCTV, 적외선 감지기, 카드키, 지문인식시스템 등 과학장비를 이용한 24시간 출입통제시스템 등을 설치하여 운용할 수 있다.

표 1-1 _ 관리적 보안의 대상과 요령

대상	요령
내부인원	• 채용/재직/퇴직 시 등 단계별로 구분하여 적절한 보안대책을 강구한다. • 직원을 채용할 때에는 "재직 중 취득한 회사기밀을 누설하는 경우 손해배상은 물론 민/형사상 책임을 지겠다"는 내용의 보안서약서를 받고, 보안에 대한 경각심을 주도록 한다. • 재직 중인 핵심인력에 대해서는 정기적으로 면담을 실시하고 금전적 문제와 근무여건 등 제반 애로사항을 수시로 파악하여 불만이 없도록 사전에 조치한다. • 정기적으로 보안교육을 실시하는 한편, 정기 또는 불시 보안점검을 실시하여 경각심을 제고한다. • 퇴직 시에는 재직 중에 관리하였던 연구/개발 및 영업비밀과 관련된 서류 등 일체를 반납하도록 하고 이를 확인한다.
외부인원	• 업무상 정기적으로 출입하는 협력업체 직원은 최소한으로 제한하고 출입지역도 일정한 한계를 두어 핵심시설에는 일체 접근하지 못하도록 엄격하게 통제한다. • 건설 또는 A/S업체 등과 회계사, 기술자문, M&A 업체 직원에게 제공한 자료는 반드시 회수하고 별도의 보안대책을 수립하여 시행한다. • 하청 및 부품업체와 제품판매업체 직원에 대해서도 중요정보에 접근하지 못하도록 사안별로 적절한 보안대책을 강구한다. • 특히 유치과학자가 있는 경우에는 자유로운 연구활동을 위축시키지 않는 범위 내에서 특이 언동과 동향 등을 파악하고 이상 행동이 포착되었을 때에는 지체 없이 정보수사기관에 통보하여 조치한다.
중요자료	• 제품의 설계도/소스코드 등 핵심 기술자료는 영업비밀로 분류하고 비인가자는 접근하지 못하도록 물리적/기술적 보안대책을 강구한다. • 중요자료를 외부에 제공하거나 열람시키는 것은 엄격히 제한하되 부득이하게 제공해야 할 경우에는 관련인원을 최소한으로 제한하고 보안서약서를 받는 등 적절한 보안대책을 강구한다. • 기술이전이나 하청계약 체결 시 자료를 제공할 때에는 반드시 비밀유지 의무조항을 포함시키고 이를 위반하였을 경우 책임소재를 명시한다.

출처 : 국가정보원 산업기밀보호센터, 보안대책, http://service4.nis.go.kr/servlet/page?cmd=measure&cd_code=measure_1&menu=CBA00/검색일: 2015.1.10.

표 1-2 _ 물리적 보안 대상과 요령

대상	요령
중요시설 보호관리	• 생산공장/사무실/연구실 등 중요시설의 위치/특성 등을 면밀히 검토하여 시설 자체보다는 그 시설이 가지고 있는 기능을 보호할 수 있는 대책을 강구한다. • 시설은 중요도에 따라 제한지역, 제한구역, 통제구역으로 구분 지정하고 비인가자가 임의로 출입하지 못하도록 보안대책을 수립하여 시행한다. • 중요시설에는 CCTV, 적외선 감지기, 카드키, 지문인식시스템 등 과학장비를 이용한 24시간 출입통제시스템을 설치 운용한다.
출입통제	• 핵심시설에 대해서는 출입 인가자를 지정하고, 인가된 인원 이외에는 출입하지 못하도록 통제한다. • 협력업체 직원이나 시설 또는 장비 보수 등을 목적으로 정기적으로 출입하는 인원은 사전에 신원확인에 필요한 서류를 확보하여 비치하고 보안서약서를 받는다. • 임시출입자는 먼저 신분을 확인한 후 출입대장에 인적사항, 방문목적, 방문대상 직원 등을 기재하고 임시출입증을 패용하게 한 후 반드시 직원의 안내를 받아 출입토록 조치한다.

출처: 국가정보원 산업기밀보호센터, 보안대책, http://service4.nis.go.kr/servlet/page?cmd=measure&cd_code=measure_1&menu=CBA00/검색일: 2015.1.10.

다. 기술적 보안

기술적 보안이란 온라인상의 정보를 산업스파이로부터 보호하기 위한 대책을 의미한다. 이러한 기술적 보안에는 인터넷/인터라넷 보안, 데이터 통신 보안, 분산환경 보안 영역으로 구분할 수 있으며, 구체적으로 개인용 컴퓨터의 보안관리, E-mail 보안관리, 해킹방지 등의 방법으로 주요 산업기밀의 유출을 방지할 수 있다.

표 1-3 _ 기술적 보안 대상

대상	내용
인터넷/인트라넷 보안	정보체계가 인터넷 또는 인트라넷에 접속되어 사용될 경우 발생할 수 있는 보안 문제점들에 대처할 수 있는 대응책을 마련하는 보안활동을 의미한다.
데이터 통신 보안	네트워크에서 이루어지는 통신을 안전하고 신뢰할 수 있게 운용되도록 조치하는 보안활동을 의미한다.
분산환경 보안	네트워크가 분산화되면서 취약한 면을 드러내기 쉬운 주요 보안사항인 정보의 무결성과 비밀성, 가용성, 그리고 사용자 인증성을 확보하여 신뢰할 수 있는 네트워크 환경을 이루기 위한 보안활동을 의미한다.

출처 : 박준석, 전게서, 102.

표 1-4 _ 기술적 보안요소별 피해예방 요령

요소	예방 요령
PC 보안관리	• PC별로 사용자 및 관리책임자를 지정하여 다음에 정한 보안대책을 강구한다. – 장비별/자료별/사용자별 비밀번호 사용 – 10분 이상 PC를 사용하지 않을 때는 자동으로 화면보호 조치 – 백신 및 PC용 침입차단시스템 운용 – 업무와 무관하거나 보안에 취약한 프로그램의 사용금지 – 비인가자가 PC를 사용하지 못하도록 하기 위한 장비 접근용 비밀번호(1차) – PC사용자가 서버에 접속할 때 인가된 인원인지를 확인하는 사용자 인증 비밀번호(2차) – 해당 문서를 열람/수정 및 출력하기 위해 사용권한을 제한할 수 있는 자료별 비밀번호(3차) • PC 비밀번호는 숫자와 문자 및 특수문자 등을 조합하여 8자 이상으로 정하고 분기 1회 이상 주기적으로 변경하여 다음 사항을 고려하여 정한다. – 사용자 계정(ID)과 동일한 것은 사용하지 말 것 – 개인 신상자료 및 부서 명칭 등과 관계가 있는 것은 사용하지 말 것 – 일반 사전에 등록된 단어는 사용을 피할 것 – 같은 단어나 숫자를 반복(111 등)하여 사용하지 말 것 – 이미 사용한 비밀번호는 다시 사용하지 말 것 – 같은 비밀번호를 여러 사람이 같이 사용하지 말 것 – 응용프로그램을 이용한 자동 비밀번호 입력기능은 사용하지 말 것 • 퇴직 시에는 재직 중에 관리하였던 연구/개발 및 영업비밀과 관련된 서류 등 일체를 반납하도록 하고 이를 확인한다.
E-Mail 보안관리	• 외부발송용 E-Mail은 크기를 일정규모 이하로 제한하고, 초과할 경우에는 해당 부서장의 승인을 받도록 조치한다. • E-Mail을 이용한 내부자료 불법유출 시 관련 규정에 의한 처벌내용을 수시로 교육한다.
해킹	• 윈도우 사용자는 마이크로소프트사에서 제공하는 최신 보안패치를 모두 적용한다. • 전자우편은 발신인이 분명하지 않거나 수상한 첨부파일이 있는 것은 열지 않고 모두 삭제한다. • 메신저 프로그램 사용 시 메신저에 URL이나 파일이 첨부되어 있을 경우에는 메시지 발송자를 확인한 뒤에 실행한다. • 웹사이트 방문 시 "보안경고"창이 나타날 때에는 신뢰할 수 있는 기관의 서명이 있는 경우에만 프로그램 설치에 동의하는 "예"를 누른다. • 폴더는 가급적 공유하지 말고, 부득이하게 공유하더라도 사용이 완료되면 해제한다(필요 시 공유폴더 이름에 $를 붙여 공유폴더 이름이 보이지 않도록 설정하고 비밀번호를 설정). • O/S 설치 시 자동생성되는 관리적 공유폴더 제거를 제거한다. (C$, d$ 등으로 설치 시 기본으로 제공되는 공유폴더 제거) • 바이러스 백신은 항상 최신버전의 엔진으로 업데이트하고 수시로 검사한다. • P2P 사용을 자제한다(필요 시에는 자신이 공유하는 폴더를 확인하고 해당 폴더에 중요자료가 포함되지 않도록 한다). • 사용자 계정에서 Guest 등 불필요한 계정을 삭제한다. • USB 자동실행을 차단한다.

요소	예방 요령
	• 주기적으로 불필요한 ActiveX 프로그램, 쿠키정보를 삭제한다. • 터미널 서버, 원격지원 등 원격접속을 차단한다. • 기술이전이나 하청계약 체결 시 자료를 제공할 때에는 반드시 비밀유지 의무조항을 포함시키고 이를 위반하였을 경우 책임소재를 명시한다.

출처: 국가정보원 산업기밀보호센터, 보안대책, http://service4.nis.go.kr/servlet/page?cmd=measure&cd_code=measure_1&menu=CBA00/검색일: 2015. 2. 1.

4. 한국의 산업보안 현황

가. 산업기술유출 현황

1) 유출 실태

국가정보원이 검찰 및 경찰 등 수사기관과 합동으로 적발한 우리나라의 산업기술유출 현황은 다음과 같다.[15] 먼저, 연도별 해외 기술유출 통계를 보면 2003년 6건, 2004년 26건, 2005년 29건, 2006년 31건, 2007년 32건, 2008년 42건, 2009년 43건, 2010년 41건, 2011년 46건, 2012년 30건, 2013년 49건, 2014년 63건으로 나타나 매년 증가추세를 보이고 있으며, 2014년의 경우 해외기술유출 통계를 정리하기 시작한 2003년 대비 10배 이상 증가하였다.

최근 5년(2010~2014년)간 피해기업을 규모별로 살펴보면 중소기업 64%, 대기업 16%, 기타 20%로 나타나 산업보안 시스템에 투자할 여력이 없고 기술보호 의식이 대기업보다 낮은 중소기업의 기술유출이 훨씬 큰 비율을 차지한 것으로 나타났다.

기술유출 분야는 2010년부터 2014년까지 적발된 사례를 가지고 분류해 보면 정밀기계 34%, 전기전자 26%, 정보통신 14%, 화학 7%, 생명공학 3%로 조사되어 정밀기계와 전기전자 분야에 대한 유출이 높은 것으로 나타났다. 그리고 같은 기간 중 기술유출 주체는 전직직원 52.8%, 현직직원 27.1%, 협력업체 7%, 투자업체 0.4%, 기타 12.7%로 나타났다. 특히 전·현직 등 내부유출자가 약 80%를 차지한 가운데 이들의 유출 이유가 금전유혹 및 개인영리 78%, 인사 및 처우 불만 13%로 조사되어 조직의 보안시스템 구축, 보안교육 등 내부보안 관리뿐만 아니라 직원들의 근무환경 등 처우개선 노력이 병행될 필요성을 보여주고 있다.

2) 기술유출 유형별 사례

산업기술은 절도, 해킹, 도청 등 다양한 방법에 의해 사진, 문서와 같은 다양한 형태로 유출되고 있는데 그 유출 유형별로 주요 사례를 살펴보면 표 〈1-5〉와 같다.

표 1-5 _ 유출 유형별 주요 사례

유형	주요 사례
불법 수출	K사 대표 임모씨 등은 전략물자로서 수출을 위해서는 정부의 허가가 필요한 105㎜ 곡사포용 대전차고폭탄 등 6종의 포탄생산설비와 원자재, 도면과 공정을 정부 승인 없이 미얀마 국방사업소에 공급한 혐의로 구속. 이들은 현지에서 시제품을 생산하기도 했으며 불법으로 넘긴 포탄은 760억원대 규모인 것으로 조사
현직직원 매수	국내 LCD 업체에 근무하던 D사의 연구원은 전직직원 출신 K씨로부터 휴대용 폰 컬러모듈 기술을 넘겨주면 중국 T사로 스카우트해서 부장급 대우와 함께 억대 수준의 연봉을 주겠다고 권유하였고, D사가 60억을 들여 개발한 기술도면을 넘기다 적발되어 구속
전직직원의 유출	D사를 퇴직한 직원 손모씨 등은 자신이 근무했던 전 회사의 지문인식 프로그램 관련 컴퓨터 파일, 백업 CD, 설계서 등을 빼내 일본 S사와 기술이전에 관한 계약을 체결한 뒤 퇴사
인력 빼내기	핸즈프리를 제조하는 F사는 외국계 M사와 합작법인 설립을 추진하던 중 제품개발 담당 연구원 2명이 사라짐. 이들은 우편으로 회사에 사직서를 송부하고 저장된 노트북을 소지한 채 해외로 출국
산업스파이	동영상 표준인 MPEG G4의 솔루션 개발업체인 M사의 심모 사장은 해외에서 개최된 솔루션 개발자 포럼에서 기술 도난 모면. 미국 대학원생이라며 연구용으로 필요하니 원천기술을 알려달라고 요청받았으나, 의심스러워 확인해 보니 미국 P사의 엔지니어로 밝혀짐
인수합병	산전차단기 개발에 성공하였으나 심각한 자금압박에 시달리고 있던 S사는 국내 유수의 모 전자회사가 신기술 생산투자를 제의해 왔고, 다급한 나머지 계약서류를 작성하기 전 투자상담을 하는 과정에서 핵심자료를 제공. 그러나 갑자기 모 전자회사는 투자의사를 철회하고 S사의 기술을 모방하여 독자제품 출시

출처 : 박준석, 전게서, 155-156; 신제철 · 김순석, 전게서, 182-185; 서울경제. (2014), '760억대 포탄 · 기술 미얀마 군부에 불법 수출', 1월 4일자에서 재정리.

나. 산업기밀 유출원인

1) 도덕적 해이(Moral Hazard)

기존의 기술유출자는 전·현직 직원에 의한 생계형 기술유출이 대부분이었으나 최근에는 고액 연봉, 승진 보장 등 금전적 사리사욕 추구를 위해 기술을 훔쳐 경쟁사로 전직한다거나 첨단기술을 불법 도용해 창업하기도 한다. 이는 한탕주의와 물질만능주의에서 초래된 나쁜 결과이다. 또한 평생직장의 개념이 무너지면서 실적에 따른 불안감, 타 기업의 스카우트 제의, 불법적인 유혹 속에서 기술자의 도덕적 해이는 심각해지고 있다. 따라서 핵심 기술 인력에 대한 체계적인 관리와 보안시스템 강화, 연구원들의 주인의식 회복과 도덕적 해이를 극복하기 위한 교육 등이 절실하다.[16)]

2) 부실한 보안관리 시스템

경쟁력이 있는 산업기밀을 보유하고 있으나 이를 보호하는 시스템이 적절하게 마련되지 않아 유출되는 경우가 적지 않다. 회사나 조직의 중요 기술이나 기밀에 대한 접근이 용이하고, 보안시스템이 허술하여 산업기밀을 직접 또는 온라인을 통해 손쉽게 조직 밖으로 유출할 수 있으며, 중요 산업기술에 대해 비밀로 분류하지 않은 경우에는 유출 가능성이 그만큼 커진다. 그리고 조직의 기밀에 대한 구체적인 보안규정이 없거나 회사나 조직 구성원들의 보안관리 의식이 미흡하면 같은 결과를 초래할 수 있다.

이와 같이 산업기밀을 가지고 있는 회사나 연구소 등의 조직은 자체 보안관리 시스템이 제대로 구비되지 못하면 산업기밀의 유출은 불가피하다 할 것이다.

3) 처벌 법규의 미흡

산업기밀유출로 기업은 물론 국가차원의 경제적 피해가 막대함에도 불구하고 유출자에 대한 처벌은 미흡한 형편이다. 기술유출 사범에 대한 기소율은

2003년 29.7%에서 2012년 12.8%로 오히려 떨어진데다 전체범죄 기소율 40.1%에 비해 3분의 1 수준이며, '혐의 없음'의 비율은 37.6%로, 일반 사건 '혐의 없음' 비율(15.36%)의 배 이상을 기록하고 있다.

법원 역시 2012년 1심 공판이 이뤄진 기술유출 사범 155명 중 유기형을 받은 사람은 18명으로 11.6%에 불과하여 일반 범죄의 유기형 집행률 35.6%에 비해 관대한 처분을 내리고 있다. 따라서 기술유출 범죄는 급증하는데 비해 사법 당국의 관대한 처리가 기업들의 기술개발 의지를 꺾는 것이 아니냐는 지적이 일고 있다. 또한 크게 한건하고 처벌받는 것도 괜찮다는 풍조를 만연시켜 기술유출 범죄를 증가시키는 원인이 되고 있다는 주장도 있다.[17)]

기술유출의 경우 현재 「산업기술의 유출방지 및 보호에 관한 법률」에서는 외국에서 사용하거나 사용되게 할 목적으로 산업기밀을 유출한 경우 10년 이하의 징역 또는 10억 이하의 벌금을, 국내에서 유출하거나 그 권익을 침해한 경우에는 5년 이하의 징역 또는 5억 이하의 벌금을 규정하고 있는데, 이는 단순절도죄의 법정형이 징역 6년이란 점을 감안하면 낮은 수준이다. 그리고 실제 기술유출의 경우 적발이 되더라도 직장인으로 고학력자인데다 초범인 경우가 많아 징역보다는 집행유예를 선고 받는 경우가 많다.

4) 금전적 이익

산업기밀유출 문제에 있어 기술유출자, 기술수요자, 기술보유자 모두에게 가장 핵심적으로 관련된 원인은 금전적 이익에 있다. 먼저 기술수요자에게 있어 기술을 빼내는 행위는 불법이지만 굉장히 효율적인 행위라고 할 수 있다. 기술수요자는 경쟁업체의 인력을 스카우트하거나 경쟁업체의 직원에 금전적 보상, 고위직 제의 등을 통해 정보를 빼내거나 합법적인 인수합병을 가장해서 정보를 빼가는 방법을 주로 택하는데, 이러한 방법은 기술개발에 들어가는 막대한 투자비용과 장기간의 시간을 소요하지 아니하고 손쉽게 기술을 획득할 수 있기 때문이다.

기술유출자와 기술보유자 측면에서도 돈이 문제가 된다고 할 수 있으며, 특히 대기업보다도 자금력이 부족한 중소기업들에서 문제가 된다. 대기업의 경우 연구, 개발에 대한 어느 정도 보상이 이루어지고 보안관리 체계에 있어서도 투자가 이루어지고 있기 때문에 기술유출에 있어 상대적으로 위험성이 덜하다고 볼 수 있지만 자금력이 부족한 중소기업의 경우 모든 자금이 당장의 연구, 개발에 투자가 되기 때문에 실질적으로 그 연구, 개발에 참여한 임직원에 대한 보상이 상대적으로 충분히 이루어지지 않고 있는 실정이다. 이에 대해 불만을 품거나 미래에 불안감을 느끼는 임직원들은 경쟁업체에서 제시하는 금전적 유혹을 뿌리치기 힘들게 되는 경우가 많다. 또한 보안관리 체계에 있어서도 투자가 많이 이루어지지 않기 때문에 충분히 막을 수 있는 기술유출까지도 피해를 입게 되는 경우가 생기는 것으로 보인다.[18)]

다. 산업보안 관계법령

산업보안과 관계되는 법령은 여러 법률과 명령에 분산되어 있다. 우선 특허법, 디자인법, 실용신안법은 공개된 기술을 보호하는 법률로서 특허권 설정의 대가로 기술내용을 무상으로 공개하는 것은 불가피하고 다만 특허권 등을 실시함에 있어서 필연적으로 발생하는 축적된 노하우나 시제품과 같은 직무성과 또는 직무경험 등은 기술유출의 대상이 되어 산업보안의 대상이 된다.

회사의 사규, 근로계약, 취업규칙, 보안규칙 등에 영업비밀보호규정이 있고 이에 따라 규정된 영업비밀 등은 「부정경쟁방지 및 영업비밀보호에 관한 법률」과 같은 지적재산권 관련법에 의해 보호되지만 직무경험, 실험 데이터와 같이 「부정경쟁방지 및 영업비밀보호에 관한 법률」에서 정하고 있는 정의에 부합되지 아니하는 기술의 보호에 관한 개념은 미정립 상태이다.

저작권은 표현 그 자체를 보호하는 법령을 바탕으로 이루어진 권리이기 때문에 공개가 원칙이므로 기술유출의 대상이 되는 것은 드물다. 그러나 컴퓨터 프로그램 저작권은 노하우적 요소가 있기 때문에 산업보안의 대상이 될 수 있다.

직무경험은 따로 정의할 필요는 없고 실무적으로 회사, 단체 등의 조직 내에 유보된 것이면 모두 직무경험의 카테고리에 속할 수 있어 사내 유보능력만 있으면 다양하고 광범위하게 직무경험을 조직의 전유물로 만들 수 있다. 과거에는 산업보안을 논의함에 있어서 영업비밀 등 주요기술(통상적인 의미에서의 핵심기술을 포함)만을 산업보안의 대상으로 삼았으나 직무경험이나 직무성과 또는 실험 데이터, 샘플, 시제품, 원료, 반제품, 제품 등도 광범위하게 산업보안의 대상으로 삼아 산업보안의 대상을 확장하여야 할 필요성이 대두되고 있다.[19)]

이에 따라 변화하는 산업보안 환경에 맞추어 관련 법령을 새로이 제정하거나 개정하는 등의 정비작업을 진행해 오고 있다. 1991년 「대외무역법」을 개정(1986년 제정)하여 산업기술 중 전략물자에 해당하는 경우에 수출을 할 때에는 정부의 승인을 받도록 규정하고 있다. 여기서 전략물자란 무기 또는 무기 제조개발에 이용 가능한 민수용 물품으로써 위험한 국가 또는 단체에게 이전된 경우 국제평화와 안전에 위해를 가할 수 있기 때문에 자유로운 무역거래가 제한되는 물품을 말한다.

2006년 10월 「부정경쟁방지법」에 따른 처벌대상이 민간 기업비밀 누설의 경우로 한정되어 있고, 각종 법률에 산재하여 있는 관련 규정으로는 산업기술 유출 방지 및 근절에 큰 효과를 내지 못하자 국내 핵심기술을 보호하고 국가 산업경쟁력을 강화하며, 국가의 안전과 국민경제의 안정을 보장할 수 있도록 하기 위해 「산업기술의 유출방지 및 보호에 관한 법률」을 제정하였다.

2008년 2월에는 산업기술의 합법적인 유출을 할 수 있는 M&A에 대한 규제 근거를 삽입하기 위하여 외국인투자 촉진법 시행령을 개정하였다. 당시 개정 이유에서 '외국인의 직접투자는 선진기술 및 경영기법 도입 등 산업발전과 경제성장에 크게 기여하여 왔으나 최근 신흥경제국들의 해외투자 및 국부펀드의 증가 등으로 세계 투자환경 변화로 외국인 투자의 국가안보 관련성에 대한 국제적인 관심이 증대되는 등 국가안보와 관련된 외국인 투자 제한 제도의 보완 필요성이 커짐에 따라 국가안보에 부정적인 영향을 줄 수 있는 외국인 투자의 제한에 대한 구체적인 기준과 심의절차 등을 마련함으로써 외국인 투자로 인한 국가안보위해를 사전에 방지하려는 것'으로 밝히고 있다.

그리고 형법 및 기타 형사특별법 역시 산업기술의 유출방지를 위한 근거 법령의 하나로서 뒷받침이 되고 있다. 과거 「부정경쟁방지 및 영업비밀보호에 관한 법률」에 영업비밀 침해행위에 대한 형사처벌 조항이 신설되기 전에는 민법 제750조의 불법행위에 의한 민사적 구제와 영업비밀 침해과정에서 수반하는 다른 형사벌로 처벌하는 경향이 있었다. 이와 같은 추세는 「부정경쟁방지 및 영업비밀보호에 관한 법률」에 영업비밀 침해죄가 신설되고 「산업기술의 유출방지 및 보호에 관한 법률」에서 처벌조항이 포함된 이후에도 절도죄, 주거침입죄, 통신비밀침해죄, 저작권침해죄, 업무상 비밀누설죄, 횡령죄, 배임죄 등의 다양한 형사벌을 적용하여 처벌하는 경우가 종종 나타나고 있다.

라. 산업보안 대응조직

산업기밀을 빼내가려는 활동에 대해 대응하는 조직은 경찰과 같은 정부조직에서부터 삼성전자와 같은 사기업체의 기술보호팀에 이르기까지 다양하다. 여기에서는 정부 또는 공공기관 차원에서 대응을 주도하는 경찰, 검찰, 국가정보원, 한국산업기술보호협회에 대하여 살펴보기로 한다.

1) 경찰

경찰은 산업기밀유출에 대한 피해와 범죄가 늘어나자 2010년 7월 29일 국가핵심기술 등의 유출사범 검거 및 기술유출을 방지함으로써 산업기술보호에 기여하기 위하여 서울에 산업기술유출수사대를 창설한데 이어 2011년 2월 1일에는 산업기술유출수사 지원 및 전국 산업기술유출수사대의 컨트롤타워 역할을 하기 위해 경찰청 외사수사과 내에 산업기술유출수사지원센터를 설치하였다. 2015년 현재 산업기술유출수사대는 서울, 부산, 대구, 인천, 울산, 경기, 충북, 전북, 경남에 운영 중이다.

이들의 주요 활동내용을 보면 국가 핵심기술 해외유출방지 및 중소기업보호를 위한 단속, 기업 및 기업인 등 대상 산업기술유출 예방홍보 교육 실시, 유관기관과 협력체계를 강화하고 피해기업 대상 기술보안시스템 구축 지원 및 보안실태 진단 등 기술유출 예방을 위한 공동 대응책을 발굴하는 데 역량을 집중하고 있다.

2) 검찰

수사업무의 정점에서 모든 수사기관에 대한 수사지휘는 물론 공소유지업무를 담당하는 검찰에서는 첨단산업기술유출 범죄에 대하여 수사역량을 집중하여 국내외로의 산업기술유출을 막고, 국가 주요 기술에 대한 유출방지책 마련 및 수사력 강화를 위해 노력하고 있다. 지난 2007년 대검찰청 중앙수사부에 「기술유출범죄수사지원센터」를 설치하였으며, 2013년 11월부터 반부패부 수사지원과에서 「기술유출범죄수사지원센터」의 기술유출범죄수사 지원업무를 전담하고 있고, 서울중앙지방검찰청 「기술유출범죄수사센터」, 울산지방검찰청 「기술유출범죄수사센터」 및 전국 지방검찰청 기술유출범죄 수사부서에서 산업기술유출범죄 수사를 담당하고 있다.

기술유출범죄수사센터에서는 기술유출범죄 신고접수 및 전문수사관 양성, 전문가 네트워크 구축 등 기술유출범죄 수사역량을 강화하기 위한 여러 가지 방안을 시행하고 있는 가운데, 기술의 발전과 함께 지능화되고 있는 범죄에 맞서 수사기법을 개발하고 있으며, 신종 기술유출 범죄에 대한 효율적인 제도개선을 모색하고자 관련 법령의 개정과 제도 발전방안에 대해서도 연구하고 있다.

또한, 글로벌 환경에 발맞추어 외국 수사기관과의 수사공조 체제를 구축하고, 국내 유관기관 및 기업, 민간단체와 긴밀한 협조망을 구축하여 소중한 국가 자산이 유출되지 않도록 노력하고 있다.[20]

3) 국가정보원

국가정보원은 1961년 창설 이후 방첩 및 보안업무의 일환으로 산업보안활동을 수행해 오다 세계화의 진전으로 국가 간 인적교류가 늘어나고 국제사회에서 우리나라의 경제적 지위가 상승하는 것과 동반하여 산업기밀유출이 증가하는 양상을 보이자 2003년 10월 산업기밀보호센터를 설립하여 우리의 첨단기술을 보호하고 안전한 기업활동을 지원하는 등 산업보안활동을 전개하고 있다.

산업기밀보호센터의 주요임무를 살펴보면 다음과 같다.[21] 먼저, 첨단기술의 해외유출 차단활동으로 국제사회에서 경쟁력을 가진 우리의 첨단기술과 기업의 영업비밀 등을 해외로 불법 유출하려는 산업스파이를 적발함으로써 국부유출을 차단하고 있다. 기술유출과 관련된 정보를 사안에 따라 해당업체 또는 검찰, 경찰 등 수사기관에 지원하고 있고, 가용한 수단을 동원하여 우리의 기술이 유출되지 않도록 보호조치를 취하고 있다.

둘째, 산업보안 교육, 컨설팅 및 설명회 개최이다. 기업 · 연구소 등을 대상으로 산업보안 교육 및 진단을 실시하고 있으며, 중소기업청 · 특허청 등 유관기관 합동으로 기업체 대상 「산업보안 설명회」를 개최하는 등 기업체의 보안마인드 확산과 자율보안시스템 구축을 지원하고 있다.

셋째, 방산기술과 전략물자의 불법 수출행위를 차단하는 활동을 하고 있다. 산업통상자원부, 방위사업청 등 관계기관과 협조하여 전략물자의 불법 수출과 방산 · 군사기술의 해외유출을 차단하는 등 새로운 경제안보침해행위에 대한 예방 · 색출활동도 수행하고 있다.

넷째, 지식재산권 침해 관련 대응활동을 하고 있다. 해외에서 우리 기업의 특허 · 상표 · 디자인 · 저작권 등 지식재산권 피해가 발생하면 특허청 · KOTRA (IP-desk : 해외지식재산센터) · 외교부 · 문화체육관광부(해외저작권센터) 등과 공조, 대응활동을 지원하고 있다.

마지막으로 외국의 경제질서 교란활동을 차단한다. 외국과 연계된 투기자본 등에 의한 경제안보 침해행위와 인수합병(M&A)을 가장한 기술유출 등 위법행위에 대한 정보활동도 수행하고 있다.

4) 한국산업기술보호협회

한국산업기술보호협회(KAITS)는 2007년 10월 산업기술의 유출방지 및 보호에 관한 시책을 효율적으로 추진하기 위하여 「산업기술의 유출방지 및 보호에 관한 법률」(제16조)에 따라 설립되었다.

주요 임무는 산업기술보호를 위한 정책의 개발 및 협력, 산업기술의 해외유출 관련 정보 전파, 산업기술의 유출방지를 위한 상담 · 홍보 · 교육 · 실태조사, 국내외 산업기술보호 관련 자료 수집 · 분석 및 발간, 그리고 산업기술 보안 및 산업기술보호를 위한 교육 및 인력양성업무를 수행하고 있다.

진행 중인 구체적인 사업으로는 산업기술의 보호 및 관리 현황에 대한 실태조사와 산업기술분쟁조정 등의 산업기술보호정책연구, 산업기술 보유기관 임직원의 보안인식의 필요성과 유출피해사례 및 보호수칙 준수 등에 대한 산업보안교육, 빅 데이터 기반의 산업보안 플랫폼 개발 및 On-Line 유출 흔적 로그 공인보관서비스 구축 운영 등의 보안인프라 구축, 산업기술보호의 날과 산업기술보호 유공자 포상 등을 통한 보안문화 확산, 그리고 온 · 오프라인 기술유출상담 및 신고, 기술보호업무 관련 애로사항에 대하여 종합적인 상담서비스를 제공하는 산업기술유출상담 사업을 수행하고 있다.[22)]

제4절 경제정보활동의 한계와 발전

1. 한계

경제정보활동의 한계는 방어적 개념의 산업보안활동보다는 적극적인 경제정보수집활동과 관련하여 발생한다. 즉 경제정보활동으로 나타나는 분배성, 정치성, 법률성, 자율성 차원에서 문제점이 대두된다.

가. 분배성

국가정보기구가 수집한 경제정보를 사기업체에 배포하는 것이 정당한 것인가, 만약 배포한다면 어떤 기업에 배포해야 하는가가 쟁점사항이다.

막대한 국가예산으로 운용되는 정보기구가 사기업체를 대신하여 외국 정부나 기업을 대상으로 경제정보를 수집한 후 직접 사기업체에 제공하는 것이 바람직하지 않다는 주장이 있는 것이다. 사기업의 경쟁력 약화는 국가안보에 대한 위협이 아니라 그 기업이 경영혁신을 통해 회복을 해야 하는 주어진 과제라는 것이다.

그리고 배포할 대상기업의 선정기준 설정이 어렵고 기업의 국적성이 모호하다는 점이 있다. 명백한 기준설정이 어렵다는 것은 재량의 여지를 많이 남기게 됨으로써 결국 부패와 남용으로 연결되는 부작용을 가져온다는 것이다. 그리고 오늘날 수많은 다국적 기업이 세계 경제를 주도하는 가운데 삼성전자와 현대자동차의 해외매출이 80% 이상을 차지하는 현실 속에서 자국기업의 의미를 전통적 개념에서만 바라볼 수 없다는 것이다. 즉 여러 국가의 투자자가 주식 등을 통해 글로벌기업에 관여하는 현실 속에서 국가가 운영하는 기업을 제외한 순수한 자국기업을 찾아내는 일은 쉽지 않은 것이다.

나. 정치성

특정 국가가 상대국 정보기구에 의해 자국의 대기업이 보유한 첨단과학기술이 유출이 되었고, 그 결과 경쟁력이 떨어져 사업규모가 축소되어 많은 근로자가 직장을 잃었으며, 결국 이 회사가 도산하게 된 사실을 알게 된다면, 상응하는 대응으로 경제전쟁이 일어날 가능성이 적지 않다.

그리고 워싱턴 포스트(Washington Post)지가 지적한 것처럼 국가정보기구에서 수집한 경제정보는 대부분 큰 기업에 분배됨으로써 자국 내 중소기업과 대기업 사이에 갈등을 유발하는 것은 물론 정보기구에서 받은 경제정보를 활용하고 있다는 사실이 외부에 알려질 경우 국제적 이미지 손상은 물론 대상국가와 외교적 관계가 악화될 수밖에 없을 것이다.[23] 피해 국가가 대부분 비법적 활동인 경제정보활동의 불법성을 제기하면서 정치, 외교 문제로 비화될 여지가 많다.

특히, 이러한 국가 간 갈등 속에서 평소 경제협력국이던 정보약소국이 강대국에 의한 정보전으로 피해를 입는 경우 적대적으로 변화될 여지도 항상 가지고 있다.

다. 법률성

국가정보기구가 행하는 경제정보활동의 적법여부를 두고 논란이 있다. 일반적으로 상대국의 경제정책과 관련한 정보활동은 국가안보 및 국익과 직결되기 때문에 적법성 논란이 거의 없으나 국가정보기구가 수집하는 산업기술에 대해서는 적법하지 못한 활동이라는 주장도 있다.

먼저, 국가정보기구가 수집한 산업기술정보를 사기업체에 제공할 수 있는 법적 근거가 명확하지 않다. 즉 우리나라 어느 법에도 국가자산인 산업기술정보를 사기업체에 제공할 수 있다는 근거는 찾아보기 힘들다는 점이다.

그리고 산업정보활동을 하면 많은 소송의 대상이 될 수 있다. 예를 들면, 국가정보기구의 산업정보 수집활동이 노출되는 사고가 발생할 경우 대상국가에서 피해를 입은 기업 CEO, 주주, 특허권을 침해당한 발명가 그리고 해당 정부로부터 소송을 당할 수 있다. 또한 해당 재판이 국내에서 일어나더라도 국가정보를 기업에 제공한 사실을 국가정보기구의 적법한 일로 간주하는 것은 쉽지 않을 수 있다.

라. 자율성

산업기밀은 일단 유출되면 원상회복이 어려운 관계로 유출되기 이전에 예방대책을 강구하는 것이 중요하다. 이에 따라 국가정보기구의 산업보안활동

역시 예방활동에 중심을 두기 때문에 보호해야할 기업의 조직편제, 기술의 내용, 기술의 위치, 개발자, 연구원의 능력, 개발 중인 기술의 진행상황 등에 어느 정도 파악하는 것이 불가피한 실정이다.

그리고 「산업기술의 유출방지 및 보호에 관한 법률」에 따르면 국가핵심기술 및 국가연구개발사업으로 개발한 산업기술을 보유한 대상기관의 장은 산업기술 침해행위가 발생할 우려가 있으면 즉시 소관 장관 및 정보수사기관의 장에게 그 사실을 신고하여야 하며(제15조 제1항), 필요한 조치를 요청받은 소관 장관과 정보수사기관의 장은 필요한 조치를 하도록 의무화하고 있다(제15조 제2항).

이와 같이 국가정보기구의 산업활동 자체가 정보활동의 특성과 관계법령에 따라 예방정보활동과 필요한 조치가 사전적으로 이루어져야 하는 관계로 대상기업에 대한 자율성을 저해할 가능성을 안고 있는 것이다.

2. 극복방향

2013년 말을 기점으로 삼성그룹의 총 매출액이 390조에 이르면서 정부의 총 수입(360조)을 넘어서게 되었으며,[24] 삼성, 현대, LG 등 국내 10대 재벌의 매출액이 국내총생산(GDP) 대비 75%나 차지하고 있다. 사기업체가 국가번영에 얼마나 큰 비중을 차지하고 있는가를 통계로 보여주고 있는 대목이다.

이러한 점을 고려해 볼 때 오늘날 다양한 형태로 나타나는 경제 위협요소는 결국 국가안보와 직결되는 문제로써 국가는 결코 방관할 수 없다. 일국의 경제정책은 결국 사경제 주체를 그 전제로 하기 때문에 정보기구가 수집한 자료를 바탕으로 국가의 경제정책이 수립되는 것은 당연하다 할 것이다. 그러므로 조금 더 나아가 국가가 경제안보 및 경제정책적 관점에서 사경제 주체에게 국가의 경제정보를 직접 제공하는 것은 필수불가결한 일이다.

위에서 경제정보활동의 한계를 지적한 내용들은 나름대로 하나하나 설득력이 있어 보이나, 이것은 사경제 주체의 경쟁력 약화를 가져옴으로써 결과적으로 국가 경쟁력을 약화시키는 가장 커다란 요소라는 사실을 간과한 면이 있다. 오히려 기술적이고 미시적인 문제에 집착하여 1%의 허점도 허용될 수 없는 국가안보와 경제정보의 성격 전체를 이해하지 못한 부분이 있는 것이다.[25)]

따라서 주요산업, 기술 그리고 타국의 장래투자 등에 대한 정보는 정보기구와 정책입안자들에게 가장 소중한 정보 가운데 하나라고 할 수 있다. 경제정보를 획득하게 되면 해당 국가의 생산성이나 경쟁력을 제고하는데 도움을 줄 수 있으므로 경제정보는 한 국가의 경제안보를 획득하는데 매우 중요한 요소가 될 수 있는 것이다.[26)] 경제안보는 국가존립과 번영을 위한 핵심요소라는 점에서 주요한 국가정보는 사기업에게도 제공하되 법률적, 정치적 문제는 관련 법규의 정비와 국가경영의 효율성 차원에서 개선해 나가도록 해야 할 것이다. 특히 국가정보기구가 국가핵심기술의 해외유출을 방지하는 활동은 어렵게 외국에서 첨단기술을 수집하는 것 못지않게 중요하다. 이러한 기술보호 환경을 고려하여 법률적, 경영적, 정치적 문제는 정보기구와 사기업체가 상생차원의 협력정신을 바탕으로 해결해 나가는 것이 바람직할 것이다.

1) 미국 경제간첩활동법(Economic Espionage Act of 1996) 제1831조에는 "경제간첩활동을 외국정부, 외국기관 혹은 외국요원에게 이익을 줄 의도를 갖고 있거나 이익을 준다는 것을 알고 있으면서도 고의로 영업비밀을 절취, 획득, 반출 및 은닉하는 등의 행위"로 규정하여 비교적 경제간첩활동의 내용을 구체적으로 설명하고 있다.

2) Investopedia. (2015), Industrial Espionage, http://www.investopedia.com/terms/i/industrial-espionage.asp/검색일: 2015. 2. 3.

3) 임창묵. (2012), "산업보안 정책설계에 관한 연구: 정책수단 및 집행체제를 중심으로", 「박사학위논문」, 서울: 성균관대학교 국정관리대학원, 38.

4) 한희원. (2011), 「국가정보학 원론」, 서울: 법률출판사, 308-310 일부 수정.

5) 윤은기. (1990), 「산업스파이의 공격과 방어: 기업보안의 이론과 실제」, 서울: 유나이티드 컨설팅 그룹, 15-16.

6) 윤은기. 전게서, 42.

7) 신제철 · 김순석. (2013), 「산업보안론」, 서울: 도서출판 그린, 61.

8) 산업보안 외의 경제정책과 관련된 방첩활동은 필자가 작성한 「국가정보와 경찰정보 Ⅰ」의 제1편 제3장에서 자세히 기술하고 있다.

9) 김윤배 · 김선령. (2007), 「글로벌시대의 정보전쟁과 지식자산」, 서울: 집문당, 289.

10) 한국산업보안연구학회. (2012), 「산업보안학」, 서울: 박영사, 6.

11) 최순호 · 정우일. (2009), "경찰의 산업보안활동 활성화 방안", 「한국경찰학회보」, 11(1), 231; 국가정보대학원. (2006), 「산업보안실무」, 성남: 국가정보대학원, 1(국가정보대학원 등은 산업보안의 개념을 '산업활동에 유용한 기술상, 경영상의 모든 정보나 인원, 문서, 시설, 자재 등을 산업스파이나 경쟁관계에 있는 기업은 물론이고 특정한 관계가 없는 자에게 누설 또는 침해당하지 않도록 보호관리하기 위한 대응방안이나 활동'으로 규정하고 있다).

12) 신제철 · 김순석. 전게서, 137-140 요약 및 일부 수정.

13) Fink, S. (2004), 「뚫는 자와 막는자-기업스파이 전쟁」(김원호 옮김), 서울: 조선일보사, 111.

14) 박준석. (2014), 「산업보안 · 민간경비론」, 서울: 백산출판사, 100.

15) http://service4.nis.go.kr/servlet/page?cmd=measure&cd_code=measure_1&menu=CBA00/검색일:2015. 5. 5.

16) 사이언스 타임즈. (2007), "기술 유출 범국민 차원에서 막아야", 5월 23일자.

17) 법무부 법무연수원. (2013), 「범죄백서」, 용인: 법무연수원, 516-528.

18) 신제철 · 김순석. 전게서, 180.

19) 이창무 · 김민지. (2013), 「산업보안이론」, 서울: 법문사, 238-239.

20) 대검찰청 홈페이지. (2015), 기술유출범죄수사, http://www.spo.go.kr/spo/major/disclosure/act/disclosure02.jsp/검색일: 2015. 2. 15.

21) http://service4.nis.go.kr/servlet/page?cmd=intro&cd_code=intro_2&menu=EBA00/검색일: 2015. 2. 15.

22) 산업기술보호협회 홈페이지. (2015), 주요사업, http://www.kaits.or.kr/front/c.act?pNo=7/검색일: 2015. 2. 15.

23) Southerland, D. (1993). The Idea of a CIA Linkup Spooks Some Area Executives. The Washington Post March 9.

24) 헤럴드경제. (2014), "삼성그룹 작년 총매출 390조... 정부 총수입(360조)보다 많아", 1월 7일자.

25) 한희원. 전게서, 322.

26) Luong, M. A. (2009). The challenge of economic intelligence. In Loch K. Johnson (Eds.), *Handbook of Intelligence Studies,* New York, NY: Routledge, 163.

제4장 국제범죄

제1절 국제범죄 이해

1. 국제범죄와 국가안보

오늘날 국제사회는 정보화, 국제화, 개방화가 빠르게 진전되면서 국가간 인적, 물적 교류가 크게 늘어나고 있다. 이는 인류에게 부의 창출과 같은 긍정적 요소가 되기도 하지만 그 부작용으로 가파른 국제범죄(Transnational Crime) 증가의 주요 요인으로 작용하고 있다. 그리고 국제범죄는 첨단과학기술의 발전과 함께 국제범죄조직의 활동수법 역시 더욱 고도화·전문화되고 있으며, 빠른 교통수단과 정보네트워크를 이용하여 순식간에 국경을 넘나들면서 마약, 핵물질 그리고 대량살상무기를 밀거래하는 등 다양한 범죄형태를 나타내고 있다.

실제 UN이 우리나라가 속한 동아시아 태평양 지역의 범죄집단이 국제범죄를 통해 1년간 불법시장(Illicit Market)에서 벌어들이는 총수입이 라오스 국민총생산(GDP)의 13배에 해당하는 연간 약 900억 달러에 이른다고 평가하고 있는 가운데[1] 우리나라에서 2005년 1조 188억원 규모였던 밀수범죄가 2013년에는 2조 2,190억원으로 약 217% 증가하고, 같은 기간 중 외국인 범죄는 9,042명에서 24,984명으로 276%나 가파르게 증가하고 있다. 특히, 3대 부자세습으로 불안정한 체제를 유지하고 있는 북한은 지속되는 경제난을 극복하기 위한 방편의 하나로 중국과 우리나라를 연계하는 마약, 위폐 밀매사업을 하고 있는 실정이다. 이와 같이 국제범죄는 피해의 규모나 범위가 늘어나면서 개인의 생명과 재산은 물론 국가안보까지 위협하고 있다.[2)]

현재 비군사적이며 탈이데올로기적인 국제범죄의 확산현상은 일국의 법집행기관이 통제를 할 수 있는 전통적 범죄의 수준을 넘어 국내 또는 국제 안보에 심각한 영향을 미치고 있다. 국제범죄를 안보차원에서 취급해야 하는 가장 중요한 이유 중의 하나는 국제범죄의 출발점이 범죄성에 있다고 하더라도 그것의 결과나 영향은 궁극적으로 국내외 정치 불안정을 야기하는 정치성을 지니기 때문이다. 그리고 국제범죄는 인신매매와 같은 비공식 경제만이 아니라 주식시장과 부동산시장 등과 같은 공식경제에도 영향력을 확대하고 있다. 공식경제의 성장과 발전을 21세기 국가안보의 중요한 요인의 하나로 인식하고 있는 많은 국가들은 자연스럽게 국제범죄를 경제뿐만 아니라 안보차원에서도 중시하고 있다. 이와 같이 국제범죄를 전통적으로 단순한 범죄현상이나 행위로 간주하였던 좁은 시각에서 탈피하여 그러한 범죄행위가 근본적으로 민족국가의 안보를 위협하고 나아가 국가 간 정치적 분쟁의 중요한 요인이 되고 있는 것이다. 이러한 연유로 2004년 UN위원회(The High Level Threat Panel)는 국제범죄를 중요한 10개의 위협 중 하나로 선정했다.[3)]

2. 국제범죄의 개념과 특성

국제범죄(Transnational Crime)라는 용어는 생소하지는 않지만 다의적이고 다양하게 사용되고 있다. 학자 또는 국가들마다 연구시기나 국제범죄를 다루는 현안문제의 해석 등에 따라 달리 정의되고 있는 형편이다. 이는 국제범죄에 대한 통일된 개념이 존재하지 않기 때문에 발생하는 현상이다.[4)] 따라서 여기에서는 각계의 대표적인 견해를 살펴보고 난 후 연구자 나름의 개념을 정리

하고자 한다.[5)]

미국의 국제형사법 전문가인 Bassiouni[6)]는 1815년부터 1984년까지 312개의 국제조약을 분석하고 형사적(刑事的) 특징에 따라 침략행위, 고문, 해적행위, 전쟁범죄, 항공기 납치, 핵물질 절취행위 등 22개 종류의 범죄를 열거하고 국제범죄로 분류하였다.

일본의 하타노 리보(波多野里望)와 오가와 마사히코(小川方彦)[7)]은 국제법이 직·간접적으로 규율하는 범죄, 국제법상 처벌의 의무가 부과되는 범죄, 국제재판소에 제소하여 재판할 수 있는 범죄 등을 국제범죄로 정의하고 있다.

한국의 이장희[8)]는 국제법학적 정의와 실무적인 정의로 구별을 시도하면서 실무적인 입장에서 국제범죄란 '범죄의 실행행위는 물론이고 범죄의 수사, 재판, 형의 집행 등 모든 형사사법 과정에서 사건의 전부 또는 일부가 국제적 관련성을 가지는 범죄'를 의미한다고 했다.

그리고 UN의 마약범죄통제국(UNODC)은 '국가 간에 걸쳐 일어나는 이윤을 추구하는 모든 유형의 범죄행위'라고 정의하고 있다.[9)]

2010년 제정된 국무총리 훈령 '국제범죄대책협의회 규정'(제2조)에서는 '우리나라 국민이 국외에서 저지르거나 외국인의 국내범죄 및 우리나라 국민을 상대로 한 범죄, 국가 간 공조가 필요한 국제질서·법익침해사건'으로 정의하고 있다.

이상의 견해를 살펴보면 시기적으로 오래된 개념일수록 각종 조약과 국제법에 대상범죄를 구체화하는 등 그 범위를 엄격한 입장에서 이해하고 있으며, 근래에 다가올수록 국제화 흐름을 좇아 일반범죄가 국제화된 것으로 보는 추세이다. 즉 국제범죄의 의미를 넓게 해석하고 있는 것이다.

따라서 이 책에서는 범죄의 국제화라는 흐름을 반영하여 국제범죄의 개념을 '범죄의 주체·객체·준비·행위·보호법익·결과발생의 전부 또는 일부가 2개 이상의 주권국가와 관련되는 범죄'로 정의한다.

한편, 국제범죄는 다음과 같이 범죄동기, 범죄장소, 범죄양상, 보호법익 측면에서 일반범죄와는 비교되는 특성을 가지고 있다.

첫째, 합리적인 의사결정을 바탕으로 범행을 행한다는 점이다.10) 국제범죄는 경제적인 동기를 추구할 뿐만 아니라 국내 폭력범죄에서 나타나는 우발성이나 살인범죄에서 보이는 원한관계 요인보다는 예상위험과 예상이익을 비교하여 이익이 위험보다 높을 때 범행을 하는 상대적인 합리성을 띠고 있다.

둘째, 범죄장소 차원에서 보면 2개 이상의 국가에 걸쳐 범죄가 발생한다. 즉 범죄의 결과 발생지, 범죄의 주체 및 객체의 국적 등이 여러 국가에 연계되어 있다는 점이 특징이 되고 있다. 따라서 범죄가 발생하면 범인 체포나 사법처리 과정이 일반 범죄와는 다른 복잡한 과정을 거치게 된다.

셋째, 보호법익의 범위가 확대되고 있다.11) 과거에는 불법무기거래 · 마약밀매 등을 통해 국가 및 사회적 법익을 훼손하는 범죄가 많았으나 최근에는 신용카드 사기, 유명브랜드 위조와 같은 개인적 법익을 침해하는 범죄까지 그 종류가 확대되어가고 있다는 점이다.

마지막으로 범죄유형은 조직범죄형태가 많으며, 일반범죄보다는 폭력을 사용하는 사례가 적다는 점이다. 즉 국제범죄는 체포를 면하기 위해 순간적으로 폭력을 행사할 뿐이며, 폭력 그 자체가 범죄의 핵심을 이루는 경우는 많지 않아 일반범죄와는 차이가 있다.

이상에서 살펴본 국제범죄의 특성은 일반범죄와 완전히 구별되는 성격을 가지고 있다기보다는 상대적이며 양적인 차이점을 고려해 설명한 것이다.

3. 국제범죄의 유형

국제범죄의 기본요소를 구성하는 범죄성이나 국제성의 의미가 연구하는 학자나 나라마다 조금씩 차이가 있고 시간의 흐름에 따라 국제범죄의 종류도 변화하는 양상을 보이고 있어 국제범죄의 유형 역시 일치된 견해를 보지 못하고 있다. 다만, 여기에서는 여러 학자들이 주장하는 국제범죄의 유형과 그 분류 추세를 알아보기로 한다.12)

김병준[13]은 국제범죄를 국가범죄와 개인범죄로 유형화하고 있으며, 박기륜[14]은 신용카드 사기범죄, 위조통화, 돈세탁, 위조상품, 화이트칼라 범죄, 컴퓨터 범죄, 예술품 절도, 테러범죄, 사이버 테러리즘, 인신매매, 아동에 대한 노동 및 성학대(Child Abuse And Sexual Abuse), 장기밀매로 분류하고 있고, 오태곤[15]은 국제조직범죄, 외국인 범죄, 자금세탁범죄, 환경범죄, 사이버 범죄로 구분하였다. 그리고 국가정보원은 크게 마약범죄, 위조지폐, 불법입국, 밀수, 금융범죄로 나누고 있으며,[16] 해양경찰청은 국제성 범죄로 무역범죄, 산업기술 유출, 인터넷 도박, 불법 외환거래, 밀입국 · 밀항 범죄, 불법외국환 거래를 이용한 관세포탈, 위해금지물품의 밀수, 지식재산권 침해, 밀수출, 외국인 범죄 등을 열거하고 있다.[17]

이와 같이 국제범죄의 유형은 학자나 국가기관마다 차이가 발생하고 있다는 사실을 알 수 있다. 또한, 유형 분류 자체도 외국과 인적 · 물적 교류가 확대된 90년대에 들어와 국제범죄에 대한 관심이 높아지자 비교적 활발한 논의가 있었으나 최근에는 학자들에 의해 유형을 특정화하는 경향은 찾아보기가 쉽지 않다. 이는 살인, 폭력, 강도, 강간 등 전통적 범죄도 외국인의 연계 사례가 증가하면서 국제범죄로 분류되는 경우가 많아지는 등 일반범죄의 국제화 경향에서 비롯된 것으로 보인다. 따라서 세계화 현상에 따라 국제범죄 유형도 유동적이기 때문에 정형화하는 것은 큰 실익이 없다고 할 것이다.[18]

다만, 여기에서는 국제범죄의 유형을 구체적으로 확정하기보다는 국제적 연계가 불가피한 범죄로써 국가안보를 위협하는 마약범죄, 대량살상무기범죄, 그리고 국제범죄조직에 대해 살펴볼 것이다.

제2절 국제범죄 환경

오늘날 국제사회는 컴퓨터와 정보통신기술(Information Technology)을 사회생활의 각 부문에 응용하는 정보화, 외국 기업과 상품 및 문화가 쉽게 자국으로 유입될 수 있도록 조치하는 개방화, 그리고 이와 함께 교통의 비약적인 발전으로 인적·물적 교류가 증대하면서 정치·경제·사회·문화적으로 다른 여러 나라와 교류하는 국제화(Internationalization) 현상이 가속화되고 있다. 이에 따라 새로운 형태의 국제범죄가 만들어지는 여건이 조성되는 등 국제범죄 환경도 다음과 같이 변화하고 있다.[19)]

첫째, 범죄공간이 크게 넓어졌다. 대부분의 국가가 탈냉전 이후 이데올로기라는 틀에서 벗어나 정치적, 경제적 이익을 얻기 위해 외교관계를 확대해 나가는 것은 물론 경제영토를 넓혀가고 있다. 범죄자들은 이러한 환경에 편승하여 사실상 전 지구촌 국가들을 대상으로 범죄를 할 수 있게 되었다. 특히, 인터넷은 폐쇄사회인 북한이나 테러단체인 탈레반까지 활용하는 시대로 접어들게 됨에 따라 사이버상에서 범죄자의 활동공간은 무한대로 확장되었다.

둘째, 범행이 더욱 용이한 환경으로 변화되었다. 암호 및 정보통신 기술의 발달로 지구 반대편에서도 은밀히 범행을 모의하거나 실행에 옮길 수 있는데다 원거리에서도 범행을 할 수 있기 때문에 은폐가 훨씬 쉬워졌으며, 각국의 개방화 조치와 교통통신의 발전은 범행 후 타 국가로 신속히 도피할 수 있는 여건이 주어지고 있다.

셋째, 다양한 신종범죄 출현 여건이 조성되고 있다. 즉 인터넷의 보급과 첨단과학의 발전 그리고 세계화 현상이 복합적으로 작용하면서 여러 형태의 새로운 범죄발생 환경이 제공되고 있다. 먼저, 사이버 분야에서의 변화를 살펴보면 초고속인터넷 보급률이 전체 국민의 78.4%에 달하며, 무선 인터넷과 스마트폰 보급의 확대로 트위터 등 '소셜 네트워크 서비스(Social Network Service)'가 대중화되면서 국민의 편익은 크게 향상되고 있지만 인터넷 매체의 익명성과 이동성 등을 악용한 파밍(Pharming), 스미싱(Smishing) 등 사이버공간을 이용한 새로운 유형의 범죄들이 크게 늘어나고 있다.[20)] 그리고 과학기술의 발달은 첨단범죄수법의 개발에도 영향을 미쳐 화폐 등 특수 보안기술로 만들어진 보안제품 일부에 대해서도 위변조가 가능한 상황으로 바뀌고 있다.

마지막으로, 외국인 연루 범죄발생 요소가 도처에 산재해 있다. 오늘날 국제사회는 상호의존성이 강화되면서 어느 나라도 고립되어 살 수 없으며 사람들은 국경 없이 자유롭게 이동하는 시대가 되었다. 이에 따라 정상적으로 우리나라를 출입하는 외국인이 크게 늘어난 것은 물론 국제범죄의 잠재적 원인 집단이 되고 있는 불법체류자도 크게 증가하고 있으며, 국내 자생 외국인 폭력 집단까지 늘어나면서 우리 국민과 외국인 사이 또는 외국인 간 범죄 발생요인이 크게 늘어났다.

제3절 마약

1. 의의

지구촌 사회는 전반적인 생활수준이 향상되어 향락, 퇴폐풍조가 만연하면서 마약류 남용인구가 증가하고 있으며, 이러한 추세에 편승하여 중국 · 일본 · 러시아 등 주변국가의 범죄조직들은 고수익 마약밀매 사업에 적극 개입하고 있다.

그리고 국제 제재 속에서 3대 부자세습 정권의 생존을 위한 방편으로 마약을 생산하여 밀매하고 있는 북한은 일각에서 국내 유통 메스암페타민(히로뽕)의 50% 정도를 중국을 경유하여 몰래 공급하고 있다는 관측이 있을 정도로 마약범죄에 개입하고 있다.[21] 실제 북한외교관 및 정부기관원이 개입된 사건들이 국제적으로 50여 차례나 적발되었다는 것은 북한이 직 · 간접적으로 정권 차원에서 마약밀매에 개입하고 있다는 것을 보여주고 있다.[22]

이와 같은 마약범죄 환경 속에서 북한의 히로뽕을 비롯하여 외국산 마약류가 공항만, 인터넷 등을 통하여 대량으로 밀반입되어 국내에 유통되고 있으며, 마약남용 계층도 과거 유흥업소 종사자, 성매매자, 조직폭력배 중심에서 회사원, 학생, 의사, 주부, 정치인 등 보통의 시민과 사회지도층까지 확산되고 있다.

마약범죄는 국제테러, 인신매매 등의 국제마약, 테러조직과 연계되어 불순

자금의 공급원이 되는 것은 물론 국민건강과 건전한 국민정신을 해치고 더 나아가 국민경제의 혼란을 초래하여 결국 국가의 안전을 위협하는 새로운 안보요소로 등장하고 있다.

2. 개념과 특성

가. 개념

마약의 개념은 약물, 물질(substance), 마약류, 향정신성 의약품, 아이스, 빙두 등의 다양한 용어로 사용되는 것과 같이 여러 가지 형태로 정의되고 있는 등 아직 합의가 존재하지 않은 상황이다.

일반적으로 마약이란 양귀비, 아편 및 그 제재와 이와 유사한 약리작용 및 중독작용이 있는 약물을 의미하며, 물질(substance)은 보다 다양한 물질을 포괄하는 매우 폭넓은 의미로 사용되는데 신나나 본드, 진해거담제 등과 같은 물질들이 약물개념에는 포함되지 않는다는 생각에서 이렇게 사용한다.

세계보건기구(WHO)는 마약류라고 하면서, 약물사용에 대한 욕구가 강제적일 정도로 강하고, 약물사용의 양이 증가하는 경향이 있으며, 금단증상과 내성이 나타나고, 개인에게 한정되는 것이 아닌 사회에도 해를 끼치는 약물로서 마약, 대마, 향정신성의약품으로 규정하고 있다.

우리나라에서는 법률적으로 마약류란 용어를 사용하고 있다. 과거 마약이나 대마 및 향정신성의약품을 엄격히 구분하여 마약법, 대마관리법, 향정신성의약품관리법 등으로 나누어 규제를 하였으나, 2007년 7월부터 「마약류관리에 관한 법률」이라는 단일법으로 통합하여 규제하고 있다. 따라서 널리 마약과 관련되는 모든 물질들을 마약류라는 용어로 사용하고 있는 것이다.

국내에서는 일상적으로 의존성이 있으면서 오남용되는 물질을 마약류라고 정의하고 있으며, 마약이라는 용어와 특별하게 구별하지 않고 사용하고 있는 것이 현실이다. 그러나 엄밀히 말하면 마약과 마약류는 서로 구별되는 개념이다. 즉, 마약이란 앞에서 기술한 것처럼 아편 및 그 제재와 이와 유사한 약리 및 중독작용이 있는 약물을 말하며, 마약류란 마약을 포함하여 대마, 향정신성 의약품 등을 포함하는 개념으로 마약보다 광범위한 의미를 지닌다.

따라서 여기에서는 여러 종류의 마약을 총칭하고 마약관련 법률에서 마약류라는 용어를 사용하고 있는데다 최근에는 마약류라는 용어의 사용도 많이 늘어나고 있는 점을 감안하여 마약류라는 용어를 사용하기로 한다.

나. 특징

마약류가 가지고 있는 의존성, 내성, 금단증상, 재발현상 그리고 사회성이라는 특징으로 인해 오남용을 하면서 많은 부작용과 역효과를 발생시키고 있다.

먼저, 의존성(dependence)은 마약류 사용자가 사용해서는 안 될 신체적, 정신적 원인이 있음에도 불구하고 약물사용에 대한 욕구가 강제적인 것을 말한다. 신체적 의존성과 정신적 의존성으로 구분해 볼 수 있는데, 신체적 의존성은 인체가 투여된 약물의 특정 약리 효과에 적응하여 약물의 효과가 나타났을 때에는 정상적인 기능을 하지만 그 효과가 소실되면 신체기능의 균형이 깨지게 되어 병적 증후를 나타내는 이상증상을 말한다.

내성(tolerance)은 약물의 반복 복용에 의해 약효가 저하하는 현상을 말하는 것으로 마약류에 대한 내성이 인체에 이미 생성되었기 때문이다. 아편, 헤로인, 모르핀과 같은 아편제재들은 내성의 효과가 강한데 비하여 알코올이나 바르비탈염 제재 등은 상대적으로 약한 내성을 가지고 있다. 따라서 아편 중독자들은 같은 효과를 얻기 위해 더 많은 사용량을 필요하게 된다.

금단증상(withdrawal symptom)은 지속적으로 마약류를 복용하던 사람이 복용을 중단하거나 사용량을 줄일 경우 발생하는 증상을 말한다. 눈물, 재채기, 발한작용과 같은 가벼운 증상에서 구토, 설사, 간질, 헛소리, 체중감소 등의 심한 증상이 있는데, 마약류의 사용횟수나 사용량이 많을수록 증상의 상태가 더 심해진다. 일반적으로 대마초는 신체적인 금단증상이 나타나지 않은 반면에 알코올 중독자는 금단증상이 매우 심하고 위험한 것으로 알려져 있다.

재발현상(flashback)은 복용하던 마약류를 중단한 후에도 부정기적으로 마약류를 복용하던 당시의 환각상태가 나타나는 현상을 의미한다. 오랫동안 마약중단과정을 밟아가던 환자들이 갑자기 찾아온 재발현상 때문에 다시 마약류를 복용하게 되는 경우가 발생한다. 마약류 복용을 중단하기 어려운 이유 중의 하나가 되고 있다.

사회성은 마약류 복용으로 인해 그 폐해가 개인뿐 아니라 사회전체에도 영향을 미칠 수 있다는 것이다. 즉 마약 구입자금을 마련하기 위해 지인을 끌어들이거나 절도·강도 행각을 벌인다는 점이다.

3. 마약류의 종류

가. 마약

마약은 일반적으로 마약원료인 생약으로부터 추출되는 천연마약과 화학적으로 합성되는 합성마약으로 분류된다. 천연마약은 다시 양귀비를 원료로 하는 아편 알카로이드계와 코카나무를 원료로 하는 코카 알카로이드계로 나눌 수 있다. 아편 알카로이드계 마약으로는 아편, 모르핀, 헤로인 등이 있으며, 모두 양귀비꽃에서 만들어 낸다. 코카 알카로이드계는 코카관목의 잎에서 채취되는 코카인과 코카인 염화물을 가공하여 만들어지는 크랙이 있다.

합성마약은 모르핀과 유사한 진통효과를 가지면서 의존성이 적은 의약품을 개발하는 과정에서 합성된 마약으로 모르핀과 같은 정도의 의존성과 부작용을 지니고 있고, 그 구조의 유사성에 따라 페치딘(pethidine)계, 메사돈(metha-done)계, 모르피난(morphinane)계, 아미노부텐(aminobuten)계, 벤조모르판(ben-zomorphan)계 등 5종으로 분류되며 그 중 페치딘계와 메사돈계가 가장 널리 남용되고 있다.

나. 향정신성의약품

'향정신성의약품'이라 함은 인간의 중추신경계에 작용하는 것으로서 이를 오용 또는 남용할 경우 인체에 현저한 위해가 있다고 인정되는 약물을 말하는데, 각성제, 환각제 등의 수백여 가지가 개발되어 있다. 대표적인 향정신성의약품은 메스암페타민(히로뽕), 엑스터시(MAMA), LSD, 야바(Yaba), 그리고 물뽕(GHB) 등이다.[23)]

메스암페타민(Methamphetamine)은 우리나라에서 가장 많이 남용되고 있으며, 매우 강력한 중추신경 흥분제로서 강한 정신적 의존성을 야기시킨다. 국내에서 '히로뽕', '필로폰', '백색의 유혹', '백색가루', '뽕', '가루', '술', '크리스탈', '물건' 또는 '총'으로 불리고 있으며, 미국의 경우 결정체는 'Ice', 가루 · 액체형태는 'speed'로 각각 호칭된다. 메스암페타민은 1888년 일본 도쿄대학 의학부 나가이 나가요시(長井長義) 교수가 천식치료제인 마황(麻黃)으로부터 에페드린을 추출하는 과정에서 처음 발견한 물질로 1893년 최초로 합성에 성공하였다. 일본의 대일본제약회사가 '히로뽕'(영문 상품명 Philopon)이라는 상품명으로 잠을 쫓고 피로감을 없애 주는 각성약물로서 판매하였으며, 당시 상품명 '히로뽕'은 지금까지 메스암페타민을 지칭하는 용어로 그대로 사용되고 있다.

엑시터시는 1914년 독일 의약품회사에서 식욕감퇴제로 최초 개발된 이래 강력한 환각성분으로 인한 뇌손상 유발 등 심각한 부작용을 초래하여 시중유통이 금지되었음에도 1980년대 이후 환각제로 둔갑하여 전세계적으로 널리 남용되고 있다. 엑시터시의 별칭으로는 Ecstasy, XTC, Adam, Eve, Clarity, Decadence, M&M 등이 있는데 우리나라에서는 엑스터시, 도리도리 등으로 통칭되고 있다. 엑시터시를 복용하면 신체 접촉 욕구가 강하게 일어나는 관계로 기분이 좋아지는 약(feel good drug), 포옹마약(hug drug)으로도 지칭되고 있다.

LSD(Lysergic Acid Diethylamide)는 1938년 스위스 화학자 Albert Hofmann에 의하여 최초로 합성된 무미, 무취, 무색의 환각제로 종이 또는 정제에 LSD용액을 흡착시켜 사용하는 것이 일반적이다.

야바는 세계 최대 마약밀매조직인 '쿤사'가 개발한 것으로 태국에서는 '말처럼 힘이 솟고 발기에 좋은 약'이라고 해서 'Horse Medicine'으로 통용되고 있다. 그동안 태국과 일본, 호주 등에서 청소년층과 격무에 시달리는 회사원들을 중심으로 남용되던 야바가 2000년도부터는 국내에서도 남용사례가 적발되고 있다. 주사기로 투약하는 번거로움이 없는데다 가격이 저렴해서 젊은층을 중심으로 확산이 우려되고 있다. 실제로 캡슐 1알(0.2g)에 태국돈 100~120바트(3,000~5,000원 상당) 정도로 10만~30만원 하는 히로뽕(0.03g)보다 훨씬 싸다.

물뽕(Gamma-Hydroxybutyric, GHB)은 FDA가 공식적으로 이 제품의 부작용을 인정하고 시판을 금지하기 전까지만 해도 건강식품 취급소에서 흔히 볼 수 있는 제품이었다. 무색무취의 물뽕은 소다수 등 음료에 몇 방울 타서 마시게 되면 10~15분 내에 약물효과가 나타나기 시작하여 3~4시간 지속된다. 약물효과로는 기분이 좋아지고 다소 취한 듯 하면서도 몸이 쳐지는 듯한 느낌이 든다. 그러나 단순음료가 아닌 알코올류에 타서 마시면 그 효과가 걷잡을 수 없이 급속히 나타나 의식을 잃을 수 있으며 이 경우 추후 발생한 일을 기억할 수 없게 된다.

다. 대마(Marijuana)

대마란 대마초와 그 수지 및 대마초 또는 그 수지를 원료로 하여 제조된 일체의 제품을 말하며, 대마초의 씨앗, 뿌리 및 성숙한 대마초의 줄기와 그 제품은 제외된다(「마약류관리에 관한 법률」 제2조 제4호).

대마와 관련된 약물로는 대마초, 대마수지, 해시시 오일이 있다. 대마초는 많은 양을 남용할 때에는 공중에 뜨는 느낌과 함께 빠른 감정의 변화를 경험하며 집중력의 상실, 자아상실, 환각, 환청 등이 나타나는데 이러한 증상은 제3자도 알아차릴 수 있을 정도로 뚜렷하다. 특히 대마의 남용이 위험한 것은 환각상태에서 강력범죄를 저지르고, 대마보다 약효가 강력한 다른 마약류로 사용을 전이할 가능성이 크다는 데 있다.

해시시(hashish)는 대마초로부터 채취된 대마수지를 건조시키고 압착시켜 여러 가지 형태로 제조한 것인데, 갈색, 연갈색, 암갈색, 흑색 등의 덩어리이며 약 10%의 THC(Tetrahydrocannabinol)를 함유하고 있어서 대마초보다 8배 내지 10배가량 작용이 강하다.

해시시 오일(Hashish Oil)은 대마로 증류공정 등 반복적인 과정을 거쳐 고도로 농축되어 추출되기 때문에 THC 함량이 약 20%에 이르는 물질로 지속적인 남용은 정신운동 및 내분비기능의 장애, 면역능력 감소를 초래할 뿐만 아니라 심할 경우 정신분열증과 같은 중독성 정신병을 초래하기도 한다.

표 1-6 _ 마약의 종류 및 특성

구분	종류		외형상 특성	효과	주산지
천연마약	아편계	양귀비	– 양귀비과 식물 – 매우 아름다움	– 통증 완화	중국, 동남아 및 서남아
		아편	– 양귀비 꽃봉우리를 생채기 낸 후 즙을 응고시킨 것 – 왁스처럼 딱딱 – 갈색 또는 흑색	– 진정, 진통, 진해, 최면 – 편안함과 황홀함	–
		몰핀	– 아편 10kg으로 몰핀 1kg 제조 – 분말, 캡슐, 주사약	– 의약용으로 사용 – 고통완화, 도취작용	–
		헤로인	– 설탕형태의 미세한 결정체 – 강한 식초냄새	– 독성이 몰핀보다 5~10배 강함 – 마취, 진통, 진해제	–
		코데인	– 몰핀으로부터 분리 – 주사, 캡슐, 정제	– 진통과 진해에 탁월한 효과 – 의약용으로 사용	–
		코카인	– 코카엽에서 추출 – 백색 투명의 결정분말	– 흥분, 환각 – 통증과 미각을 마비	콜롬비아, 볼리비아, 페루 등 남미
		크랙	– 작은 돌과 같은 결정체 – 흡연	– 도치, 황홀감	–

구분	종류		외형상 특성	효과	주산지
합성마약	페치딘계		–주사, 정제, 캡슐 –중국이름 : 도냉정	–중추신경에 작용하여 진통효과 –도취감	–
	메사돈계		–주사, 정제, 캡슐	–내성, 정신 및 신체적 의존성 –아편계 금단증상 치료	–
향정신성 의약품	각성제	암페타민류	–원료: 염산에페드린 –백색 또는 연회색의 크리스탈 덩어리 –약간의 신맛, 물에 잘 녹음 –주사, 코로 흡입, 술이나 음료에 타서 복용	–우리나라에서는 메스암페타민을 가장 많이 남용 –황홀감, 긴장감, 피로해소, 환시	중국, 필리핀, 대만, 태국
	환각제	LSD	–무색결정분말 –각설탕, 캡슐형태 –곰팡이에서 추출	–환각, 흥분, 방한	북미, 유럽
	신종마약	MDMA (엑시터시)	–암페타민류 합성마약 –정제, 캡슐	–도취감, 식욕상실	유럽, 미국
		YABA	–암페타민류 25% 함유, 정제 –매우 작음(1알 0.2g)	–흥분감, 환각, 공격성, 우울증	태국, 미얀마
대마류	대마초		–THC라는 주성분이 들어있음 –대마잎, 흡입	–도취감, 약간의 환각작용	아시아, 아프리카, 미주, 남미
	대마수지(해쉬쉬)		–갈색, 흑색의 수지 –THC 2~10% 함유	–	–
	대마오일(해쉬쉬오일)		–암록색, 흑색의 기름형태 –THC 10~30% 함유	–	–

출처 : 관세청, 마약류 정보, http://www.customs.go.kr/kcshome/main/content/ContentView.do?contentId=CONTENT_ID_000001261&layoutMenuNo=20012/검색일: 2014. 2. 15.

4. 우리나라의 마약실태와 정보기구의 역할

가. 실태

국내에서 발생한 마약범죄 건수는 2009년 6,081건, 2010년 4,233건, 2011년 4,160건, 2012년 4,268건, 2013년 4,598건으로 2009년에 6천건 이상이 발생하였으나 2010년 4천건 단위로 감소한 이후 비교적 완만한 상승세를 보이고 있다.

2013년 중 마약사범 검거현황을 보면, 마약 544건, 향정신성의약품 3,410건, 대마 475건으로 향정신성의약품의 오남용으로 검거된 건수가 약 77%를 차지하고 있으며, 검거인원 역시 전체 마약류 오남용자 5,495명 중 향정신성의약품 복용자가 4,198명으로 76% 비율을 가지고 있다.

마약류 압수량은 대마초와 필로폰 압수량이 늘어나면서 2013년에는 65.1kg으로 2012년 60kg에 비하여 크게 증가하였으며, 탈법마약(Legal high) 및 '스파이스'와 같은 합성대마(Synthetic cannabinoids) 등 복용이 간편하고 가격이 저렴한 신종 마약류도 지속적으로 증가하고 있다. 그리고 원어민 강사, 근로자 등 국내 외국인 사범은 359명에서 374명으로 소폭증가하였으나, 이들에 의한 마약류 반입경로가 더욱 다양화되고 있으며, 마약사범을 경멸하던 조직폭력배들이 자생 외국인 범죄조직 및 해외 범죄조직들과 연계하여 마약범죄에 개입하는 사례도 발생하고 있는 상황이다.[24)]

이와 같은 마약실태에 대응하여 검찰은 1989년 대검찰청 산하 12개 본청 및 지청의 강력부에 마약과를 신설하고, 경찰 역시 16개 지방경찰청에 마약수사대를 설치하는 등 마약단속 조직을 확대하고 수사 위주의 강력한 단속을 통하여 많은 성과를 이룬 것도 사실이나 마약사범은 여전히 증가하는 추세를 보이고 있다. 이러한 추세는 수사 위주의 단속정책이 한계가 있다는 것을 보여주는 것으로서 수사는 물론 마약의 위험성에 대한 대국민 홍보활동, 예방정보활동을 통한 마약 밀조나 밀거래 행위를 사전에 차단하는 정책도 병행되어야 하는 점을 암시하고 있다.

표 1-7 _ 마약범죄 발생건수 및 발생비 추이

구분	2009		2010		2011		2012		2013	
	발생건수	발생비	발생건수	발생비	발생건수	발생비	발생건수	발생비	발생건수	발생비
전체 범죄	2,020,196	4,107.5	1,785,404	3,613.4	1,752,598	3,520.7	1,793,400	3,586.5	1,857,276	3,698.3
마약 범죄	6,081	12.4	4,233	8.6	4,160	8.4	4,268	8.5	4,598	19.2

※ 발생비 = (발생건수*100,000)/해당년도 추계인구수
출처: 경찰청. (2014). 「2013범죄통계」. 서울: 경찰청, 3.

표 1-8 _ 마약사범 검거 및 처리(2013년)

구분	검거		처리내용	
	건수	인원	구속	불구속
마약	544	596	17	579
향정신성의약품	3,410	4,198	1,227	2,971
대마	475	665	82	583

출처: 경찰청. (2014). 「2013 경찰통계연보」. 서울: 경찰청, 134.

나. 국가정보기구의 역할

마약이 국제범죄의 핵심유형에 해당하는 것은 국내 유통 마약의 약 80%를 차지하는 메스암페타민의 경우 원료물질인 염산에페드린을 해외에서 수입하고 있는데다 완제품의 대부분이 밀수로 들어오기 때문이다.

그리고 마약은 마약류 자체가 가지는 특징 때문에 국민의 정신을 피폐하게 만들고 나아가 범죄로 이어지면서 사회를 위협하는 것은 물론 북한 정권의 지원하에 이루어지는 마약 밀조 및 밀거래는 우리나라의 안보를 위협하는 요소로 등장하였다.

이와 같이 국제성 범죄인 마약단속을 위해서는 법집행기관의 법적 처벌과 함께 외국과의 긴밀한 정보교류와 안보적 차원에서 대응해야 할 필요성에 따라 국가정보기구의 역할이 크게 요구되고 있다.

특히 알 카에다, 탈레반 등 국제테러조직은 마약조직과 손을 잡거나 직접 마약을 제조하여 테러자금원으로 사용하고 있기 때문에 마약과 테러는 불가분의 관계로서 국가안보 문제와 연결되어 있다. 이러한 쟁점은 마약문제가 사회치안활동의 범위를 넘어 국가정보기구의 주요한 업무영역으로 자리잡고 있는 이유이다.

제4절 국제범죄조직

1. 국제범죄조직의 의의

'국제범죄조직'은 '국제조직범죄'라는 용어와 함께 일반인과 언론 등에서 혼용해서 사용되는 경우가 많은 단어로서 양자를 비교하여 개념을 정리하면 다음과 같다.[25] '국제범죄조직'이라는 용어는 일반시민이나 언론 등에서 국제범죄 주체를 언급할 때 자주 사용되는 용어이며, '국제조직범죄'와 혼용하여 사용하기도 한다. 그 의미 또한 국제범죄를 행하는 조직정도로 쉽게 받아들이고 있으며 실제 그 용어상에 특별히 함축된 의미도 없다고 본다. 따라서 여기에서는 '국제범죄조직'이란 '국제범죄(Transnational Crimes)를 행할 목적으로 2명 이상의 사람들이 모인 지속적인 인적 결합체'로 정리하고자 한다. 물론 지속적인 인적 결합체란 적어도 상당한 기간 동안 지속성을 가진 조직을 의미한다.

유사한 용어로써 일반인에게는 혼용되기도 하는 '국제조직범죄'라는 용어는 학계와 실무에서 비교적 많이 사용되는 단어이다. 우선, 형사사법기관 및 형사학계에서 널리 사용되어지고 있는 조직범죄(organized crime)의 개념을 살펴보면 이 용어 역시 아직도 통일된 정의는 없는 실정이다.[26] 다만, 여러 형사사법기관과 범죄학자들의 공통점을 정리해보면, '최소한 2인 이상의 위계질서가 있는 범죄집단이 경제적 이익을 얻기 위해 행하는 범죄행위'[27]라고 정리할 수 있겠다.[28]

따라서 '국제조직범죄(Transnational Organized Crimes)'[29]의 의미는 '국제'와 '조직범죄'라는 두 용어가 합성된 것으로 '국제적인 또는 국제성을 띤 조직범죄'로 이해할 수 있다. 그리고 '국제범죄조직'은 국제범죄를 행하는 "인적 결합체"에 설명의 중심이 주어진 반면, '국제조직범죄'는 2개 국가 이상에 걸쳐 이루어지는 '범죄행위'라는 점에서 차이가 있다.

국제범죄조직은 그 조직의 규모나 범행 종류 등에 따라 분류하면 매우 다양한 형태로 구분할 수 있다. 그러나 큰 조직규모와 자금력을 바탕으로 여러 형태의 범죄행위를 하고 있는 주요 국제범죄조직은 일본의 야쿠자, 마피아, 중국의 삼합회 등이 해당된다. 이들 조직은 자본주의의 자유시장을 교란하고 국부유출을 통해 안정적인 사회발전을 저해하고 있기 때문에 국가안보 위협으로 간주되는 경향이 커지고 있다.

국제범죄조직은 국내외에서 위협적인 요소로 존재한다. 우선 많은 국제범죄조직들은 국내 일반 범죄조직과 이해관계에 따라 부분별로 연결되어 행동하기 때문에 치안 불안요소로 작용을 한다. 그리고 국경을 넘나들면서 경제력이나 영향력이 국가수준을 넘어서는 경우도 있는데다 국제적으로 점조직화되어 있기 때문에 국가 간 정보교류가 필수적이다. 국가정보기구의 역할 증대 필요성이 제기되는 이유이다.

2. 주요 국제범죄조직

가. 야쿠자

일본 야쿠자는 18세기 중반 도박장을 관리하는 바쿠토(博徒)와 시장 상인들을 관리하는 데키야(的屋)를 모태로 성장하여 제2차 세계대전 후 사회불안을 틈타 폭력집단화하는 과정에서 생성되었다. 현재 야마구찌구미(山口組), 스미요시카이(稲川會), 이나가와카이(住吉會) 등 3천여 개 조직에 10만여 명이 활동 중이다.[30] 야쿠자(ヤクザ, やくざ)는 고쿠도(極道, 조폭)라고도 불리는 일본의

조직폭력배를 일컸는 말로 언론에서는 야쿠자라는 단어보다는 보료쿠단(暴力团)으로 많이 사용하고 있으며, 일반적으로 조직원들 스스로는 닌쿄단따이(任侠团体)라고 지칭한다.

야쿠자의 조직구조는 일반적으로 親分 · 組長 · 總長이라고 불리는 首領을 정점으로 봉건적 가부장제를 모방한 의제적 혈연관계에 의해 구성되어 있다.[31] 폭력단의 정점에는 오야붕(親分)이 있으며 그 밑에는 다수의 꼬붕(子分)이 있는데, 이 꼬붕은 하부폭력단의 꼬붕이며 이 꼬붕은 또 그 밑에 다수의 꼬붕이 있는데, 이 꼬붕 역시 하부폭력단의 꼬붕이며 이 꼬붕은 다시 그 밑에 다수의 꼬붕을 두고 독자적인 폭력단을 형성하여, 중층적인 대규모의 단체를 구성한다. 폭력단은 일반사회의 부모 · 형제 등의 혈연관계와 같은 의제적인 혈연관계이어서 선배는 '兄貴'(형님)으로, 후배는 '捨第'(아우)로 호칭하며, 오야붕(親分)의 형제는 '伯父' · '叔父'(伯父貴 · 叔父貴)라고 부른다.[32] 폭력단의 '인의', '의리', '인정' 등으로 칭하는 독특한 논리로 이를 정당화한다. 그래서 상위구성원 등의 명령에 복종하고 다만 폭력단 조직내부의 금지사항에 위반하여 조직원들에게 의심을 가게 하거나 오야붕(親分) 등의 체면을 손상케 하는 등의 조직의 질서를 어지럽힌 자에게는 엄한 제재를 과하여 조직 자체 내부의 자정작용을 하게 된다.[33]

조직 내부의 금지사항으로서는 예컨대, 親分과 兄貴에게 반항하거나 미혹(迷惑) 금지, 동료를 파는 것, 밀고 금지, 내부갈등조장 금지, 조직자금의 횡령 금지, 동료의 여자에게 싸움기도 금지 등이 있다. 이와 같이 엄격한 내부규율에 의해 봉건적 가부장제를 모방한 집단을 유지하는 것이다.

한편, 2013년 현재 일본 최대 야쿠자 조직인 야마구치구미(山口組)는 1만 6,000여 명의 구성원에다 자신들이 운영하는 기업 등을 통해 연매출 800억 달러를 기록하여 매출규모면에서 세계 최고의 범죄조직으로 부상하였다. 야마구치구미가 기업이라고 가정하면, 글로벌기업인 히타치(작년 959억 달러)에 이어 일본에서 매출 8위에 해당하는 규모이며, 기업 경영모델을 철저하게 흉내 내는 형태를 유지하였기 때문에 나타난 결과이다. 매출구조는 다른 사업들보다 주로 마약 밀매를 통해 수익을 올리고 있으며 도박과 금품갈취가 그 뒤를 잇고 있는 것으로 알려져 있다. 그러나 범죄조직이 지하경제를 통해 활동하고 투명하게 드러나지 않아 이들의 수익이 어느 정도인지 정확하게 파악하는 것은 사실상 불가능한 상태이다.[34)]

나. 마피아(Mafia)

마피아(Mafia)는 국제사회에서 최대 범죄조직으로 널리 알려진 범죄조직이다. 원래는 이탈리아 마피아 조직인 시칠리아 마피아만을 뜻하나 러시아 마피아 등도 유명하다.

1) 이탈리아 마피아

마피아라는 용어가 국제적으로 사용된 것은 1875년 이후이나 그 기원에 대해서는 명확한 것이 없는 실정이다. 다만, 수세기 동안 시칠리아가 무법상태에 있을 때 강도로부터 토지를 보호하기 위해 부재 지주들이 만든 소규모 사병조직인 마피에(MAFIE)에서 비롯되었다는 설이 유력하다. 이탈리아 마피아의 본고장 시칠리아는 기원전 8세기부터 타민족의 끊임없는 침입과 지배, 착취에 시달렸다. 세계적으로 악명 높은 오늘날의 이탈리아 마피아는 원래 시칠리아 사람들이 그런 외세의 노략질에 대항하기 위해 만든 가족 · 친지 중심의 소박한 공동체였다고 한다. 이탈리아 마피아가 본격적인 범죄조직으로 면모를 갖춘 것은 1860년대의 근대 이탈리아 통일정부 출범 이후 정치권, 재계 등과 결탁해 공생하면서부터라고 전해지고 있다. 이탈리아 정부는 백년이 넘는 세월 동안 제2차 세계대전 패배와 그에 뒤이은 점령군 진주, 냉전 등 국내외 정세 변화에 따른 격동기를 거치면서 거대하게 몸집을 불린 마피아 통제에 많은 어려움을 겪고 있다.[35)]

이탈리아 마피아는 라 코사 노스트라(La Cosa Nostra, LCN), 카모라(Camorra), 은드란게타 또는 드란게타('Ndrangheta), 사크라 코로나 우니타(Sacra Corona

Unita) 등 크게 4개의 각기 다른 마피아가 활동 중이다. 이 중 카모라는 4대 마피아 중 가장 크며, 세계적 경제지인 FOUETUNE에 의해 연매출이 49억 달러로서 세계에서 세 번째로 큰 범죄조직으로 선정됐다. 이 조직은 주로 성매매, 무기·마약 밀매, 위조, 도박, 고리대금업, 금품갈취 등으로 매출을 올리고 있는 것으로 파악되고 있다. 카모라의 뒤를 따르는 제2의 마피아인 은드란게타는 45억 달러의 매출을 올리는 것으로 조사되어 세계 제4위의 국제범죄조직으로 선정되었다. 은드란게타는 카모라와 비슷한 매출구조를 가지고 있으면서 남아프리카공화국의 코카인 거래상들과 관계를 맺고 있고, 범대서양 마약시장의 상당수를 점하고 있는 것으로 평가되고 있다.[36)]

마피아의 조직구조는 다음과 같다.[37)] 마피아는 패밀리(Family)를 구성단위로 하는데, 혈연관계로 인한 구속·속박관계는 후손에도 되물림되는 것이 특징이다. 패밀리는 한 지역을 기반으로 'Capo'를 정점으로 하는 피라미드 구조를 가진다. 마피아는 ① 이탈리아어로 '머리'를 의미하는 'Capo'(Boss: 두목)를 정점으로 하고, ② 두목의 명령을 전달하거나 하부조직원에게 범죄를 지시하는 'Under Capo'(Underboss: 부두목), ③ 대부분 자금책의 역할을 맡는 두목의 조언자로서 'Consigliere'(Counselor: 회사의 고문에 해당), ④ 수명으로부터 15명 정도의 병사를 가지고서 활동하고 병사의 반장 위치를 가지는 'Caporegime'(Captain: 중간관리자급에 해당하는 간부), ⑤ 마피아의 하부조직원으로서 범죄에서 얻어진 일정부분의 돈을 간부에게 상납하는 'Solider'(button men으로 알려진 병사), ⑥ 마피아의 정식조직원은 아니지만 조직의 앞잡이가 되거나 예비조직원이라고 할 수 있는 'Associate'(준구성원)로 구성된다. 'Capo', 'Consigliere', 'Under Capo'는 항상 하부조직원에게 범죄의 실행을 지시할 뿐 직접 범행의 실행에는 참가하지 않기 때문에 조직범죄와 연관하여 처벌하기는 어렵다.

2) 러시아 마피아

러시아 마피아란 이윤이나 권력 추구를 위해 활동하는 주체가 조직성, 지속성, 그리고 불법성을 구비하는 경우를 말한다.[38)] 러시아 마피아는 사회주의에서 자본주의로의 체제전환 과정에서 생성된 필수적인 존재로써 구성원들은 이탈리아 마피아와는 달리 가족의리에 대한 연결고리가 강하지 않으며, 수천 개에 달하는 유사조직을 가지고 있다.[39)]

러시아 마피아 중 솔른체프스카야 브라트바는 세계에서 두 번째로 큰 국제범죄조직으로 파악되었는데, 연매출액이 일본 야쿠자에 비하면 10분의 1 정도 수준인 연간 85억 달러의 매출을 올린 것으로 나타났다. 프레데리코 바레세 옥스포드대 범죄학 교수이자 국제 범죄조직 전문가는 솔른체프스카야가 세분화된 10개 조직으로 나뉘어 분권화되어 있고 이들은 각각 독립적으로 운영된다고 분석했다. 그러나 자금관리에 있어서는 12명으로 구성된 위원회를 통해 감독하고 있으며 축제모임 등을 빙자해 주기적으로 모임을 갖고 있다고 설명한다. 구성원 수가 9,000명에 이르는 이 조직 역시 주로 마약 밀매를 하고 있으며 전 세계 헤로인 소비량의 12%를 차지하는 러시아로 아프가니스탄에서 사람을 통해 헤로인을 밀반입하고 있다.[40)]

다. 삼합회(三合會, Triad)

삼합회는 홍콩을 거점으로 한 중국 범죄조직 중의 하나로써 청나라 말 유명한 반청복명(反淸復明)조직인 천지회(天地會)에서 변질된 것이며, 흑사회와 함께 중화권의 대표적인 범죄조직이다

중국 삼합회는 1760년 명나라 복원을 위해 천지회(天地會)라고 불리는 비밀단체가 중국에서 결성되었는데, 아편전쟁과 공산혁명을 거치면서 범죄조직으로 변질되었으며, 天·地·人의 조화를 의미하는 삼합회로 불려지게 되었다.

중국 공산당이 1949년 집권했을 때 중국 본토는 사법당국의 엄격한 통제하에 있었고 조직범죄는 감소하였다. 삼합회 조직원들은 1927년에서 1930년대 중반까지 자본가들과 중국 국민당의 요구에 따라 공산주의자들을 박해하는 데에도 동원되었다. 그들은 공산당이 중국에서 집권한 후 보복이 두려워, 자신들의 사업을 지속하기 위해 영국의 조차지인 홍콩으로 이주하였다. 성매매, 마약

밀매, 청부살인, 돈세탁, 도박, 차량 절도 등을 주로 해온 삼합회는 현재 수입의 주된 근원은 컴퓨터 소프트웨어, 음악 CD 그리고 영화 VCD/DVD 같은 지적재산을 불법복제하고 판매한 것에서 나오고 있으며, 밀수한 담배나 술도 거래하고 있다.[41)]

대표적인 삼합회 조직은 홍콩과 대만에 산재해 있다.[42)] 먼저, 홍콩의 주요 조직은 신의안(新義安)과 14K인데 신의안 조직은 1919년 샹첸(向前)이 조직을 결성한 후 홍콩 외에 미국, 영국, 벨기에, 프랑스, 네덜란드 및 중국 광동성 일대에서 활약하고 있는 홍콩 최대의 범죄조직이자 세계 최대 범죄조직의 하나다. 신의안의 조직원 수는 홍콩 내에만 63,000명이며 홍콩 영화산업은 거의 신의안이 개입되어 있을 정도로 영화배우들을 관리하고 있다. 그외 인력거, 수산물, 실내인테리어, 건축, 노점상 등 기존의 영역에서 보호비를 착취하는 것은 물론이고, 마약, 인신매매, 총기밀매, 밀입국, 윤락, 돈세탁뿐만 아니라 합법적인 기업운영과 금융권 등 전 분야에 진출하여 활동하고 있다. 그리고 14K그룹은 홍콩에 기반을 둔 범죄조직으로, 1945년 당시 광동성 광저우(廣州)에서 활동하던 국민당 정보부 요원들이 이 도시에서 발기한 홍발산충의당(洪發山忠義堂)에 그 기원을 두고 있다. 14K 조직이 출발한 장소는 홍콩이지만 그 활동지역은 홍콩뿐만 아니라 중국 본토, 대만, 마카오, 태국, 말레이시아, 일본, 미국, 캐나다 등 화교들이 모여 있는 세계 도처에 뻗어있다. 정확한 조직원 수는 어림잡아 12만 명에서 20만 명으로 추산하고 있다

다음은 대만을 중심으로 동남아시아 일대에서 활동 중인 죽련방(竹聯幇), 사해방(四海幇), 송련방(松聯幇), 천도맹(天道盟) 등의 삼합회가 있다.

죽련방은 1953년 타이완 용허(永和)시와 중허(中和)시 중허샹(中和鄕) 일대에 살고 있던 중학생들에 의해 처음 조직된 단체로서 그 시초는 중화방(中和幫)에서 유래한다. 죽련방의 하부조직은 충당(忠堂), 효당(孝堂) 등 80여 개이며, 대만 내 2만여 명, 전 세계 차이나타운에 10만여 명의 조직원이 있다. 이들은 동남아시아 각국과 미주 등지의 화교사회에 진출해 있고, 개혁개방 이후 대만과 가까운 중국 푸젠성으로 스며든 후 중국 각지에도 하부조직을 거느리고

있다. 이들 조직의 주요 범죄활동은 사기(특히 보이스피싱)를 비롯하여, 납치 · 고리대금 · 도박 · 마약 · 밀수 · 매춘 · 돈세탁 · 청부살인 · 강절도를 일삼고 있다. 이 조직들은 홍콩을 거점으로 미국과 캐나다, 중남미 같은 미주지역에서도 활동하며 큰 영향력을 행사한다.

사해방은 1953년 1대 두목인 펑주위(馮祖語)와 몇몇 학생들이 모여 '사해(四海) 안에 있는 우리는 모두 형제이다'라고 말하면서 결성한 것이 조직의 시초이다. 초기 사해방은 강하지 않았으나 타이페이시(臺北市) 시먼딩(西門町)의 주차장 일대를 석권하면서 조직이 강해졌다. 사해방조직의 주요범죄는 사기를 비롯하여 공갈 · 고리대금 · 도박 · 군용총기거래 · 밀수 · 마약 · 매춘 · 청부살인 · 납치 · 윤락 · 밀입국 등 전 업종에 걸쳐 관여하고 있으며, 대만 북부를 본거지로 중국 · 미국 · 일본 · 남미 등에 걸쳐 50여 개의 분회를 두고 있다. 해외 화교 및 해외거주 중국인들이 다수 조직에 참여하고 있어 정확한 조직원 수가 아직 파악되지 않고 있으나 3만여 명으로 추산하고 있다. 사해방은 수차에 걸쳐 조직이 와해되고 해산을 거듭하면서 다시 모인 조직으로서 세력이 예전만큼 강대하지는 못하다고 해도 전 세계적으로 무시할 수 없는 강한 범죄조직이다.

송련방은 대만 공군기지 주변 숭춘(松村)에서 활동하던 1대 두목 단스웨(譚世維) 등 외성인들로 주축이 된 용파, 호랑이파, 표범파, 사자파 등 4개 분파로 출발했다. 1982년 타이완의 숭샨취(松山區) 일대를 거점으로 활동하던 조직이며, 중국의 개혁개방 바람을 타고 중국 본토도 진출하여 중국 푸젠성과 광둥성 일대 등 중국 본토와 대만 등지에서 20여 개의 하부조직에서 3천여 명의 조직원들이 활동하고 있다. 2007년에 4대 두목이 된 류젼방(劉震邦)이 조직영역을 적극적으로 확장하고 폭력과 업소 보호비 갈취 등 기존 조직운영에서 탈피하여 합법적인 사업과 카지노사업 진출 등으로 업종을 다양화하면서 조직이 계속 성장하고 있다.

천도맹은 1986년 10월에 결성된 조직으로 대만 타이페이현(臺北縣) 투청시(土城市)에서 출발했다. 천도맹조직의 주요 범죄활동은 마약판매를 비롯하여 도박 · 고리대금 · 밀수 · 부동산 · 오락업 등이며 합법적인 사업에 거대자본을 투자하고 있다. 현재 조직원이 1만여 명으로 대만 각지와 동남아시아 · 미주지역에 30여 개 지회를 두고 일본 야쿠자조직인 야마구치구미와도 교류하고 있으며, 동남아시아 지역의 도시 및 미주지역 각 도시에서도 활동하고 있다.

한편 흑사회란 "인민민주 전제정치에 심각한 위협을 초래하고, 공공안전을 위협하며, 사회치안질서와 사회관리질서를 파괴하는 범죄조직으로서 독립적으로 확정된 명칭과 비교적 엄밀한 조직을 갖추고, 확정된 활동장소 · 구역 · 업종을 확보하고 있으며, 봉건적 방회(幇會)의 색채가 짙은 반동성을 겸비한 건달성 범죄조직"을 의미한다.[43] 흑사회란 말 그대로 중국 내에 존재하는 뒷골목 세계를 총칭하는 말로서 특정 범죄조직을 지칭하는 말이 아니며, 폭력조직은 물론 도둑, 매춘, 강도 등의 범죄들도 포함되어 있다. 따라서 삼합회도 중국에서는 흑사회로 지칭될 수 있는 것이다.

제5절 국제범죄 대응방안[44]

1. 국제범죄 관계법률 정비 및 기본법 제정

법치국가에서 범죄대책을 위해 가장 중요한 것은 법률적 기준의 확립이다. 국제범죄대응에 필요한 법률이 있어야 조직과 예산, 인력이 마련될 수 있고 대응활동의 근거가 되기 때문이다. 그러나 이러한 법률들은 변화하는 범죄양상에 맞게 정비되고 새로운 법률이 만들어질 때 제대로 된 역할을 수행할 수 있다.

먼저 정비가 필요한 대표적인 법률로는 「국제형사사법공조법」과 「범죄인인도법」 그리고 자금세탁관계 법률인데 그 정비방향은 다음과 같다.

「국제형사사법공조법」은 공조의 범위가 ① 사람 또는 물건의 소재 수사, ② 서류 · 기록의 제공, ③ 서류 등의 송달, ④ 증거수집, 압수 · 수색 또는 검증, ⑤ 증거물 등 물건의 인도, ⑥ 진술청취, 그 밖에 요청국에서 증언하게 하거나 수사에 협조하게 하는 조치 등에 한정되어(제5조) 있으므로 외국 형사판결의 집행, 형사소추의 이송 등 넓은 의미의 형사사법 공조 분야가 포함되도록 개정되어야 할 것이다. 그리고 수사공조의 경우에도 공조요청서를 「(사법경찰관) → 검사 → 법무부장관 → 외교부장관 → 해당국 외교부장관」(제29, 30, 31조)에 송부하는 복잡한 절차를 거치고 있어 법무부장관이 외교부장관의 동의를 얻어 해당국가 법무부장관에게 송부할 수 있게 절차를 간소화하는 내용으로 개정이 필요하다.

「범죄인 인도법」 역시 인도범죄를 우리나라와 청구국의 법률에 의하여 사형, 무기 또는 장기 1년 이상의 징역이나 금고에 해당하는 경우로 제한하고(제6조) 있으나 대상범죄를 양국이 합의하는 범죄로 규정하여 최근 국제범죄 양상에 탄력적으로 대응할 수 있도록 개정하는 것이 바람직하다. 그리고 범죄인 인도는 한정된 기간(통상 6개월) 안에 「담당검사 → 법무부장관 → 외교부장관 → 해당국 외교부장관 → 해당국 검사 → 해당국 판사 → 경찰집행」의 과정을 거쳐 이루어져야 하므로(제42, 43, 44조) 인력부족에 따른 업무량 폭주와 추진 과정에서 범인이 도주해도 대응할 수 없는 등 현실성이 떨어지고 있다. 따라서 신속성이 보장되는 인터폴창구를 통해 범죄인 인도 청구의 전단계인 긴급인도구속을 요청하면 피의자의 소재파악과 피의자 신병확보가 가능토록 법규정을 개정하고, 각 국가와 조약체결 시 동 내용이 포함되도록 하여야 한다.[45)]

그리고 「범죄수익은닉의 규제 및 처벌 등에 관한 법률」에는 자금세탁 행위를 '가장', '은닉', '수수'로 묘사(제3, 4조)하고 있으나 이는 타인명의 계좌입금(차명계좌) 등 초보적인 수준의 자금세탁 관련 용어로는 유효하나 인터넷 송금, 무기명 유가증권 거래 등을 이용한 전문적인 자금세탁 문제에 봉착할 경우에는 그 구체적 사례와 관련된 개념형성에는 별로 도움을 주지 못하기 때문에 '국제연합 국제조직범죄방지협약(United Nations Convention Against Transnational Organized Crime)' 제6조(범죄수익 세탁행위의 처벌) 제1항 등을 참고하여 정비할 필요가 있다.[46)]

한편, 기존의 국제범죄관계 법령을 개정하는 일과 함께 궁극적으로는 현재 여러 법률에 흩어져 규정되어 있는 국제범죄관련 법령을 통합하고 신종범죄 통제까지를 규정한 가칭 '국제범죄방지기본법'을 제정함으로써 국가 역량을 모아 체계적이고 효과적으로 국제범죄에 대응할 수 있도록 해야겠다.[47)]

2. 통합대응기구 설치

국제범죄는 점점 더 조직화 · 전문화 · 흉포화 · 다양화하고 있어 대응조직 간의 통합된 역량이 절실히 요구된다. 그러나 우리나라에서는 검찰 · 경찰 · 관세청 등이 수사업무를, 국가정보원은 국제범죄정보의 수집과 작성 및 배포업무를, 법무부 출입국 · 외국인정책본부는 내 · 외국인의 출입국 관리 및 외국인 정책의 입안 · 집행 업무를 수행하는 등 기관별로 나누어져 있다.

따라서 정부 각 기관에 분산되어 있는 국제범죄대응능력을 조정 · 통합하여 역량을 최대화시키는 역할을 할 수 있는 가칭 '정부합동 국제범죄방지센터'를 설치할 필요가 있다. 그 센터는 우리나라가 2001년 10월에 서명한 '국제연합 국제조직범죄방지협약'의 규정내용에 준거하여 구축하는 것이 바람직하다. 주요 기능[48)]은 ① 검찰 · 경찰 · 국가정보원 · 관세청 · 법무부(출입국관리사무소) 등 국제범죄와 관련된 기관으로부터 파견받아 구성하고, ② 국제범죄의 예방 및 진압과 관련된 국가정책 및 사업의 기획 · 평가(협약 제31조)와 관계 공무원에 대한 교육훈련(협약 제29조) 등을 담당하며, ③ 범죄자가 타국에서 받은 유죄판결 기록(협약 제22조) 등의 국제범죄와 관련된 정보를 국정원 · 경찰(인터폴) 등 다양한 경로를 통해 수집하여 분석 · 배포한다. 그리고 ④ 국제범죄에 대하여 소속검사가 직접 수사 · 기소하거나 간접적으로 수사지휘 · 지도하는 업무를 포함시키는 한편 국정원 · 금융정보분석원(FIU) · 관세청 · 출입국관리사무소로부터 파견된 직원에 대해서는 국제범죄수사권을 부여하며, ⑤ 범죄인 인도(협약 제16조) · 수형자 이송(협약 제17조) · 국제합동수사(협약 제19조) 등 국제범죄와 관련된 국제협력을 실행하는 업무를 담당토록 한다.

한편 '정부합동 국제범죄방지센터'는 이미 언급한 「국제범죄방지기본법」에 포함하여 법적 기구[49]가 되도록 해야 하며, 그 기본법 제정 전에는 국제범죄의 심각성을 고려하여 국무총리 훈령으로 만들어진 「국제범죄대책협의회」 규정을 근거로 국제범죄 대응조직 모두가 참여하는 '상설 협의체'를 구성하여 대응하는 것이 바람직하다.

3. 국제공조 강화

국가 간의 긴밀한 협력여하가 국제범죄의 예방과 진압의 성패에 큰 영향을 미치고 있어 국제공조는 중요한 국제범죄 통제수단이 되고 있다. 이에 따라 기존의 국제형사사법공조, 국제경찰협력, 정보기구 간 협조체제를 강화하고 향후 동북아 공동체 구성 등에 대비한 다자간 공조기구 마련에도 대비해 나가야겠다.

국제형사사법공조는 광의적으로 정의하면 범죄진압이라는 국제적인 공통관심사를 실현하기 위한 모든 형태의 협력행위라고 할 수 있는데, ① 협의의 형사사법공조,[50] ② 범죄인 인도, ③ 외국형사판결의 집행, ④ 형사절차의 이관 등이 포함된다. 국제형사사법공조를 강화하기 위해서는 우선 법률 정비란에서 제안한 대로 가급적 빨리 국제형사사법 공조법과 범죄인 인도법을 개정해야겠다. 그리고 국가 간의 공조근거가 되고 있는 형사사법공조조약과 범죄인인도조약 체결 국가는 2013년 12월 현재 각각 71개국(발효 중인 국가 69개국)과 76개국(발효 중인 국가 74개국)에 불과하며,[51] 우리나라와 연계되어 국제범죄가 많이 발생하고 있는 러시아, 방글라데시, 태국 등과는 범죄인 인도조약도 체결이 안된 상황으로 조약 체결 확대를 위해 노력해야겠다. 또한 쌍벌가벌성 조항을 해석하는 경우에도 구체적 쌍벌가능성보다는 추상적 쌍벌가벌성만을 요건으로 하도록 개선하고 더 나아가 이를 삭제하는 방안을 검토하는 것이 바람직하다고 본다.[52]

다음은 경찰당국이 주체가 되어 국가 간의 사법공조 일환으로 행하는 국제경찰협력을 활성화해야 한다. 2015년 1월 현재 세계 190개 국가의 경찰조직이 회원이 되어 공조체제를 유지하는 국제형사경찰기구(International Criminal Police Organization), 즉 인터폴(Interpol)은 국가 간 다자조약이 아니라 각국 경찰간부에 의해 작성된 헌장(Chater)에 따라 수립된 비정부 국제기구이다. 그러나 조약을 바탕으로 한 전통적 형사사법공조가 절차상 소요기간이 너무 오래 걸리는(평균 6개월 이상) 반면, 인터폴공조는 컴퓨터망을 통해서 수배제도, 정보교환, 추방을 통한 강제송환 등을 간단·신속하게 이룰 수 있기 때문에 발전시킬 필요가 있다.

다만, 우리나라에서는 인터폴의 기능을 ① 국제범죄의 정보 및 자료교환, ② 국제범죄의 동일증명 및 전과조회, ③ 국제범죄에 관한 사실확인 및 그 조회만 할 수 있도록 규정(「국제형사사법공조법」 제38조 제1항)하고 있는 등 직무범위에 제한이 있어[53] 범죄인 인도까지도 활용할 수 있도록 법적 근거를 마련하는 등 역할 확대를 위한 개선책이 필요하다. 그리고 국가 간 경찰협력은 인터폴에 치우치지 말고 유럽경찰(Europol)이나 유럽연합 형사사법 협력기구인 유로저스트(Eurojust) 등 기타 다자간 경찰협력기구와도 교류를 강화해야 한다.

다음은 정보기구 간의 범죄정보 교류협력도 확대되어야 한다. 정보수집에 전문성을 가진 각국의 정보기구들은 국가안보를 위협하는 테러, 사이버 범죄, 위폐생산 및 밀거래 범죄 등의 국제범죄 영역에까지 정보활동의 범위를 확대하고 있는 추세이다. 따라서 양질의 범죄정보 공유를 위해 국가 간에 걸쳐 정보기구 간 공조도 강화되어야 한다.

끝으로 우리나라와 주변국 간에 신속하고 실효성 있는 형사사법공조를 위해서는 기존의 양자조약에 기초하고 공조절차도 복잡한 국제형사사법 공조체제에서 벗어나 동북아지역 국가들로 구성된 다자 조약 형식의 '동북아지역 합동범죄통제기구'의 설치도 준비해야 한다. 다만, 그 기구는 동북아지역이 EU와 같은 일정한 통합체가 되었을 때 설치가 가능한 일이지만 실제 설치가 되면 우리나라가 주도적 역할을 수행할 수 있도록 사무국을 서울에 설치해야 하는 논리 준비 등이 사전에 이루어져야겠다.

4. 정보관리 및 수사체제 효율화

오늘날 세계는 국제범죄조직들이 해킹 등 사이버 범죄를 통해 수력발전소의 수문을 임의적으로 개방하여 홍수를 발생시킬 수 있는 등 범행을 통해 막대한 인적 · 물적 피해를 가져올 수 있는 범죄 환경에 놓여 있다. 이런 엄청난 피해를 방지하기 위해서는 범죄가 발생하기 전에 범행정보를 사전에 입수하여 미리 차단하는 것이 무엇보다 중요하며, 부득불 범죄가 발생하였다면 조속한 시일 내에 범죄자를 색출하여 피해를 최소화하기 위해서도 정보가 필요하다. 그러나 이와 같은 범죄정보는 과학적이고 체계적으로 관리될 때에만 신뢰성 있는 내용으로 적기에 제공됨으로써 최고의 가치를 발휘할 수 있다.

따라서 수집된 범죄정보는 국제범죄조직의 계보, 조직원의 신원 및 동향, 비호세력과의 관계, 조직의 분화와 활동, 국제적인 연계 등으로 구분하여 전산관리하는 것은 물론 각 기관에서 축적한 전체 범죄정보 중 일부에 한해서만 공유되고 있는 기관 간 범죄정보가 시너지 효과를 내기 위해서는 관계기관에서 관리하는 모든 범죄정보가 상호 접근이 가능하도록 제도화되어야겠다.

다음은 지능화, 조직화하고 있는 국제범죄 방지를 위해 효율적인 수사체제를 구축해야겠다. 국제범죄 중 범행 자체가 비밀리에 이루어지고 그 현장을 포착하기 어려운 범죄에 한해 미국 등 선진국에서 활용되고 있는 잠입수사, 함정수사 제도를 제한적으로 허용해야 한다. 그리고 증인보호는 수사의 성패를 좌우하는 증거확보방안과 직결되어 있으므로 철저한 증인 보호책이 마련되어야 한다. 우리나라도 「특정범죄신고자 등 보호법」을 제정하고 있으나 대상범죄를 한정하고 신고자 등의 신원관리카드 열람제한에 예외사유를 넓게 인정하고 있어 신고 · 증언 유도에 불충분한 요소로 작용하고 있다. 따라서 보복위험이 있는 증인에게 새로운 신원과 주거지 등을 마련해 주는 미국식 증인보호프로그램을 「국제연합 국제조직범죄방지협약」 제24조(증인보호) 등을 참고하여 입법화할 필요가 있다.

특히, 범죄자들의 주요 범행수단이 되고 있는 이동전화는 예산문제 및 각 정당의 정치적인 이해관계 때문에 아직 감청장비가 설치되어 있지 않아 감청이 불가능한 상태이다. 따라서 「통신비밀보호법」을 개정해 통신사가 그 장비를 설치 시에 국가가 예산을 지원할 수 있는 근거를 마련하는 등 수사환경을 개선해야 한다.

5. 인력전문화 및 계몽 · 홍보활동 강화

국제범죄 담당관은 국제적 감각은 물론 범죄 관련국에 대해 충분한 지식과 경험을 구비한 전문가가 되길 요구받고 있다. 즉 양질의 정보수집과 수사를 위해서는 기본적으로 외국어 구사 능력과 함께 해당국의 역사, 문화, 법령, 수사체계에 대한 이해는 물론 범죄유형별로 수사와 정보수집 경험을 축적한 전문인이 필요하다. 따라서 경찰대학이나 법무연수원에 고급 국제범죄 교실을 개설하여 기존 수사관을 대상으로 잠입수사, 신종범죄 수사, 정보수집 기법 등에 대한 선진교육을 실시함으로써 담당관의 자질을 높이고 해외근무 기업인이나 대사관 근무 경험자를 전문수사관으로 채용하거나 첨단과학 · 의학 등 전문분야를 연구하는 학회와 MOU도 체결하여 부족한 전문성을 보완해 나가야겠다.

그리고 대국민 계몽 · 홍보활동도 중요하다. 국제범죄 통제는 정부만의 노력으로는 한계가 있기 때문에 시민 · 사회단체도 적극 참여할 수 있도록 해야 한다. 따라서 각종 홍보매체, 국제범죄 전문가 강연 등을 통해 국제범죄 대응기관들의 활약상을 홍보함으로써 잠재적 범죄자들이 범죄결심을 억제토록 하고 시민들이 범죄의 실행계획이나 범행 사실을 알았을 때 주저 없이 신고하게 할 수 있는 유인책과 쉽고 간단하게 신고할 수 있는 시스템을 마련해야 하겠다.

1) United Nations Office on Drug and Crime. (2013), *Transnational Organized Crime in East and the Pacific*: A Threat Assessment, 1.
2) 경찰청. (2014), 「2013 경찰통계연보」, 서울: 경찰청, 275; 경찰청. (2012), 「2012 경찰백서」, 서울: 경찰청; 윤민우 · 강소영. (2010), "Understanding various types of international organized crime and building a conceptual framework for government. countermeasures", 「한국범죄심리연구」, 6(2), 87.
3) 조성권. (2013), 「국제범죄 대응」, 서울: 박영사, 267-268.
4) Carter, D. L., "International organized crime: emerging trends in entrepreneurial crime" in P. J. Ryan and G. E. Rush (eds.), Understanding organized crime in global perspective, Thousand Oaks, CA: Sage Publications, 1997, 131-148; Simonsen, C. and Spindlove, J. R., "Terrorism Today: The Past, The Players, The Future". (3rd ed.). Upper Saddle River, N. J.: Pearson Prentice Hall, 2007; 윤민우 · 강소영, 전게논문, 91 재인용.
5) 정육상d. (2014), "우리나라의 국제범죄 실태와 경찰의 대응방안", 「유럽헌법연구」, 16호, 647-649. (국제범죄의 개념과 특성은 앞의 논문을 일부 수정 · 보완한 것임.)
6) Bassiouni, M. C. (1986). "Characteristics of International Criminal Law Conventions", in Bassiouni M. C. (Eds.), *International Criminal Law,* New York, NY: Transnational Publishers Inc., 135.
7) 波多野里望 · 小川方彦. (1982), 「國際法講義」, 東京: 有斐閣, 299.
8) 이장희. (1997), "국제범죄 수사역량 강화방안", 「치안연구소」, 10, 12-16.
9) UNODC. (2010), The Globalization of Crime: Transnational Organized Crime Threat Assessment, 25.
10) 김병준. (2001), "국제범죄의 실태와 대책: 한국 · 일본 · 중국 · 러시아 등 동북아 4개국을 중심으로", 「한국공안행정학회보」, 11, 7-9.
11) 문규석. (2000), "국제범죄의 실태와 대책에 관한 연구: 국제보통범죄를 중심으로", 「국제법 논총」, 9, 176.
12) 정육상. (2014), "국제범죄환경의 변화에 따른 보안 · 수사기관의 대응능력 제고방안", 「한국공안행정학회보」, 55, 216.
13) 김병준. 전게논문, 5-9.
14) 박기륜. (2004), 「국제범죄론」, 서울: 비전캐릭터, 7-8.
15) 오태곤. (2005), "국제범죄 대응을 위한 국제형사경찰기구의 강화방안", 「법학연구」, 18, 401.
16) http://service5.nis.go.kr/intCrime/main.jsp/검색일: 2015. 2. 1.
17) 해양경찰청. (2013), 「2013 해양경찰 백서」, 180.
18) 정육상e. (2014), "국제범죄환경의 변화에 따른 보안 · 수사기관의 대응능력 제고방안", 「한국공안행정학회보」, 55, 216.
19) 정육상f. (2013), "국제범죄 환경의 변화에 따른 보안 · 수사기관의 대응강화 방안", 「한국공안행정학회 · 국제범죄정보센터 공동개최 제42회 학술대회 세미나」, 7-10(이하 국제범죄 환경은 앞의 필자의 논문을 일부 수정 · 보완한 것임).

20) 경찰청. (2013), 「2013 경찰백서」, 서울: 경찰청, 120-121.

21) 조선일보. (2013), "전세계를 상대로 마약 장사 하는 북한, 한국까지 위협한다", 7월 17일자.

22) 정재준 (2013), "유엔(UN)의 국제범죄 방지 신동향과 우리나라의 대응방안," 「강원법학」, 39, 380.

23) 대검찰청 홈페이지. (2015), 마약의 종류, http://www.spo.go.kr/spo/major/drug/act/drugtype02.jsp/검색일: 2015. 1. 15.

24) 국제범죄정보센터. (2015), 마약범죄, http://service5.nis.go.kr/intCrime/drugInstate.jsp/검색일: 2015. 2. 2.

25) 정육상g. (2011), "국제범죄의 새로운 양상과 그 대응방안", 「한국범죄심리연구」, 7(1), 158-159(국제범죄조직의 개념과 유사용어 정리는 앞의 필자의 논문을 요약한 것임).

26) 양태규 (2003), "조직범죄의 실태와 대책에 관한 연구", 「박사학위논문」, 전북: 전북대학교 대학원, 103; 加藤久雄. (1992), 組織犯罪의 研究, 東京: 成文堂, 103.

27) 이윤호. (1997), 「형사정책」, 서울: 박영사, 331; 정대표. (2003), "한국에 있어서의 국제범죄조직", 「한국범죄방지재단」, 7, 151.

28) 허경미. (1999), "한국의 조직범죄 실태와 그 대응방안에 관한 연구", 「박사학위논문」, 서울: 동국대학교대학원, 14-15(조직범죄를 폭력적 수단을 통해 범죄적 이익을 추구하는 '집단'으로 정의하는 견해도 없지 않다).

29) 국제법적 성격을 강조하는 학자의 경우 'international organized crimes'이라고도 표기하고 있으나 'international'이나 'Transnational' 두 단어 모두 2개 국가 이상에 걸친 조직범죄를 표현하려는 의도에서 비롯된 것이기 때문에 본 책에서는 같은 뜻으로 이해하고자 한다.

30) https://mirror.enha.kr/wiki/%EC%95%BC%EC%BF%A0%EC%9E%90/검색일: 2015. 1. 15.

31) 옥필훈. (2008), "조직범죄의 실태와 효율적 대책에 관한 연구", 「경찰학논총」, 3, 160-161.

32) 飯柴政次. (1992), 「組織犯罪對策マニュアル」, 동경: 有斐閣, 11-12.

33) 加藤久雄, 전게서, 109-114.

34) FORTUNE. (2014), 'The biggest organized crime groups in the world', September 14, http://biz.heraldcorp.com/view.php?ud=20140915000524/검색일: 2015. 1. 15.

35) 위키피디아. (2015), 마피아, http://ko.wikipedia.org/wiki/%EB%A7%88%ED%94%BC%EC%95%84/검색일: 2015. 1. 16.

36) FOURTUNE. ibid.

37) 옥필훈. 전게논문, 160.

38) 한종만. (2009), "러시아 자본주의 과정 속의 '러시아마피아' 현상: 총론적 관점", 「한국동북아논총」, 14(2), 127-130.

39) Misha, Glenny. (2009), 「국경없는 조폭 맥마피아(McMafia)」(이종인 역), 서울: 책으로 보는 세상, 107-110; 한종만 외. (2009), "러시아 조직범죄집단과 한국의 형사정책적 대응방안", 「한국형사정책연구원」, 연구총서 09-26-3, 27.

40) FOURTUNE. ibid.

41) 위키피디아. (2015), 삼합회, http://ko.wikipedia.org/wiki/%EC%82%BC%ED%95%A9%ED%9A%8C/검색일: 2015. 2. 2.

42) 신상철. (2012), "韓·中·日 3國의 범죄조직 개념에 대한 비교 연구", 「CHINA 연구」, 부산대학교 중국연구소, 13, 215-216; 신상철. (2011), "중국 흑사회성질 범죄조직 연구", 「박사학위 청구논문」, 부산대학교 대학원, 80-100을 요약 및 일부 수정.

43) 张德寿. (2006), "浅析黑社会性质组织犯罪概念及特征", 「云南警官学院学报」, 65.

44) 정육상g. 전게논문, 165-171 요약 및 일부 수정.

45) 김병준. 전게논문, 27.

46) 한종만 외. (2009), "러시아 조직범죄집단과 한국의 형사정책적 대응방안", 「한국형사정책연구원」, 12, 267(「국제연합 국제조직범죄 방지협약」 제6조 1항에는 당해 재산이 범죄수익인 점을 알면서 그 재산을 취득하는 등의 각 범죄행위에 가담, 교류, 공모, 실행착수, 방조, 교사, 촉진 및 상담한 행위 등으로 상세하게 묘사하고 있다).

47) 이훈규 · 신의기. (1995), "범죄인인도제도", 「한국형사정책연구원」 1, 176.

48) 한종만 외. 전게논문, 252-253.

49) 그간 정부에서는 현안이 발생할 때마다 '외국인 조직범죄 합동수사본부', '불법 외국환 거래사범 합동수사본부' 등의 정부합동기구를 만든 일이 있으나 이는 어디까지나 법적 근거 없이 "유관기관협의"에 따라 임시로 만들어진 것이었기 때문에 충분한 효과를 보지는 못했다.

50) 외국에서 행해지는 형사절차를 지원하기 위하여 물건의 인도, 압수, 수색, 정보의 제공, 증인 및 감정인의 신문 등 형사절차와 관련된 행위를 수행하는 것을 의미한다.

51) 경찰청. (2014), 「2014경찰백서」, 서울: 경찰청, 316.

52) 이영란. (2000), "한국의 국제범죄 실태와 대책: 국제공조 필요성의 관점에서", 「한국형사정책연구소」, 12(2), 18.

53) 문규석. (2003), "인터폴을 통한 국제경찰협력의 실효적 이행방안에 관한 연구", 「치안논총」 19, 469-524(인터폴의 주된 한계는 ① 느슨한 데이터 보호체제, ② 법적 체제의 연성법적 성질, ③ 긴급인도구속 요청서로 간주되는 적색수배서의 효력이 가입회원국가에 따라 달리 적용된다는 점 등이다).

제 2 편 정보기구

제5장 정보기구에 대한 이해

제1절 정보기구의 개념

정보기구라는 용어는 학계, 관계, 언론계 등에서 흔하게 사용되고 있지만 그 개념에 대해서는 아직도 통일되어 있지 않은 실정이다. 시민들은 영화 007에서 신출귀몰하게 활동하는 제임스본드가 근무하는 영국의 해외정보부(MI6)를 생각하거나 미국의 해외정보기구인 중앙정보국(CIA), 러시아의 국내 정보 및 수사업무를 행하는 연방보안부(FSB), 해외에서 적대세력의 암살 등으로 언론에 오르내리는 이스라엘의 모사드(MOSSAD), 그리고 국내에서 정보 및 안보수사업무를 하는 국가정보원 등을 정보기구로 인식한다. 그러나 이들 기구들은 순수 정보만 취급하는 기관, 정보와 수사를 병행하는 기관, 국내업무만 하는 기관, 국내외 업무를 함께 수행하는 기관 등 다양하기 때문에 정보기구의 개념 정의에 따라 정보기구에 포함될 수도 있고 안 될 수도 있는 것이다. 이에 따라 우선 국내외에서 정의되는 개념들을 살펴보기로 한다.

두산백과에 따르면 정보기구란 '정부 · 군 또는 그 밖의 기관에서 정세에 대응하여 적절한 조치를 취할 수 있도록 대립진영이나 가상의 적으로 간주되는 국가나 세력에 대한 공개 · 비공개의 정보를 수집 · 분석 · 평가하는 정보활동을 담당하는 국가기관'으로 정의하면서, 대표적인 정보기구로서 미국 연방수사국(FBI)과 중앙정보국(CIA), 영국 비밀정보부(SIS), 독일 연방정보국(BND), 소련 연방보안부(FSB) 등을 예시하고 있다.[1)]

Wikipedia는 '정보에 대한 수집 및 처리를 하는 국가 기관으로 정부에 소속되어 각종 첩보활동을 하는 조직을 의미하며 정보부, 첩보부, 정보국, 첩보기관 등으로도 불린다'고 정의한다. 그리고 정보기구는 기능상으로 첩보수집기관, 정보작성기관, 보안기관으로 구분되며, 첩보활동을 위해 스파이를 파견하거나 정찰위성을 통한 위성사진 분석 등으로 적성국이나 기타 국가의 동향이나 자국 내 방첩기관의 방첩활동을 지원하고, 타 국가의 정치를 방해하거나 도청, 암살, 파괴공작, 사보타주, 간첩죄와 국제범죄 및 마약 밀수, 국제적인 인신매매와 화폐 위조, 산업스파이, 국가기밀 누설 등에 대한 범죄수사를 하기도 한다고 기술하고 있다.[2)] 그리고 정보기구란 '법집행, 국가안보, 국방, 해외정책목표를 지원하기 위하여 정보와 첩보를 수집, 처리, 분석하는 업무를 담당하는 정부기관'이라고 정의한다.[3)]

신현기 외는 '첩보, 방첩, 보안 및 기타 정보활동을 담당하는 국가기관으로 기능면에서 첩보수집기관, 정보작성기관, 보안기관으로 구분된다'고 설명한다.[4)]

이상의 정의들을 살펴보면 국가기관으로써 정보를 수집하고 처리하는 일은 정보기구의 공통적인 기능으로 포함하고 있으나, 수사업무가 포함되는가에 대한 견해는 상이하다는 점을 알 수 있다. 즉, 정보기구의 일로 순수 정보업무만 해야 한다는 견해와 정보업무와 관련된 수사업무까지도 포함된다는 주장에서는 두드러지게 차이가 나는 것이다.

따라서 정보기구의 개념을 기능과 활동영역을 기준으로 최광의적 개념, 광의적 개념, 협의적 개념으로 구분해 볼 수 있다. 최광의로는 정보 및 정보업무와 관련된 수사, 국내 및 국외 지역 모두에서 업무를 수행하는 정보기구이며, 광의적 개념은 정보업무만 수행하되 국내외 모든 지역을 정보활동 대상으로 하는 기관으로, 그리고 협의적 정보기구는 순수정보기관으로써 정보업무만을 행하되 해외에서 그 업무를 전개하는 조직이다.

필자는 정보기구의 개념을 주로 광의적 차원에서 사용하기로 한다. 즉 주요 임무가 국내외 정보업무를 목적으로 설립되어 운영되는 기관으로 이해되는 조직이다. 광의적 개념을 채용하는 주된 이유는 정보(intelligence)의 개념이 본질적으로 담고 있는 의미를 따르고 통상적으로 정보기구라고 언급할 때 대부분의 경우 정보업무만을 수행하는 기관으로 알고 있기 때문이다. 정보 혹은 안보관련 수사업무는 성격상 정보의 기본개념과는 비교적 많은 차이가 있는 것이다. 또한 정보기관은 정보업무만을 담당하는 기관을 의미하지만 정보기구는 정보업무는 물론 일반 행정기능도 함께 집행하는 기관을 의미하는 것으로서 경찰과 기무사령부의 경우가 이에 해당한다고 할 것이다.

그리고 정보기구와 혼용하거나 함께 사용되는 용어가 보안기관이다. 보안기관(Security Agency) 역시 최광의적으로는 정보기관에 포함되나 순수한 보안기관의 의미는 국내안전 유지를 위해 자국 내에서 정보 및 수사업무를 수행하는 국가기관을 의미한다. 미국에서 국내 수사 및 정보업무를 행하는 FBI(연방수사국)는 보안기관, 해외에서 정보활동을 하는 CIA(중앙정보국)는 해외정보기관이라 할 수 있으며, 국가정보원의 경우 국내활동은 보안기관적 역할을, 해외에서의 활동은 해외정보기관의 기능을 수행하는 것이다.[5)]

사실 삶을 영위하기 위해 생활정보활동을 하던 원시시대나 사회활동의 규모가 조금 커진 씨족이나 부족사회에서는 생존과 경쟁을 위한 정보활동은 있었지만 조직적인 정보기구는 발견되지 않고 있다. 그러나 사회 구성원의 규모가 커져 국가가 형성되면서 첩보수집활동 중심의 정보조직이 탄생한 데 이어 20세기에 들어오면서 과학기술과 첨단과학무기 그리고 국익경쟁이 이어지면서 정보기구의 업무대상이 점차 많아지고 분화되면서 오늘날에는 정보기구를 두고 보안기관, 정보수사기관, 첩보기관, 방첩기관 등으로 다양하게 불려지는 것이다.

제2절 정보기구의 특성

정보기구는 일반 행정기관이나 군대조직과 같은 성격도 있지만 정보활동의 특징으로 인하여 다음과 같은 몇 가지 특성을 가지고 있다.

첫째, 기업조직과 유사한 성격을 가지고 있다. 정보기구는 정신적, 육체적 노동과 자본을 투자하여 자료 또는 첩보라는 원료를 가지고 상품인 지식을 생산하는 조직으로 볼 수 있기 때문이다. 정보기구는 기업이 원료시장과 상품구매시장에 대한 꾸준한 연구는 물론 미래를 향해 계획을 수립하는 등 동종기업에 뒤지지 않기 위해 끊임없이 노력하는 것처럼 정보기구 역시 여타 정보기구와 경쟁이 불가피하다. 그리고 생산된 제품이 합격점을 얻기 위해서는 사용자인 소비자의 요구에 알맞도록 만들어져야 한다. 소비자는 완제품을 원할 수도 있고 국제 테러정세를 한쪽에 요약하는 것과 같이 선물용 포장지에 싼 작은 물건을 요구하기도 한다. 또한 제품의 질도 소비자의 기호에 맞아야 효용성이 있다. 풍부한 경험, 예지력, 그리고 직관력을 바탕으로 상품을 만들 때 소비자를 잡을 수 있는 것이다. 정보기구 역시 빈틈없는 기획과 질 높은 분석으로 정보를 완성할 때 사용자로부터 그 가치를 충분히 인정받는 것이다.

둘째, 분업화와 조정의 원칙이 적용된다. 정보의 대상이 광범위하기 때문에 정보분석 분야별로 부서화하고 그 부서에서는 고도의 전문성을 지닌 전문가들로 충원되고 양성된다. 예를 들면, 미국, 서구, 북한, 국제범죄, 테러, 보안, 과학기술 등 전문분야별로 조직을 분업화하고 그 곳에서 일할 수 있는 전문 분석관이나 정보관이 활동을 하는 것이다. 한편, 이와 같은 전문성을 추구하는 대신에 나무는 보고 숲을 보지 못하는 부작용을 방지하기 위하여 각 부서의 활동들이 전체 목적에서 벗어나지 않고 유기적으로 연계될 수 있도록 지도해 나갈 수 있는 조정부서를 두고 있는 것도 정보기구의 특성이다.

셋째, 정보기구는 방송사나 신문사와도 유사한 성격을 가지고 있다. 특정 사태를 요약하고 분석하여 보고하며, 완전성과 정확성이 희생되더라도 방송사처럼 마감시간을 중요하게 여긴다. 정보기구와 방송사 모두 자체 개척한 출처가 있고 수집한 정보를 신속하게 배포하는 통신망 등의 전달수단도 있다. 그리고 생산된 기사나 국가정보가 편집되는 과정에서 통제, 발간, 배포되는 절차도 정도의 차이는 있지만 흡사하다.

넷째, 규모가 큰 연구기관의 성격을 가지고 있다. 먼저 전문가 집단으로써 지역별, 요소별, 기능별로 조직되어 있으며, 문제의 핵심을 발견할 수 있는 고도의 통찰력과 국가정책방향에 대해서도 항상 관심을 집중할 수 있는 인재들로 구성된다. 정보기구는 연구기관과 마찬가지로 정신적으로 집중할 수 있는 연구실 또는 자료실이 필요하며 그곳에서 과거에 생산된 보고서나 현재의 뉴스, 학자들의 연구논문, 기획기사 등을 볼 수 있도록 구비되어 있다는 점에서 정보기구와 연구기관은 유사하다.

마지막으로 정보기구는 비밀성을 특성으로 한다. 정보기구의 편제, 인원, 장비 등이 공개된다면 정보활동의 방향과 정보기구의 능력이 공개되는 것과 같은 영향을 미치기 때문에 일반적으로 정보기구는 조직, 인원, 장비 등에 대해서는 보안을 유지하고 있다. 우리나라의 대표적 정보기구인 국가정보원의 경우에도 조직 · 소재지 및 정원은 국가안전보장을 위하여 필요한 경우에는 그 내용을 공개하지 아니할 수 있다(「국가정보원법」 제6조)고 하여 비밀성을 제도적으로 뒷받침하고 있다.

제3절 정보기구의 분류

각 정보기구들은 창설 당시의 필요성, 역사, 문화 등에 따라 조직의 구성과 기능이 다르기 때문에 단순하게 비교하기는 어려우나 기능, 활동지역, 소속별, 활동수준별로 분류해 볼 수 있다.

1. 기능별 분류

정보기구의 기능 통합여부를 기준으로 한 분류로서 통합형 정보기구와 분리형 정보기구로 구분된다. 통합형 정보기구란 국내와 해외에 걸친 첩보수집, 정보분석, 비밀공작, 방첩활동 등 정보활동에 관계되는 모든 업무를 한 기관에서 총괄적으로 수행하는 정보조직을 의미한다. 중국의 국가안전부(MSS), 한국의 국가정보원(NIS), 소련의 국가보안위원회(KGB) 등이 이에 해당한다.

분리형 정보기구는 정보활동의 기능에 따라 구분하여 운영되는 기관으로 미국의 중앙정보국(CIA)과 연방수사국(FBI) 그리고 국가안전국(NSA), 러시아의 연방보안부(FSB)와 해외정보부(SVR), 독일의 연방정보부(BND)와 헌법보호청(BfV), 이스라엘의 모사드(MOSSAD)와 샤박(Shabak), 인도의 조사분석청(RAW)과 정보국(IB), 영국의 보안정보부(MI5)와 비밀정보부(MI6) 등이다.

통합형 정보기구는 일사불란한 지휘통제에 따라 국가 및 국제사회 전반을 보는 시각 속에서 강력한 정보력을 유지하고 통제가 용이한 반면에 분리형 정보기구에 비하여 전문성이 뒤떨어지고 관료화되기 쉬운 단점을 가지고 있다. 이에 비하여 분리형 정보기구는 고유한 영역에 대해 권위와 전문성을 가지고 있지만 정보기구 간의 배타성으로 인해 종합적인 정보판단에 취약한 단점이 있다.

2. 활동지역별 분류

정보활동의 대상을 국내 또는 국외로 하느냐에 따라 국내정보기구와 해외정보기구로 분류한다. 국내정보기구는 국내문제에 대한 정보활동을 수행하는 기관으로 미국 연방수사국(FBI), 러시아 보안부(FSB), 영국 보안부(MI5), 독일의 헌법보호청(BfV), 인도 정보국(IB), 프랑스의 국내중앙정보국(DCRI) 등이 포함된다.

그리고 해외정보기구는 활동의 대상을 해외로 한정한 조직으로서 미국 중앙정보국(CIA), 영국의 비밀정보부(MI6), 프랑스의 대외안보총국(DGSE), 독일의 연방정보부(BND), 이스라엘의 모사드(MOSSAD), 인도의 조사분석청(RAW) 등이 대표적이다.

3. 소속별 분류

정보기구의 행정부 내 위치에 따라 행정수반 직속과 행정부처 소속으로 구분할 수 있다. 행정부 수장인 대통령이나 수상 또는 총리 직속으로 되어 있는 정부기구는 일본 총리 산하 내각정보조사실, 대통령 직속의 국가정보원, 미국의 중앙정보국, 이스라엘의 모사드와 샤박, 러시아의 해외정보부, 중국의 국가안전부 등이 해당된다.

개별 행정부처에 소속되어 있는 정보기구는 미국의 국가정찰국, 프랑스의 대외안전총국, 영국의 국방정보참모부 그리고 이스라엘의 아만(Aman)은 국방부, 독일의 연방헌법보호청과 영국의 보안부는 내무부, 영국의 비밀정보부와 정부통신본부(GCHQ), 호주의 비밀정보부(ASIS)는 외무부 소속이다. 그리고 미국의 연방수사국은 법무부 소속이다.

4. 활동수준별 분류

정보기구의 활동수준에 따라 국가정보기구와 부문정보기구로 구분된다. 전자는 국가 전체 수준에서 필요로 하는 정보수요에 대하여 서비스하는 기관이다. 미국의 중앙정보국, 국가정찰실, 국가안보국, 일본의 내각조사실, 독일의 연방정보부 및 헌법보호청, 이스라엘의 모샤드와 샤박, 러시아의 해외정보부 등이 대표적이다. 우리나라의 경우 국가정보원은 물론 경찰이 자체적으로 필요한 치안정보활동과 함께 국가정책지원을 위한 다양한 분야의 정책정보의 수집·작성·배포를 할 수 있다는 점에서 국가정보기구에 해당된다고 할 것이다.

그리고 부분정보기구는 개별 행정부처에 소속되어 그 부처의 장이나 자체적인 정보수요에 대처하기 위해 정보활동을 하는 조직이다. 경찰의 정보국이나 사이버안전국에서 치안정보나 범죄정보를 수집하고 분석하거나 검찰의 범죄정보기획관실에서 안보관련 범죄정보활동을 하는 경우에는 부분정보기구로 볼 수 있다.

1) http://terms.naver.com/entry.nhn?docId=1140452&cid=40942&categoryId=31645/검색일: 2015. 1. 31.
2) http://ko.wikipedia.org/wiki/%EC%A0%95%EB%B3%B4_%EA%B8%B0%EA%B4%80)/검색일: 2014. 1. 31.
3) http://en.wikipedia.org/wiki/Intelligence_agency/검색일: 2015. 1. 31.
4) 신현기 외. (2012), 「경찰학사전」, 서울: 법문사, 356.
5) 정육상f. 전게논문, 213.

제6장 주요국가의 정보기구

정보기구의 특성 자체가 비밀성을 가지고 있는데다 설립목적도 비밀임무를 수행하기 위하여 창설되었기 때문에 정보기구의 조직편제와 기능 그리고 활동 내용은 일반적으로 비공개이다. 따라서 아래 내용은 주로 정보기구의 홈페이지 내용, 언론보도자료, 의회의 정보기구 조사보고서, 학자들의 논문을 중심으로 기술한 것으로서 실제 정보기구와는 다소간의 차이가 있을 수 있다.

제1절 미국의 정보기구

1. 개관

미국의 정보업무는 국가정보국(Office of the Director of National Intelligence, ODNI)을 비롯한 17개 조직으로 구성된 정보공동체(Intelligence Community)가 담당하고 있다. 정보공동체는 17개 기관의 정보활동의 효율성을 최대화하기 위해 만들어져 있다. 정보공동체는 대통령을 비롯하여 미국의 정책결정, 법집행, 군사 공동체의 구성원들이 그들의 의무와 책임을 수행할 수 있도록 긴요한 정보를 수집하고 전달하는 기능을 하고 있다.

정보공동체는 국가정보국(ODNI)을 비롯하여 중앙정보국(Central Intelligence Agency, CIA), 연방수사국(Federal Bureau of Investigation, FBI), 국가안보국(National Security Agency, NSA), 국가정찰국(National Reconnaissance Office, NRO), 국가지구공간정보국(National Geospatial-Intelligence Agency, NGA), 국방정보국(Defense Intelligence Agency, DIA), 마약단속청 정보실(DEA's Office of National Security Intelligence, ONSI), 에너지부 정보실(The Department of Energy's Office of Intelligence and Counterintelligence), 국토안보부 정보실(DHS's Office of Intelligence and Analysis), 해안경비대 정보실(Coast Guard Intelligence), 국무부 정보조사국(The Department of State's Bureau of Intelligence and Research, INR), 재무부 정보분석실(Department of Treasury's Office of Intelligence and Analysis), 육군 정보부대(the Army's Intelligence and Security Command, INSCOM), 해군정보실(Office of Naval Intelligence, ONI), 공군정보감시정찰대(The Air Force Intelligence Surveillance Reconnaissance Enterprise, ISR), 해병 정보부대(Marine Corps Intelligence Activity)가 해당된다.[1)]

미국의 정보공동체는 막대한 예산과 기술장비의 투자는 물론 국가안보와 국가이익을 저해한 여러 역사적인 사건들에 대한 진상조사를 통해 좋은 것은 발전시키고 문제점은 개선해 나옴으로써 세계에서 최고의 효율적인 체제로 구성되었다고 평가받는다.

정보공동체는 1947년 CIA 국장이 겸임하는 중앙정보장(Director of Central Intelligence) 체제의 출범과 함께 존재해 오다 1981년 12월 4일 레이건(Ronald Reagan) 대통령 명령 제12,333호로 법적 근거를 가지게 되었다. 당초 중앙정보장이 정보공동체를 지휘하였으나 2004년 「정보개혁법(The Intelligence Reform and Terrorism Prevention Act of 2004, IRTPA)」의 제정으로 국가정보국(ODNI)이 창설되면서 국가정보국장(the Director of National Intelligence)이 정보공동체의 모든 정보기구를 지휘하는 것으로 변경되었다.

정보공동체의 임무는 대통령, 국가안보회의, 국무부장관, 국방부장관, 그리고 소관업무를 수행하기 위하여 ① 행정부처 공무원들이 필요로 하는 정보의 수집, ② 정보의 생산과 배포, ③ 외국 정보기구, 국제테러, 마약조직이나 개인 그리고 그들 대리인들과 기타 적대 세력에 의해 행해지는 활동에 대한 정보수집과 방첩공작활동, ④ 특별활동, ⑤ 국가 특수업무 수행자들에 대한 행정적 지원 업무, ⑥ 그 밖에 대통령이 수시로 지시하는 정보업무 등이다(레이건 대통령 명령 제12333호). 아래에서는 미국의 주요 정보기구에 대하여 살펴본다.

2. 국가정보국(ODNI)

가. 기능

국가정보국(ODNI)은 미국의 모든 정보기구를 지휘하는 최고의 정보기구이다. 국가정보국장은 군사 정보활동과 관련된 예산을 제외하고 기존에 국방부장관이 관할하던 모든 정보기구에 대한 예산 관리 및 분배권을 가지고 있다. 국장은 장관급이지만 내각의 일원은 아니며, 정보공동체 내 정보기구의 정보기능을 감독하는 것은 물론 실질적인 정보예산의 결정권과 통제권까지 갖는다. 미국의 정보예산은 연 400억 달러로 알려진 가운데 이 중 약 80%는 국방정보국 및 첩보위성에 의한 도청과 감청을 관할하는 국가보안국(NSA) 등을 운용하는 국방부가 집행하고 통제해왔다. 그러나 정보예산의 결정과 통제권을 국가정보국장이 갖게 됨에 따라 국방부는 전쟁 관련 예산만 통제할 수 있게 되었다.[2)]

국가정보국(ODNI)은 알 카에다의 9 · 11테러 이후 지적된 미국 정보공동체 내에서의 관할 충돌과 협조체제 문제를 해소하기 위해 컨트롤타워 격으로 설치된 백악관 외부의 독립기구이자 대통령의 주요 직속기관으로, 정보공동체에 소속된 기관에서의 보고를 취합하고 정보공동체 내 정보교환이 원활하게 이루어지도록 감독하는 역할을 하며, 실질적인 첩보활동을 수행하는 것은 아니다.

국가정보국장은 '수석부국장(PDDNI: Principal Deputy Director of National

Intelligence)'의 도움을 받으면서 정보공동체를 관리한다. 국가정보국장은 과거 국방부장관이 관장하던 국방부 내 정보기구를 관리하며, CIA 국장이 하던 대통령 일일 정보보고는 물론 CIA 국장을 대신하여 거의 모든 정보 기능을 감독하는 역할을 수행한다. 그러나 행정부의 권한까지 침해할 수는 없고, 여전히 군사정보활동과 관련한 권한과 예산은 펜타곤에서 직접 총괄하고 있다.

나. 조직

국가정보국은 획득기술시설관리국(Acquisition, Technology & Facilities, AT&F), 재무국(Chief Financial Officer, CFO), 정보공동체 인사국(IC Chief Human Capital Officer, CHCO), 시민자유 및 사생활국(Civil Liberties and Privacy Office, CLPO), 정보공동체 첩보국(IC Chief Information Officer, IC CIO), 정보통합국(Intelligence Integration, II), 법무국(Legislative Affairs, OLA), 자원분석국(Systems & Resource Analyses, SRA), 정보공동체 감찰국(Intelligence Community Inspector General, ICIG), 관리국(Chief Management Officer, CMO), 정책 및 전략국(Policy and Strategy, P&S) 등 15개 소속부서와 산하 독립조직으로 국가대테러센터(National Counterterrorism Center, NCTC), 국가대량살상무기확산방지센터(National Counterproliferation Center, NCPC), 국가 방첩 및 보안센터(National Counterintelligence and Security Center, NCSC), 국가정보위원회(National Intelligence Council, NIC) 등으로 구성되어 있다.[3)]

국가정보국의 모든 부서와 산하 독립기관들은 국가정보를 통합하여 효율성을 높이는 데 주요한 부서이다. 특히 오늘날 장기 전략정보를 생산하여 공개하는 국가정보위원회와 신안보위협에 대응하는 주요 조직인 국가대테러센터는 미국 및 국제사회의 주목을 받고 있다. 1979년 설립된 국가정보위원회는 정보에 대한 깊은 이해와 충분한 경험을 가진 정부, 학계, 사계 전문가 및 정보기구의 선임 분석관들로 구성되어 장기 전략정보를 생산해내는 핵심적 기능을 수행한다. 최장기 예측보고서는 매 5년마다 세계 제반 문제에 대한 15년 후의 상황을 예측하는 보고서로써 2013년에 생산한 것이 '글로벌 트렌드 2030(Global Trends 2030)'이라는 2030년에 대한 세계 미래예측 정보이다. 또한, 정보공동체와 정책공동체를 연결하는 다리 역할을 하며, 정보공동체 전체의 협력을 이끌어내는 정보협력의 촉진자로써 국가정보국장을 보좌한다.

그리고 2004년 「정보개혁법」에 따라 설립된 국가대테러센터는 중앙정보국, 연방수사국, 국토안보부 등 여러 부처의 대테러 관계자들로 구성되어 국내외의 테러위협과 관련된 각 기구의 테러정보와 대테러 활동내용과 계획을 종합하여 통합정보를 생산하며, 유사시에는 국가의 모든 역량을 동원하여 테러에 대응할 전략적 작전계획을 수립하고 지침을 제시한다.

3. 중앙정보국

가. 기능

중앙정보국(CIA)은 1947년 「국가안보법」에 의해 창설되었으며, 2004년 국가정보국이 새로 만들어지기 전에는 중앙정보국장이 현재 국가정보국장(DNI)의 기능과 유사한 중앙정보장(Director of Central Intelligence)의 역할을 수행할 정도로 미국 정보공동체를 대표하는 기관이었다. 중앙정보국은 기본적으로 미국 고위정책결정자에게 국가정보를 제공하는 독립기관(independent agency)으로써 주요 임무는 다음과 같다.[4)]

국가안보법에 따르면, 해외정보의 수집, 휴민트 활동에 대한 전반적인 지침의 제공과 업무조정, 국가안보와 관련된 정보에 대한 평가 및 배포, 국가정보국장이 지시한 임무의 수행 그리고 기타 대통령과 국가안보회의(NSC)가 지시한 임무를 수행한다. 보다 구체적으로 대통령 명령(제12333호)을 통해 CIA를 활용하지 않는 다른 방법으로는 수집할 수 없는 해외정보와 방첩정보의 수집 · 생산 · 배포, 마약생산과 거래에 대한 해외와 연계된 정보의 수집 · 생산과 배포, 방첩공작활동의 조종과 통합, 대통령이 승인한 특별활동, 정보공동체의 일상적 관심사에 대한 업무수행, 조사·개발업무 및 기기획득을 위한 계약 및 이행, 특정한 신원조사와 보안활동, 공작을 위한 신원위조 등 제반 행정지원 및 기술지원 업무, 그리고 CIA의 제한된 국내 정보활동의 근거가 되고 있는 해외 방첩활동 및 연방수사국(FBI)과의 조종에 의한 미국 내 방첩활동이 CIA의 주요 임무가 되고 있다.

나. 조직

중앙정보국은 국장과 1명의 차장(Deputy Director)을 두고 크게 비밀공작부(National Clandestine Service), 정보분석국(Directorate of Intelligence), 과학기술국(Directorate of Science & Technology), 지원국(Directorate of Support)으로 조직되어 있다. 이들 부서는 첩보수집, 정보분석, 배포라는 정보순환체제에 따라 정보활동을 수행한다. 이 외에도 인적자원실(Human Resources), 의전실(Protocol), 대의회 담당관실(Congressional Affairs), 법률담당관실(Legal Issues), 정보관리실(Information Management), 내부 감찰실(Internal Oversight) 그리고 홍보실(Public Affairs)이 있으나 여기에서는 직접적인 정보업무를 다루는 주요 4개 부서에 대하여 살펴본다. 비밀공작부(National Clandestine Service)는 주로 인간정보활동을 통한 첩보수집과 비밀공작활동을 하는 곳으로 미국 정보공동체에서 휴민트 활동을 지도하고 조언하는 역할을 하고 있다. 비밀공작부의 운영은 과학기술의 발전에 따라 기술정보의 중요성이 증대한 것은 사실이나 대상목표인 상대방의 의도와 능력을 파악하는데는 한계가 있다는 현실 속에서 보완점을 제시한다는 점에서 신호정보전문기관인 국가안보국(NSA)과 영상정보전문기관인 국가지구공간정보국(NGA)의 활동과 비교되는 것이다.

비밀공작부는 임무수행을 위해 첩보수집관리관(Collection Management Officer), 공작관(Operations Officer), 전문공작기술관(Specialized Skills Officer), 공작지원관(Staff Operations Officer)을 두고 있으며, 직원들의 능력제고를 위해 전문가 훈련과정(Professional Trainee Program), 비밀공작훈련과정(Clandestine Service

Trainee Program), 지휘부서훈련과정(Headquarters Based Trainee Program)이라는 교육프로그램을 운영하고 있다.5)

정보분석국(Directorate of Intelligence)은 여러 수단을 통하여 수집된 각종 첩보를 분석, 해석, 평가, 종합하여 마지막 작업으로 정제된 정보를 생산한다. 정보분석의 대상은 전세계를 아우르며, 지역별, 요소별 현안이 모두 포함된다. 정보사용자의 요구에 따르기 위해 정보공동체의 다른 정보기구와도 유기적인 협조체제를 유지하며, 생산된 정보는 대통령, 행정부 고위정책결정자, 의회, 법집행기관, 국방부 등에도 배포되어 활용된다.

과학기술국(Directorate of Science & Technology)은 정보활동에 필요한 첨단 장비와 기술을 개발하는 임무를 담당한다. 기술정보 수단을 창안하고 개발하며 직접운용을 하는 동시에 정보의 수집과 처리 그리고 분석에 그 기술을 활용할 수 있도록 함으로써 정보활동의 성과를 최대화하는 역할을 하고 있다. 과학기술국은 컴퓨터 프로그래머와 엔지니어에서 과학자, 분석관에 이르기까지 다양한 방면의 기술정보관들(technical intelligence officers)로 구성되어 있다. 그리고 전체 정보공동체의 연구개발 업무를 주도한다.

지원국(Directorate of Support)은 비밀공작부, 정보분석국, 과학기술국에서 임무수행에 필요한 지원업무를 수행한다. 지원업무에는 행정지원업무는 물론 해당 정보활동에 필요한 미인, 공작에 투입할 특정국가출신의 인물, 변장기술자, 도청전문가, 허위문서, 그리고 위험지역에서 필요한 시설확보 등을 지원한다. 지원국 직원은 위험한 지역에서 가장 먼저 활동을 전개하는 첫 번째 그룹의 구성원이 되는 것은 물론 정보활동 과정이나 그 활동이 마무리되는 단계에도 끝까지 남아서 정보활동을 지원한다. 즉 위험지역에서 비밀공작활동을 전개해야 하는 경우라면 시작단계에서 공작에 필요한 시설획득, 재정, 의학, 보안활동 등을 행하며, 진행 중에도 같은 지원이 이어지고, 공작활동의 마지막 단계에도 시설을 흔적도 없이 처분하고 정보관을 안전하게 근무지로 돌아오도록 지원하는 등 정보활동의 현장에는 항상 지원국 직원이 노력을 같이한다.

4. 국가안보국

가. 기능

1952년 해리 트루먼 대통령에 의해 창설된 국가안보국(NSA)은 국방부 산하 정보기구로서 신호정보를 수집분석하고 미국의 정보시스템을 보호하며, 암호의 작성, 관리, 적성국의 암호분석 및 해독 업무를 수행한다.[6]

구체적으로 지구촌 여러 곳에서 발사되는 신호정보를 세계 각지에 설치한 장비로 수집한 후 가장 강력한 슈퍼컴퓨터를 이용하여 인터넷 주소, 테러 및 암살과 같은 사용언어 분류, 통화시간, 통화자 신분, 음어사용여부 등을 분석하고 판단한다. 그리고 미국 연방 컴퓨터 네트워크를 모니터하고 불순활동을 제거하는 등 미국의 정보시스템을 보호하는 임무를 수행한다. 감청을 통하여 단순한 통화내용의 수집뿐만 아니라 빅데이터 분석 등의 방법으로 수신지 및 발신지 판단, 통화량 분석, 통화의 시간량 및 주기성 등을 데이터화하는 능력을 가지고 있다.

한편 냉전 종식 후에는 활동반경을 경제분야로까지 넓혀, 외국의 기업체와 단체들을 감시대상 명단에 포함시켜 이들에 대한 감청활동을 본격화하고 있다.[7]

나. 조직

국가안보국은 국방부 소속 기관으로 여러 해 동안 존재 자체가 비밀로 분류되어 있어 '그런 기관은 없다(No Such Agency: NSA)'라고도 말해지는 등 그 조직은 제대로 알려져 있지 않다.

워싱턴 DC 근처 메릴랜드 포트미드(Ft, Meade)에 본부를 두고 있는 국가안보국은 미 정보기구 중 가장 큰 규모와 막강한 정보수집력을 갖고 있다. 석사급 이상의 학력을 가진 3만 8000여 명의 요원들이 근무하고 있다. 정보수집 대상국의 암호를 해독하기 위해 1만명 이상의 세계최대 수학자 채용기관으로서 한 해 예산은 80억 달러에 이르는 것으로 알려져 있다.[8] 또한, 역사학자, 물리학자, 화학자, 암호전문가, 정보분석가, 컴퓨터 기술자 등으로 구성된 인적자원은 질적인 면에서 해당분야 이론과 실기 양부분에서 최고의 능력을 가지고 있다.

국가안보국이 관장하는 세계 최대의 통신감청시설로서 미국, 영국, 호주 등 영 연방 공동체 5개국이 운용하는 애쉴론(ECHELON)은 개인의 일반전화, 팩스, 이메일, 각국의 위성통신 등 거의 모든 데이터 통신을 도청하는 것으로 알려져 있다.

5. 국가정찰국

가. 기능

1961년 케네디 대통령이 우주정찰시스템 개발을 목적으로 설립된 국가정찰국(NRO)은 미국 국방부 소속의 화상정보를 담당하는 정보기구이다. 미국의 첩보위성을 설계(designing), 건조(building), 발사(launching), 운용(maintaining) 하면서 인간이 갈 수 없지만 미국의 국가이익과 안보를 위해 감시하거나 정보를 수집해야 하는 장소에서 눈과 귀의 역할을 수행하고 있다.[9]

국가정찰국은 구체적으로 정찰위성 및 탐지기기의 연구개발 지원과 감독, 발사장치 선별, 수집자료 전송, 우주 및 지상기지 건설 등의 임무를 수행하기 위해 국가안보국, 중앙정보국, 국방정보국 등의 국방, 정보, 우주통신 업무를 담당하는 정보기구와 협조체제를 유지하고 있다.

국가정찰국이 생산하는 정보의 주요 수요자는 국방부, 국무부, 상무부, 중앙정보국, 국토안보부, 법무부를 비롯하여 전 세계 전투부대 지휘관들이다.

나. 조직

국가정찰국의 존재에 대해서는 1971년 1월 뉴욕타임즈(New York Times)가 간략히 언급한데 이어 1973년 9월 워싱턴포스트(Washington Post)지가 의회보고서를 인용해 보도함으로써 널리 알려졌다. 미국 정부는 당초 국가정찰국의 존재에 대해 시인도 부인도 하지 않는 정책(NCND)을 펴오다 1992년 국가정찰국을 공개했다

수집수단인 정찰위성의 수는 공개되지 않기 때문에 알 수 없으나 키스 홀 전 국가정찰국장은 2001년 발간된 국가정찰 연구센터의 기관지를 통해 '국가정찰국이 40년 동안 300개가 넘는 첩보위성을 쏘아 올렸다'고 밝힌 바 있다. 그러나 우주의 중요성을 인식하고 있는 미국은 이후 훨씬 많은 첩보위성을 운용하고 있는 것으로 알려져 있다.

국가정찰국은 크게 신호정보와 영상정보 그리고 통신체계 조달과 운영 등 기능별 3개 부서로 운용되고 있으며, 이 외에도 조직 내부 감찰활동을 하는 감찰관실(Office of the Inspector General, OIG), 정보의 공개여부와 관리를 담당하는 정보관리국(Information Review and Release Group, IRRG), 외부업체와의 사업문제를 담당하는 계약국(Office of Contracts) 등이 있다.

6. 국가지구공간정보국

가. 기능

국가지구공간정보국(National Geospatial-Intelligence Agency, NGA)은 국가안보와 국가이익을 위해 적시성 있고 적절하며 정확한 전 세계 지구공간의 지질학적 정보를 생산하여 군과 정책결정자 등에게 제공하는 국방부 소속의 정보기구이다.[10] 지구공간정보는 지형정보와 화상을 최첨단 과학기술을 적용하여 입체적으로 작성한 정보로써 현장 전투부대에 지원하여 승리로 이끄는 주

요 요인으로 기능하는 것은 물론 향후 지구촌의 다양한 지정학적 공간정보를 생산하여 지구개발에 대비할 수 있도록 하고 있다.

국가지구공간정보국이 '지구를 알고 길을 인도하라(Know the Earth, Show the Way)'는 문구를 비전으로 제시한 것처럼 국가지구공간정보국은 지구공간에 대한 각종 첩보를 있는 그대로 영상물 등의 화상첩보로 제공하거나 다양한 차원에서 가공하고 일정한 가치를 부여한 화상정보로 제공하는 것을 그 임무로 하고 있다.

나. 조직

국가지구공간정보국은 1996년 「국가영상지도법」(National Imagery Mapping Act of 1996)에 의해 영상지도국(National Imagery Mapping Agency, NIMA)으로 창설되었으나 2003년 현재의 명칭으로 변경되었다.

국가지구공간정보국은 당시 지구공간에 대한 차원 높은 양질의 정보생산 필요성에 따라 중앙정보국에서 수행하던 국방지도국(DMA), 중앙영상국(CIO), 국방보급계획국(DDPO), 국가사진판독본부(NPIC)의 기능과 국가정찰국(NRO), 국방정보국(DIA), 국방항공정찰국(DARO)의 영상처리 분석배포 기능을 흡수하여 창설하였다.

국가공간지구국은 현재의 현상정보를 완성하는 분석부(Analysis and Pro-duction), 현상정보를 바탕으로 한 다음 정보를 대비한 획득부(Acquisition), 그리고 미래의 가능성에 대한 연구조사를 통해 다음의 다음 단계에 대한 정보를 생산하는 혁신미래부(Inno Vision)가 있는 것으로 알려져 있으나 구체적인 조직은 비공개로 하고 있다. 지구공간정보국이 최종 목표로 하는 '다음 이후(After Next)'의 정보, 즉 다음의 다음 정보는 다음 정보를 바탕으로 하여 추가 소요시간과 환경에 대한 변화 추세까지 고려하여 생산한 지구공간에 대한 미래예측정보이다.[11]

7. 연방수사국

가. 기능

미국 법무부 산하의 수사기관이자 정보기구인 연방수사국(FBI)은 1908년 루즈벨트(Theodore Roosevelt) 대통령에 의해 법무부 수사국(Bureau of Investiga-tion)으로 발족하였으며, 1935년 연방수사국(FBI)으로 개칭되었다.

정보 및 법집행 임무를 수행하는 국가안보기관으로서 미국을 테러리스트와 외국의 정보 위협으로부터 보호·방어하고, 미국 형법을 유지 및 집행하며, 연방, 주, 도시, 국제 지부에 대한 형사사법 업무를 지휘하고 있다.

구체적으로 연방수사국은 미국 사회에 대한 위협과 지역 및 주의 권한만으로는 다루기 힘든 테러리스트의 공격, 외국 정보기구의 스파이 활동, 사이버 기반 공격 및 첨단기술 범죄, 공공 부패, 시민권 보호, 국내외의 범죄조직과 범죄기업, 중요 화이트칼라 범죄, 중대 폭력 범죄, 그리고 연방수사국 임무를 성공적으로 집행하기 위한 기술개발업무 등을 수행한다.[12)]

또한, 자체 방첩활동은 물론 각급 정보기구의 방첩활동을 조정하고 중앙정보국 등 다른 정보기구의 해외정보활동과 관련하여 필요한 경우 국내정보를 수집하여 지원한다.

한편, 미국은 전통적으로 정보업무와 법집행업무를 엄격하게 구분하는 경향이 있었다. 그러나 자치경찰제가 크게 발달한 미국의 경우 지역별, 요소별로 수사권이 분산되어 있기 때문에 국가안보사범 등 연방차원의 범죄에는 많은 문제가 발생하였다. 이러한 문제를 해결하기 위해 미국 전역에 걸쳐 활동 반경을 가진 연방수사국이 창설되었고, 업무의 성격상 정보 관련성도 적지 않기 때문에 법적으로 국내정보수집업무가 부여되어 일찍부터 정보공동체의 일원이 되었다.

나. 조직

연방수사국은 크게 국가안보부(National Security Branch), 범죄사이버대응서비스부(Criminal, Cyber, Response, and Services Branch), 과학기술부(Science and Technology Branch), 정보기술부(Information and Technology Branch), 인적자원부(Human Resources Branch) 등의 기능부서와 사무국으로 구성되어 있으며, 미국 전역에 걸쳐 56개 지역사무소와 우리나라를 포함하여 해외에 50여개 지부를 두고 있다.

연방수사국에서 정보관련 업무를 총괄하는 국가안보부의 조직을 살펴보면, 명칭만 보아도 그 기능을 알 수 있다. 즉 대테러과(Counterterrorism Division), 방첩과(Counterintelligence Division), 정보분석과(Directorate of Intelligence), 대량살상무기과(Weapons of Mass Destruction), 확산방지센터(Counterproliferation Center), 그리고 테러리스트 조사센터(Terrorist Screening Center)로 구성되어 있다.[13)]

한편, 연방수사국의 행정기능을 담당하는 사무국(Office of the Director)은 5개의 기능부서와 다양한 지부들에 대해 감찰(Inspection Division), 재무(Finance Division), 시설관리(Facilities and Logistics Services Division), 자원관리(Resource Planning Office) 등의 지원 기능을 수행한다.

2014년 12월 현재 직원은 정보분석가, 언어전문가, 과학자, 기술전문가 등의 35,104명으로 구성되어 있으며, 예산은 83억 달러에 달한다.

8. 국방정보국

가. 기능

국방정보국(DIA)은 1961년 케네디 대통령 재임 중에 Robert S. McNamara 국방장관이 주도하여 창설하였다. 국방정보국은 해외에서 군사분야에 대한 정보를 수집, 분석하고 관리하는 국방부 산하 정보기구이자 국가정보기구이다.

국방정보국은 매우 복잡한 미사일 탄도 데이터에서부터 외국군 및 외국 지형에 대한 기본정보의 수집 및 분석, 잠재적인 적국과 동맹국의 능력, 취약점, 의도 그리고 해외 군사 리더의 생애 정보에 이르기까지 다양한 군사정보를 수집하여 전투부대, 국방정책결정자 그리고 정보공동체에 지원한다.[14)]

나. 조직

본부를 펜타곤 건물 내에 두고 있는 국방정보국은 16,500명의 군인과 문관으로 구성되어 있으며, 직원들의 주요 기능적 활동은 워싱턴 D.C. 볼링 공군기지에 위치한 국방정보분석센터(Defence Intelligence Analysis Center)에서 수행하고 활동요원들은 전세계 도처에서 임무를 다하고 있다.

국방정보국장은 국방부장관과 합동참모본부의장의 최고 군사정보보좌관이며 국방정보계획에 대한 총괄관리자이자 국방정보공동체(defense intelligence community)의 정보활동을 조정하는 군정보위원회(Military Intelligence Board)의 의장이기도 하다.[15)]

국방정보국의 조직은 크게 분석국(Directorate for Analysis), 운영국(Direct-orate for Operation), 과학기술국(Directorate for Science & Technology), 임무서비스국(Directorate for Mission Services)으로 구분하여 분야별 기능을 수행하고 있으며, 정보센터(Intelligence Center)를 지역을 기준으로 미국센터(Americas Center), 아시아태평양센터(Asia/Pacific Center), 국방테러센터(Defense Combating Terrorism Center), 유럽 및 유라시아센터(Europe/Eurasia Center) 그리고 중동아프리카센터(Middle East/Africa Center)를 운용하고 있다.[16)]

그리고 국방정보국은 1963년 주로 미국의 국가안보관련 부처와 정보공동체 내 고위 공무원을 대상으로 정보교육을 담당하는 국가정보대학교(National Intelligence University, NIU)를 설치하였으며, 2015년 1월 현재 군인과 시민 80,000명 이상이 이 과정을 마쳤다. NIU에서는 대학졸업자에게 정보학 학사

(Bachelor of Science in Intelligence), 전략정보 석사(Master of Science of Strategic Intelligence), 기술정보 석사(Master of Science and Technology Intelligence)를 수여하고 있다. 그리고 방첩과정과 같이 정보전문 분야별 이수자에게는 수료증을 수여하고 있다.[17)]

9. 국토안보부 정보실

국토안보부(Department of Homeland Security)는 2002년 미국 행정부 내의 각 부처에 분산된 대테러 기능을 통합할 목적으로 제정(2002년)된 「국토안보부법(Homeland Security Act of 2002)」에 따라 세관 · 이민국 · 국경순찰대 등 기존의 22개 정부부처를 흡수해 창설되었으며, 현재 240,000명이 넘는 직원으로 구성되어 있다.

국토안보부 정보실(DHS's Office of Intelligence and Analysis)은 국토안보부 소속부서 중의 하나로서 정보분석을 통하여 국토안보 위협에 대한 이해능력의 제고, 국토안보에 적절한 첩보 수집, 위협에 대응한 필요 정보의 공유 그리고 국토안보를 위한 정보공유라는 4가지 분야에 대해 초점을 맞추고 다양한 출처로부터 나온 첩보와 정보를 생산 및 활용하고 있다.[18)]

국토안보부 차관이 겸임하는 정보실장은 국토부장관과 국가정보국장(ODNI)에 대해 국토안보 분야의 정보문제에 대하여 보좌를 하고 있다.

10. 국무부 정보조사국

국무부 정보조사국(The Department of State's Bureau of Intelligence and Research, INR)은 1946년 제2차 세계대전 후 해체되었던 전략정보국(Office of Strategic)의 한 부서가 기원이 되어 창설되었다.

국무부 정보조사국의 주요 업무는 비밀정보활동을 하지는 않으나 전세계 공관을 통하여 수집된 국제정세 및 국가안보와 관련된 정보를 분석하여 외교정책을 지원하는 것이다. 그리고 국제적 국경문제에 대한 정보를 수집 · 분석하여 국방, 환경, 보건 등의 정책수행에 필요한 정보도 생산한다.

국무부 정보조사국은 국무부의 국단위 수준에 불과하지만 구성원들은 40여개 국가의 언어를 사용하고 있으며, 그들 중 다수가 해당 지역을 연구하거나 현장경험을 한 박사급 인물로 운영되고 있다. 정보보고서에는 무역문제를 비롯하여 각국의 정치, 경제, 군사, 테러 및 마약 등에 관한 내용을 담고 있으며, 국무장관과 대사, 특수한 임무를 지고 있는 협상가, 해당 국가 책임자, 본부 간부 등 국무부 정책결정자에게 지원된다.

11. 군 정보부대

국방부 산하 국방정보국과는 별도로 육군, 해군, 공군, 해병대는 자체 정보부대를 운영하고 있다. 육군 정보부대(Army's Intelligence and Security Command, INSCOM)는 전 세계 전쟁지역과 분쟁지역 등에서 군과 관련된 정보를 수집하여 육군의 전투력 향상과 일선 지휘관들의 전쟁 수행능력을 제고하기 위해 지원하고 있다. 이 부대는 전 세계에 배치된 미군 기지를 바탕으로 군 관련 정보를 수집하고 분석하는 종합정보기구로서 육군성의 정책형성, 정책기획, 예산편성, 직원관리, 평가 등에 필요한 정보를 생산한다. 특히, 육군 산하기관이나 각급 부대에서 운용되는 영상정보, 신호정보, 인간정보, 매신트(Measurement and Signature Intelligence), 방첩활동에 대한 조정활동을 수행한다.

해군 정보부대인 해군정보실(Office of Naval Intelligence, ONI)은 1882년에 창설된 미국에서 가장 오래된 정보기구로서 해상전쟁수행과 항해의 자유권을 확보하고 외국의 공격을 저지하기 위해 해군관련 정보생산을 주요 임무로 하고 있다.

해군정보실은 전문분석가, 과학자, 공학자, 기술자 등이 포함된 3,000여 명의 군인과 민간인으로 구성되어 해군뿐만 아니라 정책결정자, 정보공동체 구성원에게 해군과 관련한 정보를 제공하고 있다.

공군 정보부대인 공군정보감시정찰대(The Air Force Intelligence Surveillance Reconnaissance Enterprise, ISR)는 전 세계에 72개 기지를 두고 정보활동을 전개한다. 공군정보감시정찰대는 모든 공군 소속 정보부대에 대한 정책, 감독, 지침을 제공하고 있으며, 감시 및 정찰활동을 통해 생산된 정보는 일반 공군 전투부대 사령관과 정보공동체에도 배포한다. 19,000여 명의 군인과 민간인으로 구성된 공군정보감시정찰대는 공군의 독자적인 정보기구이면서도 기능적 체제상 신호정보 총괄 정보기구인 국가안보국(NSA) 내의 한 기구로서의 기능도 수행한다. 즉 공군정보감시정찰대 대장은 암호정보와 암호해독을 위해 구성된 국가안보국 산하 암호해독국(the Service Cryptologic Element)의 일원으로 구성되어 있다.[19)]

해병 정보부대(Marine Corps Intelligence Activity)는 해병에 대한 위협 평가 및 정책결정, 예산편성, 직원 감독 등에 필요한 해병관련 정보생산을 주요 임무로 하고 있으며, 미국 정보공동체의 일원으로써 막강한 전투력을 가진 인적 자원을 토대로 다른 정보기구의 요청에 따라 협력적 정보업무도 수행한다.

12. 기타 정보기구

미국에서는 앞에서 언급한 정보기구 이외에도 마약단속청 정보실(DEA's Office of National Security Intelligence), 해안경비대 정보실(Coast Guard Intelli-gence), 재무부 정보분석실(Department of Treasury's Office of Intelligence and Analysis), 에너지부 정보실(The Department of Energy's Office of Intelli-gence and Counterintelligence)이 있다.

마약단속청은 1973년 「통제물질법(Controlled Substances Act of 1970)」에 따

라 기존의 마약관련 부서를 통합하여 마약에 대한 총괄적인 대책을 수행하기 위해 창설된 법무부 산하 법집행기관이다. 미국 국내에서는 연방수사국과 마약단속청이 법적 관할권을 공유하나 해외에서의 마약수사는 마약단속청만이 가능하다. 마약문제의 경우 국가와 국민에게 미치는 해악이 크고 국내외 연계가 불가피한데다 단속을 위해서는 정보가 중요한 점이 고려되어 2006년 정보공동체의 막내 기관으로 편입되었다. 마약단속청은 미국 내에 21개 지부와 해외 67개국에서 86개 이상의 거점을 운영하고 있다.[20)]

해안경비대 정보실(Coast Guard Intelligence)은 주요 항만시설의 안전확보, 대마약 및 밀수활동, 바다를 통한 불법이민 단속, 수색과 구조 활동 그리고 해양수산자원 보호 활동을 수행한다. 특히, 항만, 연안 등의 현장에서 현장정보를 수집하는 현장정보지원팀(Field Intelligence Support Team)은 해상을 이용하여 국토안전을 위협하는 세력을 대상으로 광범위한 정보를 수집하며, 그 정보는 해안경비대 지휘관은 물론 정보공동체에도 제공된다.[21)]

재무부 정보분석실(Office of Intelligence and Analysis, OIA)은 1977년 정보지원실(Office of Intelligence Support)로 태동하였으나 「2004년 회계연도정보승인법(Intelligence Authorization Act for fiscal 2004)」에 따라 현재의 정보분석실로 개칭되었다. 재무부 정보분석실에서는 테러그룹과 대량살상무기확산그룹, 자금세탁그룹 그리고 다른 주요한 국가안보위협 세력에 대한 재정지원을 포함한 원조 네트워크에 대한 정보를 수집하여 재무부의 정책형성과 집행에 차질이 없도록 지원하는 동시에 정보공동체에도 제공하는 임무를 가지고 있다.

1977년 창설된 에너지부 정보실(Office of Intelligence and Counterintelligence, IN)은 전국에 산재한 30개의 정보활동 거점과 해외 지부를 통하여 확보한 자료를 토대로 미국의 에너지정책 지원과 적대국들의 핵무기 생산과 운영을 저지하기 위한 정보를 생산하고 있다.

에너지 정보실의 핵심적 임무는 에너지부의 연구시설과 제반 복합시설체 방위, 핵무기에 의한 테러 위협 측정, 핵무기 기술과 핵물질 및 전문지식의 확산대책 지원, 정보공동체와 법집행기관에 에너지부의 전문성 지원, 그리고 미국의 경제와 군사적 이익에 대한 외국기술의 위협을 측정하는 기능을 수행하고 있다.[22)]

제2절 러시아의 정보기구

1. 정보기구의 역사

러시아 정보기구는 냉전시대 미국과 가장 치열한 경쟁을 벌일 수 있었던 사실 만큼이나 소련시절부터 강력한 정보기구를 운영하였으며, 냉전 이후 복잡한 통폐합 과정이 있었지만 여전히 역량 있는 정보기구를 보유하고 있다.

러시아는 1565년 모스크바 대공국의 왕 이반(Ivan) 4세가 반역자 색출을 위해 오프리치니나(Oprichnina)라는 보안기구를 창설하였는데, 이것이 최초의 정보기구이다. 이후 1825년에는 니콜라이(Nikolai) 1세가 최초의 반체제 운동인 데카브리스트 난의 발생을 계기로 반체제 인사들의 동향감시와 여론을 파악하기 위해 '궁정부 제3과'라는 비밀경찰조직을 설치하였다. 19세기 후반에는 체제반발세력이 커지자 국내 정치사찰 및 해외 정보업무를 수행하는 경찰국을 창설하였으며, 비밀경찰을 의미하는 오크라나(Okhrana)로 호칭하게 되었다.

볼셰비키 혁명 직후인 1917년 레닌은 반혁명 세력 색출을 주요 임무로 하는 비밀경찰인 '비상위원회(Cheka)'를 창설하였다. 이는 러시아 최초의 근대적 정보기구로서 1954년 국가보안위원회(KGB)로 개칭된 이후 소련의 붕괴와 함께 해체되었다.

1991년 소련의 붕괴와 함께 당시 과도통치기구인 국가평의회는 KGB를 전격해체하고 보안부(MB)와 해외정보부(Sluzhba Vneshney Razvedki, SVR)로 분리하였다. 그러나 1995년 분리독립을 주장하는 체첸 등에 의한 테러 빈발 등으로 사회불안이 가중되자 「빈발하는 테러 및 사회불안 증대에 대처한다는 목표하에(On the Organs of the Federal Security Service in the Russian Federation)」라는 법을 제정하였으며, 이를 계기로 국내보안업무를 담당하는 보안부를 연방보안부(Federal Security Bureau, FSB)로 확대 개편하여 오늘에 이르고 있다.

따라서 러시아에서는 현재 국내 보안기구인 연방보안부, 해외정보기구인 해외정보부, 그리고 군정보기구인 참모부정보총국(Glavnoye Razvedyvatel'noye Upravleniye, GRU)이 핵심 정보기구로서 운영되고 있다.

2. 연방보안부(Federal Security Service)

가. 기능

1995년 제정된 「러시아 내의 연방기구에 대한 법률」에 의해 창설된 연방보안부는 이 법에 따라 국내 보안정보 및 수사업무와 특수 군부대를 운영하고 있다.

연방보안부는 러시아 시민의 인권과 자유의 보호, 국가주권과 영토의 보전, 헌법체계보호 등 국가안보를 보장하는 것이 기본 임무이다. 주요 임무를 구체적으로 살펴보면, 국가안보저해요소 관련 정보수집 및 분석, 대테러, 외국 정보기구의 자국 내 기밀수집 및 체제전복 기도 적발, 핵확산 방지 등 안보위해요소에 대한 탐지 및 예방, 조직범죄, 밀수, 부패사범, 불법자금세탁, 불법이민, 불법무기 및 마약유통, 무장폭동을 목적으로 하는 범죄조직 · 사회단체 · 개인 등에 의한 불법무기 보유, 러시아 연방 헌정질서를 무력으로 변경시키거나 권력 강탈 등과 같은 극단적인 활동에 대한 대응조치 등을 담당한다. 또한 러시아 연방 내 하천, 연안 및 대륙붕 지역 등의 수자원 보호 문제, 개인 및 화물, 상품 및 동식물의 러시아 국경 통과 관련 업무를 수행하며, 국가안전보장과 관련된 과학기술정책을 수립하여 추진한다.[23)]

연방보안부는 이러한 임무를 수행하기 위하여 정보수집 및 분석활동, 방첩활동, 국경경비 및 수비업무, 특수부대를 동원한 진압작전 그리고 수사권을 부여받고 있다. 이에 따라 연방보안부(FSB)는 미국의 연방수사국(FBI), 이민청(Immigration & Customs Enforcement), 비밀경호국(Secret Service), 국토안보부의 관세 및 국경경비대(Customs and Border Protection), 해안경비대(Coast Guard), 마약단속청(Drug Enforcement Agency), 국가안보국(NSA) 기능을 모두 합해 놓은 정도의 권한을 보유하고 있다.

또한, 연방보안부는 필요하다고 판단되는 경우 또는 복수의 관련기구가 동시에 관련된 경우 러시아의 제반 법집행기관 및 정보기구들의 정보 및 안보정책과 활동을 주도 또는 지휘하는 역할을 수행한다. 예를 들면 체첸에서 GRU, 그리고 내무부 소속 Spetsnaz 등이 FSB의 지휘하에 활동하고 있다.[24)]

특히, 2000년 푸틴(Putin) 대통령은 정규군 및 각종 무력부서 내에 FSB 파견관실을 설치하는 것에 관한 대통령령에 서명함으로써 KGB 시절 운영하였던 군내방첩 및 보안활동 기능도 전개하고 있다.

나. 조직

KGB 본부가 있었던 모스크바 루비안카(Lubyanka) 광장에 본부를 두고 있는 연방보안부(FSB)는 약 8만여 명의 직원으로 구성되어 있다. 조직은 기능을 중심으로 방첩국(Counterintelligence Department), 헌법수호 및 대테러 총국(Department for Protection of the Constitutional System & the Fight against Terrorism), 대통령실 경호 목적으로 크렘린궁에 주둔하는 자체 무장병력인 SpetsNaz 부대를 관장하는 러시아 연방보호국(Federal Protection Service of the Russian Federation), 경제안보국(Economic Security Department), 작전정보 및 국제협력국(Operational Information & International Relations Service), 조직 및 인사국(Organizational & Personnel Department), 국경경비대(Border Guard Service), 업무통제국(Control Service), 과학기술국(Science & Engineering Service), 수사국(Investigation Directorate) 등으로 편제되어 있다.[25)]

특히, 당초 KGB 소속으로 해외전자감청을 담당하는 연방정보통신청(FAPSI)을 대통령 직속으로 운영하다가 2003년 연방보안부에 흡수함으로써 FSB의 정보활동이 사실상 해외영역을 포함하고 있으며, 실제 FSB는 한국을 비롯하여 세계 40여 개국에 지부도 개설하여 SVR과 경쟁을 하는 양상인 것으로 알려져 있다.

3. 해외정보부(Foreign Intelligence Service)

가. 기능

해외정보부(SVR)는 러시아 내 다른 정보기구들이 매우 복잡한 통폐합과정을 거친 것과는 달리 1991년 과거 KGB 내 해외정보담당 총국(1국)이 만들어진 이후 변화과정에서도 그 조직구조를 온전한 형태로 이어 받았으며, 하는 일도 유사하게 전개하고 있다.

1996년 제정되어 해외정보부의 설치와 기능의 근간이 되고 있는 「대외정보활동에 관한 러시아 연방법(Law on Foreign Intelligence Organs)」 제1조에서 규정하는 SVR의 임무는 ① 정보수집과 분석, ② 안보정책의 성공적 추진 여건 조성 등 제반조치들의 적극적 이행, ③ 군사, 전략, 경제, 과학, 환경 그리고 기술분야에서의 정보수집 및 분석, ④ 러시아의 해외주재 공관원과 기타 주재자 및 그 가족의 보호, ⑤ 러시아 정부관리 및 그 가족들의 안전보장, ⑥ 해외체류 중인 러시아 시민과 국가기밀을 다루는 사람들의 안전보장 임무, ⑦ GRU 및 FSB 등 국가정보기구들과의 합동활동, ⑧ 해외에서의 전자감청, ⑨ 대량살상무기 및 기술의 확산방지, ⑩ 불법무기와 마약거래 조직범죄에 관한 업무, ⑪ 원자재 해외 밀반출 및 외화 불법유출 방지 등을 포함하고 있다.

그리고 SVR은 러시아인들이 많이 체류하고 있는 독립국가연합(CIS)에 대해 많은 관심을 가지고 있는 것으로 알려져 있다. 이는 러시아 안보와 자국민의 보호는 물론 경제에도 상당한 영향을 미칠 수 있기 때문이다.

나. 조직

해외정보부 부장은 대통령에게 매주 월요일 정기보고를 하며, 필요 시에는 수시로 보고할 수 있는 시스템을 유지하고 있다.

조직 구성을 보면, PR국(Directorate PR)은 정치정보와 해외 17개 지역에서 정보수집을, S국(Directorate S)은 13개의 부서를 운영하면서 위장 정보요원의 양성 및 해외 파견, 외국에서의 테러작전 및 사보타지 수행, 러시아 거주 외국인 포섭과 같은 불법 공작활동을, X국(Directorate X)은 과학기술 정보활동을, KR국(Directorate KR)은 외국 정보 및 보안기관에 대한 침투, 해외거주 러시아 시민에 대한 감시 등의 업무 수행을, OT국(Directorate OT)은 작전 및 기술 지원을, R국(Directorate R)은 해외활동에 대한 분석 및 평가를, I국(Directorate I)은 컴퓨터 서비스와 정보자료를 분석 및 배포하며, 대통령을 위한 정보요약업무를, 그리고 경제정보국(Directorate of Economic Intelligence)은 경제정보의 수집과 분석업무를 수행하는 구조로 편제되어 있다.[26)]

그리고 S국의 작전부서는 Vympel로 불리우는 정예의 특수부대(Spetsnaz)를 운용하고 있으며, 과학기술 분야를 담당하는 X국이 해외정보학교(Academy of Foreign Intelligence, ABP)를 산하에 두고 있다.

한편, 러시아 해외정보부도 다른 나라의 정보기구처럼 정보활동을 위해 해외에 거점을 두고 요원들을 외교관, 상사원, 특파원, 무역대표부 직원 등으로 위장하여 파견하고 있는 것으로 알려져 있으며, 특히, 항공사인 Aeoroflot는 SVR의 전위조직으로 활용되는 대표적인 기업이다.[27)]

4. 참모부 정보총국(GRU)

가. 기능

1918년 붉은 군대의 창설자이자 최고위원이던 레프 트로츠키에 의해 창설된 러시아 연방군 참모부 정보총국은 러시아 정보기구 중에서 가장 큰 규모를 가진 것으로 알려져 있으나 서방세계에는 1978년 같은 기관에서 근무하던 정보분석관 발디미르 레준(Valdimir Rezun)이 영국에 망명하여 제보함으로써 처음 알았을 정도로 조직보안이 높은 기관이다.

GRU는 기본적으로 러시아 전군을 위한 전략전술정보의 수집과 생산에 있다. 그러나 실제에 있어서는 국내 군사정보는 물론 해외 러시아 대사관에 무관신분이나 기업의 상사원으로 파견하여 각종 일반 해외정보를 수집하고 공작임무도 수행한다.

그리고 GRU는 전세계를 대상으로 휴민트뿐만 아니라 우주정보국에서 130여 개의 인공위성을 운영하는 등 기술정보를 활용한 고도의 정보수집능력을 보유하고 있다.

나. 조직

GRU는 지역과 기능을 기준으로 다음과 같은 국단위의 조직을 두고 있다.[28) 1국은 유럽, 2국은 북미와 남미를 아우르는 서반구, 3국은 아시아, 4국은 아프리카 및 중동, 5국은 군관구 내에 있는 정보부대 통제, 6국은 무선기술정보국으로 주재국의 정부, 민간, 군의 통신망이나 전송파 방탐, 7국은 NATO 활동감시, 8국은 각국의 정치구조, 군대, 경제활동에 대한 정보수집, 9국은 외국의 군사기술을 연구하고 필요한 병기나 비밀 획득, 10국은 무기매매를 감시하고 생산력, 기술개발, 전략자원에 대한 각국의 취약점 연구, 11국은 핵병기보유국, 장래 잠재보유국의 핵독트린, 전략핵목표, 전략병기 시스템 연구 그리고 우주정보국은 우주공간을 활용하여 정보수집활동을 하는 조직으로 편제하고 있다.

그리고 GRU는 미국 육군의 그린베레(Green Beret), 델타포스(Delta Forces) 및 해군의 네이비 실(Navy Seal)과 같은 특수부대인 스페츠나즈(SPETSNAZ)를 운영하고 있다.

제3절 영국의 정보기구

1. 정보공동체

영국의 국가정보기구는 1573년 월싱햄(Francis Walshingham) 경이 엘리자베스 여왕의 지시에 따라 해외에서 정보망을 구축한데서 유래를 찾을 수 있다. 이후 20세기에 들어와 두 차례에 걸친 세계대전을 거치면서 정보기구의 필요성이 절실하게 요구되는 것을 계기로 양적, 질적 측면에서 급속한 발전을 이루었다. 영국의 정보기구는 초기에는 군조직의 일부로 출발하였기 때문에 군사정보(Military Intelligence, MI) 번호가 부여되는 대로 호칭되고 있다. 1916년 육군성을 개편하여 국내과와 국외과가 군사정보총국의 일부로 편입되면서 현재의 보안부(Security Service, SS)와 비밀정보부(Secret Intelligence Service)를 의미하는 MI5, MI6라는 명칭을 부여받았다. 그리고 정부통신본부(GCHQ)는 MI1(암호해독), MI13(정찰), MI8(군사감청)의 업무를 흡수하여 신호정보기구로 설치된 것이다.

현재 영국은 보안부, 비밀정보부, 정부통신본부, 국방정보본부(DIS)라는 4대 정보기구에다 합동테러분석센터(JTAC)를 포함하여 정보공동체(Intelligence Machinery)를 구성하고 있다.[29)]

영국의 정보공동체는 미국의 국가정보국장이 정보공동체를 관리하는 것과는 달리 각 정보기구 대표 등으로 구성된 합동정보위원회(Joint Intelligence Committee)의 조정을 통하여 관리하고 있다. 이 위원회는 각 정보기구의 수장과 국방정보참모부의 책임자와 부책임자, 국방부와 국무부 대표자, 해외문제 담당 수상보좌관, 정보 평가부서 책임자가 참가하며, 1주일에 한 번씩 정기회의를 개최하고 있다.

영국에서는 정보공동체의 회원기구로 분류되지는 않지만 국가안보를 위한 정보활동은 기타 정보 및 수사기관에서도 기능을 하고 있다. 즉 런던경찰을 비롯하여 자치단체가 운영하는 경찰 중에서 규모가 큰 대부분의 자치경찰은 대테러 부서를 운영하고 있으며, 2013년 창설된 국립범죄청(National Crime Agency)도 국가안보와 사회안보를 위해 정보 및 법집행 기능을 병행하고 있다.

그리고 통치체제가 내각책임제인 영국은 각부 장관의 정치적 책임소재를 명백히 하고 있는 가운데 각 정보기구 역시 장관 소속으로 두고 장관이 관리책임을 지고 있다. 물론 총리는 궁극적 책임을 부담한다. 이에 따라 보안부는 내무부장관, 비밀정보부와 정부통신본부는 국무부장관, 그리고 국방정보참모부는 국방부장관이 활동에 대한 책임을 진다. 아래에서는 영국의 주요 정보기구에 대하여 살펴본다.

2. 보안부

MI5로도 통칭되는 보안부(Security Service, SS)는 1909년 10월 비밀정보국(Secret Service Bureau)을 기원으로 하여 1916년 군사정보총국의 일원이 되었다가 같은 총국의 국내과가 발전하여 오늘에 이르고 있다.

SS는 보안부법(Security Service Act)에 따라 대테러, 대간첩, 중대범죄와 관련된 정보의 법집행기관 지원 등 영국의 의회민주주의와 경제이익을 위한 국내방첩활동을 주요 임무로 하고 있다.[30)]

대테러의 경우 1970년대 초반부터 테러관련 정보의 수집과 생산을 통해 테러범을 체포하는 등 국내 및 국외에서 대테러 활동을 전개하고 있다. 특히 알카에다와 같은 국제테러단체의 공격과 아일랜드의 분리독립을 주장하는 테러단체의 테러 빈발로 SS 업무의 2/3 이상이 대테러업무가 차지하고 있는 형편이다.

대간첩활동은 40여 년에 걸친 냉전기간 중에는 소련을 비롯한 동구권의 간첩활동을 저지하는데 중점을 두다가 1991년 탈냉전 이후에도 국가이익을 노린 우방국까지 스파이 활동을 전개하자 이에 대한 대응활동을 지속하고 있으며,

이러한 맥락에서 타 부처의 비밀보호활동을 지원하고 있다.

그리고 걸프전 이후 대량살상무기, 핵, 화학, 생물학 무기와 관련된 기술과 전문지식들이 외국 공작원들의 불법적인 수단에 의해 유출되고 있어 누설되는 전문지식을 최소화하기 위해 노력하고 있다.

보안부는 총 7개의 국(branch)으로 편성되어 있으며, 부장은 7개국 가운데 2개국을 책임진다. 하나는 인사와 보안담당국, 또 하나는 전략, 정책, 재정 및 시설을 담당하는 국이다. 차장은 보안부의 실질적인 정보 및 보안활동을 하는 나머지 5개국을 책임지고 있다. 그 국들은 첫째, 국제테러, 방첩업무 그리고 대량살상무기 확산방지를, 둘째, 국내 및 북아일랜드에서 발생하는 테러에 대한 반테러 업무를, 셋째, 다양한 위협을 분쇄하기 위한 방호, 보안대비책(protective security measure)을 위한 조언이나 권고를 하는 업무를 담당한다. 그리고 넷째, 감시작전 등과 같은 보안부의 작전능력 제고 업무, 마지막으로 보안부의 정보서비스와 기술적인 능력을 제고하는 업무를 담당한다.[31] 따라서 차장이 보안부의 정보활동과 보안업무 즉 방첩, 대테러, 대량살상무기 확산방지업무 그리고 보안부의 작전능력과 관련된 모든 실질적인 업무를 총괄한다. 그리고 보안부는 내무부 산하 독립관청으로서 모든 활동내용을 내무부장관에게 보고한다.

3. 비밀정보부

비밀정보부(Secret Intelligence Service, SIS)는 1922년 군사정보총국의 해외과가 SIS로 발전하였으며, 1992년 처음으로 메이저 수상이 국회연설에서 존재를 인정한데 이어, 1994년 제정된 「정보기구법(Intelligence Service Act)」에 따라 법률적 기반을 가지게 되었다.

영국의 안보와 국익을 위해 해외에서 정보수집과 공작활동을 하는 SIS는 국가의 해외 안보정책결정 지원, 영국의 경제적 이익, 중대범죄의 예방과 탐지를 위하여 해외에서 정보를 수집하고 생산하여 정책부서와 대응부처에 제공하는 임무를 가지고 있다.

비밀정보부는 활동보안에 중점을 두지만 보안부, 국방부, 국무부, 내무부, 정부통신본부 그리고 여타 정부부처와 긴밀한 협조하에 일을 진행하고 있으며, 첩보수집을 할 때에는 영국내각(British Government Ministers)에 의해 승인되고 정보합동위원회(Joint Intelligence Committee)에서 설정한 요구사항과 우선순위에 따라 전개하고 있다.[32)]

비밀정보부는 부장 아래에 인사행정국(Personnel and Administration), 특수지원국(Support Services), 방첩 및 보안국(CounterIntelligence and Security), 정보요구 및 생산국(Requirement and Production)이 있으며, 정보요구 및 생산국 소속으로 소비에트 블록, 서유럽, 서반구, 중동, 아프리카, 극동 그리고 영국 등 7개 지역별로 해외공작을 통제하고 있다.[33)]

4. 정부통신본부

정부통신본부(Government Communications Headquarters, GCHQ) 역시 국무부 산하의 정보기구로서 1919년 창설된 정부암호학교(Government Code and Cypher School)가 전신이다. 정부암호학교는 제2차 세계대전 중 독일의 암호체계인 에니그마(ENIGMA)를 해독하여 전쟁상황을 연합국에 유리하도록 이끄는데 공로가 큰 신호정보기구였으며, 1942년 암호해독활동을 은폐하기 위해 정부통신학교로 개칭되었다.

정부통신본부는 국내외에서 통신감청을 통하여 정치, 경제, 군사, 외교 등 국가안보와 관련된 정보의 수집과 영국의 통신내용을 보호하는 기능을 수행한다. 수집한 정보는 내각과 군지휘관은 물론 필요할 경우 유럽안보 차원에서 북대서양조약기구(NATO)와 유럽연합(EU) 국가들에게도 지원한다.

그리고 통신보안 차원에서 군을 포함한 정부기구에 암호작성법과 정보보호에 관한 조언 및 기술지원을 하며, 암호자재를 개발하는 역할도 한다.

한편, 영국은 미국, 영국, 캐나다, 오스트레일리아 그리고 뉴질랜드와 국제 감청망인 애쉴론(ECHELON)을 공동으로 운영하는데, 정부통신본부가 영국의 담당기구이다.

5. 합동테러분석센터

합동테러분석센터(Joint Terrorism Analysis Center, JTAC)는 2003년 국내외 테러와 관련된 모든 정보를 분석하고 평가하기 위해 설립되었다. JTAC는 보안부, 비밀정보부, 경찰, 군, 국무부 등 16개 부처에서 차출된 전문가들로 구성되어 있으며, 보안부 산하이기는 하나 보안부 부장이 합동테러분석센터의 의장을 겸임하고 있으며, 정보공동체의 한 구성원으로서 독립성이 강하다.

JTAC는 국내외 테러관련 정보의 종합 및 분석 · 테러경보 발령 · 수집우선순위 지정 등의 기능을 수행하며, 다른 정부부처와 기구들이 필요로 하는 위협이나 테러관련 주체도 평가하여 정보를 제공한다. 그리고 보안부 내 부서 중 영국 내에서 활동하는 테러리스트를 수사하는 국제대테러 방첩국과 긴밀한 협조관계를 유지함으로써 테러위협의 성질과 정도를 평가하는 능력을 높이고 있다.[34]

제4절 중국의 정보기구

1. 정보기구의 발전

중국은 미국, 러시아에 이어 세계에서 세 번째 규모의 정보기구를 운영하고 있는 것으로 알려져 있으나 여전히 사회주의체제를 유지하는 특성으로 인하여 여타 국가에 대비하여 상대적으로 정보기구의 조직과 기능에 대한 정보는 부족한 실정이다.

중국은 일반 국가와는 달리 당(1921년)과 군(1927년)이 창립되고 정부가 수립(1949년)되는 과정을 거치면서 정보기구도 당, 군, 정부의 순서로 창설되었다.

당의 정보조직이 비교적 체계화를 이룬 것은 1930년대 말 당내 정보조직으로 기능하던 중앙군사부(1925년), 중앙군사위원회(1926년), 중앙특별공작위원회 산하 중앙특과(1927년)를 흡수하여 정보수집, 적 진영에 침투하여 모반을 획책하는 책반(策反), 대간첩, 통일전선 등의 활동을 하는 중앙사회부를 창립하면서부터이다. 당시 중앙사회부는 당 중앙군사위원회 내에 설치되었기 때문에 당과 군의 지휘를 받는 양상이었다. 중화인민공화국이 수립(1949년)된 이후 1954년 9월 국무원이 출범하기 전까지는 여전히 당과 군에만 정보기구가 있었다. 당에서는 중앙사회부가 중앙조사부로 개편되어 대내 안전 및 해외에 요원을 파견하여 해외정보도 수집하였으며, 이 외에도 공산권 국가를 대상으로 정보활동을 하는 중앙대외연락부와 국내외 침투활동조직인 중앙통일전선공작부가 있었다. 군에서는 기존의 군내 정보조직을 통합하여 총참모부 2국과 3국을 만들었으며, 총정치부 연락부를 신설하여 주로 군관련 정보활동을 전개하였다.

문화혁명(1966~1976)이 일어나자 혁명 주도세력인 모택동의 부인 강청(江青), 장춘교(張春橋) 등 4인방에 의해 당, 정, 군 정보기구가 해체되었으나 1970년대 초 주은래 총리에 의해 중앙조사부, 총참모부 2국, 총참모부 3국이 재건되었다.

중국은 개혁개방정책을 시행한 이후 개방화에 따른 외국 정보기구의 활동이 증가하고, 대만에 의해 독립이 추진되는 등 정보환경의 변화에 따라 국가차원의 정보활동을 강화하기 위하여 1983년 공안부의 방첩조직과 군 총참모부 및 중앙조사부의 일부 조직을 통합하여 국무원 산하에 국가안전부를 창설하였다. 이에 따라 중국의 정보기구는 당, 정, 군 모두에 정보기구를 운영하는 형태를 가지고 있다.

그리고 정보기구에서 생산한 정보는 각 기구별 판공실에서 종합 판단한 후 서기 1인과 국가안전부장, 공안부장 등으로 구성된 당 중앙정법위원회(黨中央政法委員會)를 통해 국가 최고권력기관인 당정치국에 보고되어 정책으로 활용되는 체제를 유지하고 있다. 다음에서는 중국의 주요 정보기구의 기능과 조직에 대하여 알아보도록 한다.

2. 국가안전부

가. 기능

국가안전부(Ministry of State Security)는 1978년 중국의 개혁개방정책에 따라 내 · 외국인의 입 · 출국이 폭발적으로 증가하는 가운데 적대세력에 의한 대중국 정보활동도 늘어나는 등 새로운 정보환경에 직면하자 체계적인 대응을 위하여 정부 산하에 전문 정보기구로 설립된 중국의 대표적인 중앙정보기구이다.

국가안전부는 "국가안전과 반간첩 공작을 영도 · 관리하며, 사회주의 현대화 건설과 조국통일의 대업을 보위하고 촉진시킬" 목적으로 설립되었다. 또한 "중국 사회주의체제를 파괴하거나 전복하려는 적대국의 요원, 스파이, 반혁명 활동에 대응하여 효과적인 조치를 취하여 국가의 안전을 수호하는 책임"을 맡고 있다.[35)]

이에 따라 국가안전부의 주요 임무는 국가전복 및 반혁명 세력의 적발과 같은 대정부 전복활동 저지, 공산당 체제 유지, 국내외 반혁명주의자 및 반체제 인물 감시 그리고 공작을 포함한 해외정보활동으로 알려져 있다. 다만 국내정보활동을 하면서 정치불만세력에 대한 감시활동을 하지만 시민을 체포하거나 구금할 법적 근거는 없다.

미국을 정보활동의 주요 대상으로 삼고 있는 중국은 군사 및 경제정보 수집에 중점을 두고, 군 전력증강을 위해 핵무기, 항공우주 기술, 미사일과 같은 미국의 다양한 첨단군사기술을 수십 년에 걸쳐 수집하고 있으며, 경제정보 수집활동도 지속하고 있다. 경제정보 수집활동(economic espionage)은 주로 세 가지 방식으로 수행된다. 첫째는 국내에서 학자나 과학자들을 충원하여 정보를 구매하도록 해외에 파견하는 방식이다. 둘째는 중국 기업이 필요한 기술을 보유하고 있는 미국 기업을 매입하도록 하는 방식이다. 셋째는 위장회사를 세워 기술을 구매하도록 하는 방식이다. 이 중 세 번째 방식이 가장 많이 사용되는 방식이다. 미국 FBI는 중국의 국가안전부가 정보수집을 위해서 약 3,000개의 회사를 위장으로 설립하였다고 추산한다. 대표적인 예는 1993년의 빈우(Bin Wu)와 다른 두 중국인이 설립한 위장회사이다. 이들은 국가안전부의 지시에 따라 Virginia, Norfolk에 위장회사를 세워 3세대 야간투시장비를 밀수하려고 하였다. 빈우는 친서방 반정부 인사였고, 그에게 수형을 감수하든지 아니면 해외에 나가 국가를 위해 봉사할 것인가의 선택이 주어졌다고 한다. 휴면점조직(sleeper cell)으로서의 빈우는 전문기업인으로 자신의 신분을 변신시켜 가도록 지시를 받았고, 이후 필요할 경우 임무를 수행하도록 한 대표적인 사례였다.[36]

나. 조직

국가안전부는 설립 당시에는 9개국으로 편제되어 있었으나 중국이 G2로 성장, 발전하면서 정보수요가 늘어나자 대외접촉의 증가 및 컴퓨터 · 정보통신 · 위성 · 무인항공기(UAV) 등 첨단기술을 이용한 첩보활동이 큰 폭으로 커짐에 따라 17개국으로 대폭 확대하여 운영하고 있는 것으로 알려져 있다.

표 2-1 _ 국가안전부의 조직변화

미국과학자협회 자료(1997)	타이완 자료(2004)
제1국 국내국 제2국 국외국 제3국 홍콩, 마카오, 타이완 제4국 기술국 : 첩보수집과 방첩기술의 연구, 개발 제5국 지방정보국: 국안부의 성, 시 지방단위들의 조정과 통제 제6국 반간첩국 제7국 통보국 : 첩보보고의 확인, 검증, 보고 제8국 연구국 : 현대국제관계연구원, 정보분석과 정보생산 제9국 반책반 · 반정찰국 제10국 과학기술정보국 제11국 전자계산기국 의사국 : 해외정보기관과의 조정, 협력, 정보공유 기타 부서 : 판공청 정치부 인사교육국 감찰심계국 기관당위원회	제1국 歐美情報局 : 유럽, 미주, 대양주 지역 정보수집 제2국 東歐情報局 : 러시아, 동유럽 지역 정보수집(CIS 및 중앙아시아 지역 포함) 제3국 亞非情報局 : 아시아, 아프리카 지역 정보수집 제4국 台港澳局 : 타이완, 홍콩, 마카오 지역 정보수집 제5국 情報分析通報局 : 정보의 분석과 통보, 수집 지도 제6국 科技情報局 : 과학기술 정보의 수집 · 연구 및 통신공작/활동 지휘 제7국 反間諜情報局 : 반간첩정보의 수집 제8국 反間諜偵察局 : 외국간첩의 추적 정찰 · 체포 제9국 技術精察局 : 우편물 검사 및 통신 정찰 제10국 對(外保)防偵察局 : 해외 중국공관 안전공작 담당(유학생 및 반중국 세력 감시 활동 병행) 제11국 情報資料中心局 : 문서자료의 수집 · 연구 · 관리(중국현대국제관계연구원) 제12국 社會調査局 : 사회단체 연락 및 민의 동태 조사 제13국 技術偵察局 : 과학 기자재 관리 · 연구 제14국 密碼 · 通訊局 : 암호 · 통신공작 담당 제15국 台港澳研究局 : 대만 · 홍콩 · 마카오 지역 정보분석, 연구조사 제16국 計算機管理局 : 내부 전산망 관리, 전산망의 외부침입 방지 및 사이버 정보분석 제17국 兩化企業局 : 국안부 소속 기업 및 사업 관리 담당 기타부서 : 판공청(辦公廳) 정치부(政治部) 조직선전부(組織宣傳部) 교육배훈부(教育培訓部) 인사국(人事局) 노간부국(老幹部局) 감찰심계국(監察審計局) 종합계획국(綜合計劃局) 행정관리국(行政管理局)

출처 : 이호철, 전게논문, 131-132.

미국과학자협회(Federation of American Scientists, FAS)의 자료와 대만자료를 토대로 국가안전부의 조직을 살펴보면 〈표 2-1〉과 같다.[37]

1~3국은 지역국으로서 해당 지역의 정보수집을, 4국은 대만 · 홍콩 · 마카오의 별도 관리, 5국은 정보분석의 통보와 정보수집의 지도 · 연구, 6국은 과학기술 정보의 수집 · 연구 및 통신공작 지휘, 6국은 다수의 자연과학 전공자를 충원하는 것으로 알려져 있다. 7국과 8국은 반간첩 정보의 수집 및 외국간첩의 정찰 · 체포를 맡고 있고, 해외의 중국 민주화 인사에 대한 감시 및 공작 담당, 9국은 우편물 검사 및 통신정찰, 10국은 해외 중국 대사관 · 영사관의 안전공작을 담당한다.

문서자료의 수집 · 연구 · 관리를 맡는 11국은 대외적으로 '중국현대국제관계연구소(中國現代國際關係硏究所, CICIR)'로 알려졌는데, 같은 연구소의 대외 학술활동으로 인해 외국에도 잘 알려져 있다. 이밖에 12국은 사회 민의(民意) 및 동태 조사, 13국은 과학 기자재 관리 · 연구, 14국은 암호 · 통신공작, 15국은 대만 · 홍콩 · 마카오 연구국으로서, 4국과 업무 영역이 중첩되는 것으로 보인다. 16국은 국가안전부 내부 전산망의 안전관리, 전산망의 외부침입 방지 및 관련 정보 분석부서로 추정되며, 17국은 '청안총공사(淸安總公司)'와 같은 국가안전부 소속 기업 및 사업의 관리를 담당한다.

이와 같이 국가안전부의 정보기능은 세계화 추세에 맞추어 지역부서를 세분화하고 사이버 정보수집 및 관리 등 기술정보 부서를 확대하였으며, 인원과 조직의 규모가 늘어나자 행정담당부서도 5개에서 9개로 증편하였다.

3. 공안부(公安部)

공안부(Ministry of Public Safety)는 중국 국내에서 행정집행 및 형사사법에 관계된 업무를 담당하는 국가경찰조직으로 약칭은 공안이다.

공안부는 사회치안 유지 및 경호경비 업무, 대테러 관련 정책의 수립 및 집행, 테러 정보수집 및 테러사건의 수사, 범죄예방 및 수사, 위기관리, 소방활동, 특수업종 및 무기류 관리 등 일반 경찰에 비해 많은 업무 영역을 가지고 있다.

중국 공안의 일반적 조직체계는 국무원 공안부, 공안청 또는 공안국(직할시), 시 공안국 또는 공안분국, 공안경찰서의 4단계로 구성되어 있으며, 외곽조직으로 인민무장경찰부대(People's Armed Police Force)를 운용하고 있다. 공안부의 대표적인 조직으로는 정치보위국, 치안관리국, 형사정찰국, 적정국이 있는데, 정치보위국은 사회 및 정치와 관련된 동향을 파악하고 정보를 수집하고 있고, 치안관리국은 사회치안관리를 지도하고 치안법규를 연구 · 제정하고 치안관리위반사건에 대한 조사와 처벌을 담당하며, 형사정찰국은 형사범죄 정황을 파악하고 분석하여 전국 형사수사업무를 지도하며, 항공기 및 선박납치 등 중대한 테러사건과 전국적 규모의 중대사건을 협조처리하고, 중국의 인터폴 업무를 취급한다. 그리고 적정국은 우리나라의 정보경찰에 해당하는 조직인데 주로 국내의 반혁명 분자의 정보수집 및 감시, 추적, 체포 등의 임무를 수행한다.[38)]

4. 군 정보기구

가. 군 총참모부 산하 정보기구

참모부 산하 정보기구는 군정보부로 불리는 2국, 통신정보부로 호칭되는 3국, 전자부로 알려진 4국이 있다. 2국(軍總參謀部二部)은 군 정보활동의 총괄부서로서 전 세계의 군사지리, 무기체계 등 군사정보를 수집 분석하고 군사분야의 대간첩활동을 총괄 지휘한다.

3국(軍總參謀部三部)은 신호정보를 이용한 정보수집 및 암호해독과 각 지역 및 군부대에서 배치되어 있는 정보수집시설에 대한 관리 권한을 가지고 있다. 또한 중국주재 외국공관에 대한 통신감청을 하는 것으로 알려져 있다.

4국(軍總參謀部四部)은 미래전의 핵심인 전자산업과 전자전을 담당하는 조직으로 1993년에 설립되었으며, 중국의 전자정보관리가 주요 임무이다.

나. 군 총정치부 산하 정보기구

인민해방군 총정치부 산하의 정보기구는 연락부와 보위부가 있다. 연락부는 연락국, 조사연구국, 변방국, 대외선전국 등 4개국과 상해, 광주에 분국을 운영하고 있다. 연락국은 대만에 대한 정보활동, 조사연구국은 주중 외국대사관에 대한 정보활동, 변방국은 베트남에 대한 공작을, 대외선전국은 군의 선전활동을 담당하고 있는 것으로 알려져 있다.[39]

총정치부 보위부는 군내 보안을 담당하는 정보조직으로 추정되나 구체적인 기능과 조직에 대해서는 아직 알려진 것이 없다.

제5절 일본의 정보기구

1. 정보기구의 발전과 정보체계

일본은 12세기 중앙에서 각 지방 호족들의 사정을 알기 위해 다수의 정보원들을 활용하여 정탐활동을 한 막부통치 시기를 정보기구의 시작으로 보고 있다. 이후 주변국과 많은 전쟁을 치른 일본은 메이지 유신 이후 강국 건설을 위해 정보수집에 큰 관심을 기울이며 국가 차원에서 체계적인 정보수집 노력을 경주하였다.[40]

1878년 군 정보기구인 참모본부와 육군정보기구인 특무부대가 만들어지고 1881년에는 헌병대가 조직되었다. 1911년에는 내무성에 특별고등경찰이라는 민간인 사찰기구가 설치되었다. 이어서 일본 군부는 1938년 나가노 학교라는 정보학교를 설립하여 정보 엘리트를 양성하였다. 1906년에는 국책회사인 남만주철도주식회사(만철)를 설립한 후 대련 만철 본사의 조사부와 동경의 동아경제조사국을 통해 만주, 중국, 동남아 등 점령지에서 각종 조사활동으로 제국주의 운영을 지원하였으며, 이 인력들은 전후 뛰어난 정보자산이 되었다. 이와 같이 일본은 제2차 세계대전까지 현지 정보원들을 활용한 군과 경찰의 정보기능이 국가정보체계의 중추적 역할을 담당하였다.

제2차 세계대전에서 패한 일본은 과거 군국주의 국가의 폭력적 성향에 대한 반성과 함께 민주주의의 발전과정을 거치면서 의도적으로 국가정보기구를 축소하려는 경향이 나타난데다 국가안보는 거의 미국에 의존하면서 경제재건과 부흥을 위한 경제정보수집에 정보활동의 중점을 두게 되었다. 이후 민간 경제연구기관과 종합상사 등에 의한 경제정보 수집과 지원으로 성공적인 경제성장이 지속되자 중앙집권적인 정보관리보다는 다양한 주체에 의한 정보활동이 제도화되는 양상을 가져왔다.

그러나 1990년대에 들어와 냉전체제의 종식으로 국제정세가 변화되는 가운데 주로 미국에 의존하던 안보영역에서 일본의 역할이 증가하고 북한의 핵무기 개발 및 중장거리 미사일 발사, 9 · 11테러 발생, 테러단체 이슬람국가(Islamic State)의 일본인 2명 참수 등이 이어지면서 국가정보의 필요성이 증대되었다.

이러한 정보환경의 변화에 따라 효율적인 정보능력 향상을 위해 내각부 관방장관 예하 내각정보관에 의한 국가정보의 조정통제 기능을 강화하고, 종합적인 군정보기구인 정보본부를 방위성장관 직속으로 편제하는 등 정보조직의 강화를 추진하고 있다.

일본의 국가정보체계는 중앙정보기구의 기능을 하는 내각정보조사실을 중심으로 각 성 · 청별로 정보기구를 운영하고 있다. 국내정보는 경찰청의 경비국과 법무성의 공안조사청, 해외정보는 외무성 정보분석실 그리고 군사정보는 방위성의 정보본부가 담당하고 있다. 그리고 일본의 언론, 기업 그리고 정부가 지원하는 외곽단체들도 각종 정보활동의 주체가 되면서 정부와 사경제 주체가 함께 활동하는 분산형 체제를 유지하고 있다. 주요 정보기구를 살펴보면 다음과 같다.

2. 내각정보조사실

내각정보조사실(Cabinet Intelligence and Research Office)은 1952년 총리부 설치령에 따라 내각총리 대신 산하에 설치된 관방조사실에 기원을 두고 있다. 1957년에는 정부조직 개편에 따라 총리부에서 내각관방으로 이전하는 동시에 종합정보판단기구로 그 업무를 확충하면서 내각조사실로 개칭되었다. 그리고 1986년 내각의 종합 조정 기능을 강화하는 조치의 하나로 내각조사실을 내각정보조사실로 명칭을 변경하여 오늘에 이르고 있다.

총리를 보좌하는 관방장관 산하에 소속되어 총리에게 직접 보고하는 내각정보조사실의 임무는 총리의 중요정책과 관련된 정보를 수집 · 분석하여 제공하고, 정보수집과 관련하여 각 성 · 청과의 연락을 조정하는 일본 국가정보체계의 중심기관이다.

내각정보조사실의 조직과 기능을 보면,[41] 총무부문, 국내부문, 국제부문, 경제부문, 내각정보집약센터, 내각정보분석관 그리고 내각위성정보센터로 구성되어 있다. 총무부문은 인사, 예산, 홍보 및 정보의 종합 분석 등에 관한 일을 담당하고 있고, 국내부문은 국내정보의 수집, 국제부문은 국외정보 수집에 관한 일, 경제부문은 국내외의 경제정보 수집을 담당하고 있다. 내각정보집약센터는 대규모 화재 등의 긴급사태에 관한 정보 수집을 맡고 있다. 내각정보분석관은 특정 지역 또는 특정 분야에 관한 고도의 분석이 필요한 일을 하고 있고, 내각위성정보센터는 국가안전의 확보, 대규모 화제에의 대응 등에 관한 화상정보 수집의 임무를 담당하고 있다.

그리고 내각정보조사실에 설치되어 내각정보관이 센터장으로 있는 방첩센터(Counter-Intelligence Center)는 「방첩기능의 강화에 관한 기본방침」[42]에 따라 방첩에 관한 각 행정기관의 사무에 대해 통일을 도모하고, 방첩정책의 추진체제를 확립하며, 중요한 정보나 직원 등의 보호 기능을 하고 있다.

한편, 내각정보조사실의 전체 직원은 대부분 경찰청 소속인 파견인력 120명을 포함하여 180여 명으로 운영되는[43] 작은 조직에 불과하나 내각의 정보수요

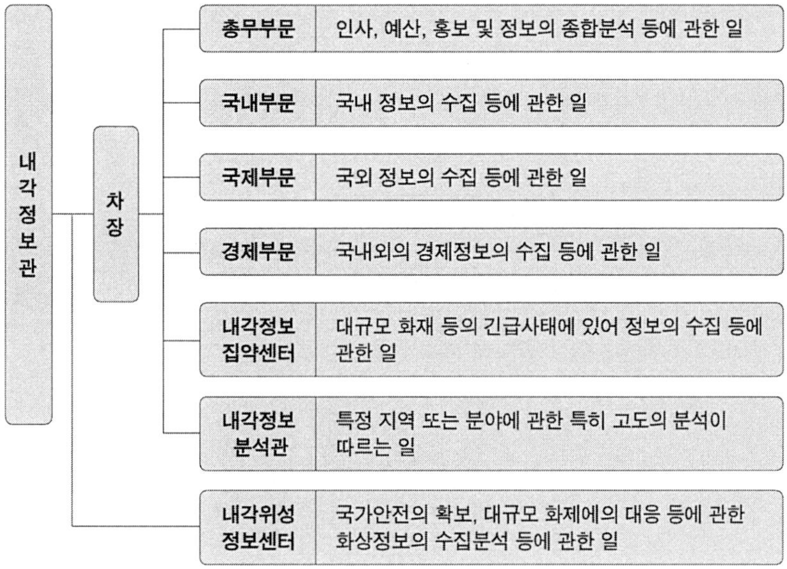

출처: 김선미, 전게논문, 163.

도 2-1 _ 내각정보조사실 조직과 기능

를 충당할 수 있는 것은 내각정보조사실에서 인건비와 사업비를 지원하는 국민출판위원회, 세계정경조사회, 국제문제연구회, 내외정세조사회, 민주주의연구회 등 25개 외곽단체를 활용하기 때문이다. 이들 기관들은 정보수집은 물론 수집된 정보의 분석과 평가를 통해 내각정보조사실에 지원하는 것으로 알려져 있다.

내각정보조사실은 러시아 및 중국과의 영토분쟁, 지속되는 경제불황, 북한의 도발 등에 대처하기 위한 국가정보의 중요성이 증대함에 따라 규모와 인원이 계속 확장되고 있으며, 위성정보 운영과 같은 새로운 임무도 추가되는 등 그 역할과 비중이 확대되는 추세에 있다.

3. 경찰청

공공의 안녕과 치안질서 유지를 위해 정보수집과 수사업무를 수행하는 일본 경찰은 국가경찰인 경찰청과 자치경찰인 동경도 경시청 및 도·부·현(道·府·懸) 경찰본부로 구성되어 있다.

형사, 교통, 생활안전, 경비, 정보통신 등 기능별로 조직을 구성하고 있는 경찰은 주로 경비부서에서 정보수집과 분석활동을 하고 있다. 즉, 경찰청의 경비국, 경시청의 공안부, 도·부·현 경찰본부의 경비부, 그리고 경찰서의 경비과와 공안과에서 정보업무를 담당한다.

공안경찰의 사령탑이기도 한 경비국은 전국의 공안경찰을 지휘하여 국제테러 조직, 구공산권 등 외국 첩보기관, 일본 공산당, 시민활동(반전운동, 노동운동 등), 컬트 단체(구 옴진리교 등), 우익단체(주로 행동 우익), 극좌단체(혁명 마르크스파, 중핵파, 혁노협) 등에 대한 사찰이나 협력자관리를 주된 임무로 하고 있다. 조직은 외사정보부, 경비기획과, 공안과, 국제테러리즘 대책과, 경비과로 구성되어 있는데, 외사정보부는 외국 첩보기관의 대일 유해활동에 대한 정보수집과 수사업무를, 경비기획과에는 종합정보분석실과 화상정보분석실이 있고, 공안과는 신좌익, 구 옴진리교, 우익, 황실경비, 요인경호, 보안정보대책실과 경비정보대책실 운영을, 국제테러리즘 대책과는 일본 적군대책 및 국제테러리즘 긴급전개반 운영, 경비과는 화재대책실, 경위실, 경호실을 두고 있다.[44]

외사정보부는 일본의 주요 방첩기관이며, 외사정보부 내 외사과는 동경 경시청 및 도·부·현 경찰본부의 외사과를 통솔하는 기능을 수행함으로써 방첩활동의 효율성을 제고하고 있다.

4. 법무성 공안조사청

공안조사청(Public Security Intelligence Agency, PSIA)은 법무성 산하에 있는 정보기구로서 1952년 파괴활동방지법과 공안조사청법에 근거하여 설치되었다.

공안조사청의 주요 임무는 정부 전복활동에 대한 예방과 조사 및 통제이다. 그리고 국가안보와 관련하여 국내외 정보를 수집하고 평가하며, 생산된 정보는 국회보고 및 내각정보조사실의 조정을 통해 경찰청, 방위청, 외무성, 해상보안청 등 유관기관과 횡적으로 정보를 공유한다. 또한, 정보분석 결과 법률적 요건이 구성되면 특정단체에 대하여 필요한 조치를 내린다. 예를 들면, 폭력주의적 파괴활동에 대해 조사한 결과 규제가 필요한 경우에는 단체해산 등의 처분을 공안조사위원회에 청구할 수 있다.

경찰과 검찰이 내사나 수사를 통해 압수·수색이나 체포를 할 수 있지만 공안조사청은 체포권이나 증거물 압수와 같은 강제조사 권한은 없으며, 임의조사에 국한되는 조사권한을 가지고 있다.

공안조사청의 내부편제는 법적규제를 받지 않는다. 현재 총무부, 2개 조사부 및 지방조사국 조사사무소 등으로 구성되어 있다. 이 중 조사 1부는 주로 국내좌익단체의 정보를 담당하는데 제1과는 공산당 중앙조직, 제2과는 공산당 산하단체 그리고 제3~4과는 과격단체를 맡고 있다. 조사 2부는 해외정보를 담당하며, 해외정보 제1과는 러시아를, 그리고 제2과는 북한과 조총련을 주로 담당하고 있다.[45)]

5. 외무성 정보분석실

정보분석실(Intelligence and Analysis Service)은 2004년 국제정세에 대한 정보수집 및 분석능력을 강화하기 위해 외무성의 국제정보국을 폐지하고 신설된 조직이다. 해외정보를 수집, 분석, 종합 및 관리하는 외무성 소속의 국 단위 조직에 불과하나 내각정보조사실, 경찰청 경비국, 방위성 정보본부, 공안조사청과 함께 내각정보회의[46]를 구성하는 한 기관으로 위치하는 등 해외정보에 관한 주요 역할을 수행하고 있다. 외무성은 홈페이지에서 정보분석실을 국제정보통괄관조직(國際情報統括官組織)으로 표기함으로써 해외정보에 관한 최고 종합기관임을 나타내고 있다.

정보분석실의 근무 인원은 국장급인 정보분석실장을 장으로 해서 대신관방 심의관 또는 참사관, 국제정보관(과장급 분장관) 4명, 사무관, 전문분석원(임기제 직원)으로 구성되어 있다. 그리고 조직은 과단위인 제1, 2, 3, 4 국제정보관실로 편제되어 있으며, 각 실별 임무는 다음과 같다.[47]

제1국제정보관실(first division)은 정보의 수집에 관한 총괄, 과학적 정보수집, 대량살상무기의 개발 · 배치문제에 관한 정보수집 · 분석 · 조사, 제2국제정보관실(second division)은 정보의 분석에 관한 총괄, 국제테러 대량파괴무기의 확산문제, 안전보장을 시작으로 하는 글로벌한 과제 및 아프가니스탄 · 남서아시아 지역정세에 관한 정보수집 · 분석 · 조사를, 제3국제정보관실(third division)은 동아시아, 동남아시아, 대양주 지역에 관한 정보의 수집 · 분석 · 조사 그리고 제4국제정보관실(fourth division)은 유럽, 중앙아시아 · 코카사스 미주, 중동(아프가니스탄 제외), 아프리카 지역에 관한 정보의 수집 · 분석 · 조사 임무를 수행하고 있다.

외무성은 각 지역국과 기능국을 기초로 정보수집 및 분석에 임하고 있으나 정보분석실은 일상의 안건처리나 정책판단에 일정한 거리를 두면서 중장기적 또는 횡단적 분석을 함으로써 정책담당부서와는 상이한 각도에서 종합적인 정세판단을 내리려 하고 있다.[48]

정보분석실은 해외 주재 일본대사관 정무과 외교관을 중심으로 현지 특파원과 상사원들의 지원하에 주재국 정보를 수집하는 민 · 관 협조체제를 유지하는 것으로 알려져 있다.

6. 정보본부

정보본부(Defense Intelligence Headquarters)는 군의 정보기능이 육상, 해상, 항공자위대 등 각급부대와 자위대 직속의 정보부대 그리고 통합막료회의 등으로 분산되어 수행되면서 수집활동의 중복, 정보공유의 한계, 예산낭비 등의 문제점이 노출되자 이를 타개하기 위해 설치된 조직이다. 즉 일본은 군에 관한 종합적인 정보판단을 위해 1996년 '방위청 설치법의 일부를 개정하는 법률'에 따라 1997년 1월부터 통합된 軍정보기구인 정보본부를 통합막료회의(2006년 3월 통합막료감부로 개편) 산하조직으로 창설하였다. 이후 2006년 3월부터는 방위성장관의 직할기관으로 변신하여 군의 중앙정보기구로서의 역할과 지위를 가지고 있다.

정보본부는 자체적으로 공개정보, 전파정보, 영상정보 등으로 수집한 정보, 방위성의 각 기관에서 제공되는 정보, 그리고 타 부처에서 지원받은 정보 등을 집약하고, 종합적으로 처리 · 분석하여 국제 군사정세 등 방위성과 자위대가 필요로 하는 전략정보를 작성하는 것을 기본업무로 하고 있다. 이를 위해 통신정보(COMINT), 신호정보(SIGINT), 영상정보(IMINT), 인간정보(HUMINT) 등의 모든 국방관련 정보를 중앙에서 통합, 조정, 분석하여 관련 부대에 전파하고 방위청 내국 및 각 막료감부와 공유하며 내각에도 보고한다.[49)]

정보본부는 본부장, 부본부장, 그리고 6개 부와 부속기관인 통신소로 구성되어 있다. 본부장은 장(將)계급(육군장군, 해장 또는 공장)의 자위관이 임명되어 사무를 관리하고 총리에게 직접 보고할 수 있다. 부본부장은 사무관(심의관이 겸무)이 배치되어 본부장을 도와 정보본부의 사무를 정리하는 업무를 담당한다. 본부장의 전문정보 스텝인 정보관(4명)은 1명의 사무관과 3명의 자위관이 배치되어 있다. 주로 사무관은 각국 안전보장 · 국방정책에 관한 정보를 통괄하고, 3명의 자위관은 각각의 담당지역의 군사정세를 담당한다.[50)]

6개 부는 총무부, 계획부, 분석부, 통합정보부, 화상 · 지리부 및 전파부로서, 총무부는 정보본부 직원의 인사, 급여, 교육훈련, 후생복리 등의 업무와 경비,

수입관련 회계물품 취득, 행정 재산 및 물품관리업무와 비밀보전에 관한 업무를 관장하고 있다. 계획부는 정보수집 · 정리에 관한 계획, 관계부서와의 연락조정, 조직 및 정원, 경비 및 수입의 예결산, 행정재산의 취득, 업무계획, 정보관리에 관한 기획과 섭외에 관한 업무를 담당하고 있다. 분석부는 정보의 종합적인 분석, 정보의 수집정리 및 조사 · 연구개선, 통합방위계획과 통합경비계획 작성에 필요한 정보업무, 통합운용에 필요한 정보에 관한 업무와 자위대법에 의해 편성된 특별부대운용과 관련한 정보업무를 관장하고 있다. 통합정보부는 긴급으로 처리해야 하는 정보와 외국군대 동태에 관한 정보수집 및 정리 그리고 통합막료감부에 대해 자위대의 운용에 필요한 정보제공과 관련된 업무를 담당하고 있다. 화상 · 지리부는 영상 · 지리정보에 관한 수집정리 및 조사에 관한 업무를 관장하고 있다. 끝으로 전파부는 전파정보에 관한 수집정리 및 조사, 장비품의 기술연구 및 기술개발 요구와 연구개선에 관한 업무를 취급하고 있다.[51)]

그리고 부속기관인 통신소는 6개 지역(東千歲통신소, 小舟渡통신소, 大井통신소, 美保통신소, 太刀洗통신소, 喜界島통신소)에 위치하고 있으며, 정보본부의 구성원 중 약 70%에 해당하는 인원이 전파부 및 각 통신소의 요원으로 알려져 있다.

이상의 일본 정보기구들의 발전과 특징을 살펴보면, 제2차 세계대전 패전 이후 일본은 육 · 해 · 공군 전력보유를 금지하고 전쟁을 국가정책수단으로 포기한다고 규정한 헌법의 영향에 따라 국가 정보체제의 기능이 제한적이었고, 제도적으로도 정보관련기구가 정부부처별로 분산되어 있었다.[52)] 그러나 냉전이 종식되는 1990년대 초반부터 일본의 국가정보체제는 법률에 의한 제도적인 뒷받침과 함께 정보기구에 대한 예산증액으로 그 수단과 활동 측면에서 강화되는 양태를 보여주고 있다.

1) http://www.intelligence.gov/mission/structure.htm/검색일: 2015. 2. 3.
2) 위키피디아. (2015), 국가정보국, http://ko.wikipedia.org/wiki/%EB%AF%B8%EA%B5%AD_%EA%B5%AD%EA%B0%80_%EC%A0%95%EB% B3%B4%EA%B5%AD/검색일: 2015. 2. 3.
3) 미국 국가정보국 홈페이지, http://www.odni.gov/index.php/about/organization/검색일: 2015. 2. 3.
4) CIA 홈페이지, https://www.cia.gov/about-cia/todays-cia/what-we-do/검색일: 2015. 2. 3.
5) CIA 홈페이지, https://www.cia.gov/offices-of-cia/검색일: 2015. 2. 3.
6) 미국 국가안보국 홈페이지, https://www.nsa.gov/about/values/index.shtml/검색일: 2015. 2. 2.
7) http://terms.naver.com/entry.nhn?docId=68121&cid=43667&categoryId=43667/검색일: 2015. 2. 2.
8) 위키피디아. (2015), 국가안보국, http://ko.wikipedia.org/wiki/%EB%AF%B8%EA%B5%AD_%EA%B5%AD%EA%B0%80%EC%95%88%EB%B 3%B4%EA%B5%AD/검색일: 2015. 2. 1.
9) 미국 국가정찰국 홈페이지, http://nro.gov/about/index.html/검색일: 2015. 2. 4.
10) 미국 국가지구공간정보국 홈페이지, https://www.nga.mil/About/Pages/default.aspx/검색일: 2015. 2. 4.
11) 한희원, 전게서, 480-481.
12) 미국 연방수사국 홈페이지, http://www.fbi.gov/about-us/quick-facts/검색일 : 2015. 2. 4.
13) 미국 연방수사국 홈페이지, http://www.fbi.gov/about-us/nsb/검색일: 2015. 2. 4.
14) 미국 국방정보국 홈페이지, http://www.dia.mil/Home.aspx/검색일: 2015. 2. 3.
15) 미국 정보공동체 홈페이지, http://www.intelligence.gov/mission/member-agencies.html/검색일: 2015. 2. 5.
16) 미국 국방정보국 홈페이지, http://www.dia.mil/About/Organization.aspx/검색일: 2015. 2. 5.
17) 위키피디아. (2015), 국가정보대학교, http://en.wikipedia.org/wiki/Military_Intelligence_Academy/검색일: 2015. 3. 23.
18) http://www.intelligence.gov/mission/member-agencies.html/검색일: 2015. 2. 5.
19) http://www.intelligence.gov/mission/member-agencies.html/검색일: 2015. 2. 5.
20) 미국 마약단속청 홈페이지, http://www.dea.gov/about/Domesticoffices.shtml/검색일: 2015. 2. 5.
21) 미국 해안경비대 홈페이지, http://www.uscg.mil/top/about/검색일: 2015. 2. 6.
22) 미국 에너지부 홈페이지, http://energy.gov/about-us/검색일: 2015. 2. 7.
23) 국가정보포럼. (2011), 「국가정보학」, 서울: 박영사, 210.
24) 김광린. (2011). "러시아의 정보기구의 현황과 활동: FSB와 SVR을 중심으로", 「국가정보연구」, 4(1), 199.
25) 김광린. 전게논문, 194 재인용.
26) 김광린. 전게논문, 195-196 재인용.
27) Kouzminov, Alexander. (2005), *Biological Espionage: Special Operations of the Soviet and Russian Foreign Intelligence Services in the West.* London: Greenhill Books.
28) 김윤덕. (2001), 「국가정보학」, 서울: 박영사, 210.
29) https://www.gov.uk/government/publications/national-intelligence-machinery/검색일: 2015. 2. 7.

30) https://www.mi5.gov.uk/home/about-us/what-we-do.html/검색일: 2015. 2. 7.

31) 김왕식. (2011), "영국 보안부와 비밀정보부의 조직과 활동양상", 「국가정보연구」, 4(1), 119.

32) https://www.sis.gov.uk/about-us/what-we-do.html/검색일: 2015. 2. 7.

33) 김왕식. 전게논문, 121.

34) https://www.mi5.gov.uk/home/about-us/who-we-are/organisation/joint-terrorism-analysis-centre.html/검색일: 2015. 2. 7.

35) 이호철. (2008), "중국의 정보조직과 정보활동: 國家安全部 중심으로", 「국가정보연구」, 1(2), 124.

36) 이호철. 전게논문, 127-128.

37) 김당. (2001), "세계의 정보기관: 중국안전부", 주간동아 제299호, http://www.donga.com/docs/magazine/weekly_donga/news299/wd299ff050.html/검색일: 2015. 2. 8; 이호철, 전게논문. 131-132.

38) 김태진. (2005), "중국 공안기관의 수사절차와 시사점", 「한국경찰학회보」, 9, 12-13; 김형만 외. (2007), 「비교경찰제도론」, 서울: 법문사; 문경환 · 이창무. 전게서, 179.

39) Polyzinesince. (2014), '[베일의 실력자] 중국편 ② 인민해방군 총참모부(GSD): 군사 정보기관', 5월 28일자, http://www.polyzine.co.kr/xe/index.php?mid=board_WyyA71&page=2&document_srl=7240/검색일: 2015. 2. 8.

40) 연현식. (2005), "일본의 국가정보기구에 대한 소연구: 역사, 조직, 기능과 활동을 중심으로", 「일본학보」, 63, 289.

41) 김선미. (2011), "일본의 정보기관: 연혁, 조직, 활동", 「국가정보연구」, 4(1), 162-163.

42) カウンターインテリジェンス機能の強化に関する基本方針(平成１９年８月９日カウンターインテリジェンス 推進会議決定)の概要, http://www.cas.go.jp/jp/seisaku/counterintelligence/pdf/basic_decision_summary.pdf/검색일: 2015. 2. 9.

43) 위키피디아. (2015), 내각조사실, http://ko.wikipedia.org/wiki/%EB%82%B4%EA%B0%81%EC%A0%95%EB%B3%B4%EC%A1%B0%EC%82 %AC%EC%8B%A4/검색일: 2015. 2. 9.

44) 김선미. (2013), "일본의 정보기구", 한국국가정보학회 엮음. 「국가정보학」, 서울: 박영사, 379.

45) 정상화. (2008), "일본의 테러리즘 대응책: 정보기구와 관련 법규의 분석", 「국가정보연구」, 1(2), 184-185.

46) 내각정보회의는 일본 내각에 있는 회의체로서 1998년 각 정보관계기구의 연락 · 조정을 통해 국내외에 걸친 내각의 중요정책에 관한 정보를 종합적으로 파악하기 위해 설치되었다. 내각관방장관이 주재하고 관계 부처 차관이 참석하며, 연 2회 개최된다.

47) 일본 외무성 홈페이지, http://www.mofa.go.jp/mofaj/annai/honsho/sosiki/koku_j.html/검색일: 2015. 2. 9; 김선미, 전게논문, 170.

48) 연현식. (2008), '일본의 정보기구 개혁동향과 그 의미', 「국가정보연구」, 제1권 제1호, 145.

49) 연현식. 전게논문, 144.

50) 김선미. 전게논문, 165-166.

51) 연현식. 전게논문, 144-145.

52) 박영준. (2014), '일본 아베정부의 국가정보체제강화와 한국에의 정책적 시사점', 「국가정보연구」 7(2), 215-216.

제7장 한국의 정보기구

제1절 한국 정보기구의 역사

한국사에서 근대는 일반적으로 강화도조약이 체결된 1876년부터 1945년 광복까지의 시기로 분류된다. 따라서 여기에서는 한국사에서 큰 의미를 가지는 근대를 중심으로 그 이전과 근대, 그리고 광복 이후로 구분하여 정보기구의 역사를 살펴본다.

1. 근대 이전

우리나라 역시 원시 공동체 사회를 지나 씨족, 부족 등 공동체를 형성하면서 다른 씨족 및 부족들과 경쟁을 하게 되었다. 이들 공동체 존립을 위해 상대세력에 대한 의도와 취약점을 파악하고 내부 역량 유실을 방지하기 위한 보안활동이 전개되었을 것으로 추정된다. 특히, 부족이 합해져 국가를 형성하고 전쟁을 통해 국가를 합병하는 과정에서는 더욱 정보활동의 필요성이 증가하고 그 중요성을 깨닫게 되었다고 생각한다.

삼국시대의 고구려, 백제, 신라는 상호간에 자국의 영역을 확대하거나 지키고, 대외적으로는 수나라와 당나라의 침략과 간섭으로부터 주권을 지키기 위해 정보활동을 전개하였다. 고려시대에는 원나라와 명나라를 대상으로 잃어버린 북방영토를 되찾기 위해 치열한 첩보활동을 펼쳤다. 그리고 삼국시대와 고려시대를 불문하고 왕권 유지를 위한 보안활동도 이루어졌다.

이 시기에는 전문화된 정보기구는 없었으나 외교사절과 같은 공식채널과 상인, 유학생, 변방 군인, 승려 등의 비공식 채널을 통하여 정보를 수집하였다. 최무선의 경우 국경지역의 중국인들로부터 화약제조법을 몰래 익혀 대포를 만드는 등 적대세력의 무기체계 및 사기, 지형정보와 같은 군사분야와 관련된 정보를 주로 수집하였으나 농업기술이나 학문과 같은 분야도 관심의 대상이었다. 그리고 고구려 장수왕이 바둑을 잘하는 승려 도림을 백제의 개로왕에게 접근시켜 국사를 소홀히 하게 한 후 백제 수도인 한성을 점령한 사실은 공작활동도 전개했다는 사실을 보여준다.

조선시대에는 일본의 침략의도를 정확하게 파악하지 못했고, 명나라와 청나라의 교체기에는 그 정세도 제대로 읽지 못하는 등 대외정세의 오판에 따라 임진왜란과 명 · 청의 간섭으로 주권이 소멸될 위기에 처하는 등 정보실패가 이어졌다. 소극적인 대외정보활동에 비하여 국내정보활동은 비교적 다양하게 이루어졌다. 전국의 지방 실정을 파악하기 위한 암행어사제도의 운영, 백성의 민심과 양반의 의견을 청취하기 위한 신문고, 격쟁, 상소, 권당 등의 제도를 운영하였다. 특히, 전국적인 네트워크를 가진 보부상을 이용하여 민심을 듣거나 동학혁명과 같은 주요 사건에 대한 정보를 수집하기도 하였다.

조선시대에는 이와 같은 공식 · 비공식적인 정보활동에도 불구하고 조직화, 전문화되지 못하였기 때문에 구한말에는 미국과 영국 그리고 일본 등 제국주의의 간섭에서 자유로울 수가 없었으며, 결국 나라를 빼앗아 가려는 자들의 활동무대가 되었다.

2. 근대

우리나라는 강압에 의해 일본과 불평등조약을 체결하면서 근대화가 시작되었다. 정보활동의 중점은 개항으로 외세의 침탈이 밀려오자 국권을 수호하고 서구문물을 수용하여 국력을 증진하기 위한 정보활동에 맞추어졌다. 그리고 국권을 침탈당한 일제 식민지 시기에는 국권회복을 위한 독립운동에 중심을 두고 독립운동에 필요한 일제의 동향 수집, 일제 통치시설의 파괴 그리고 일본 요인 암살 등의 정보활동이 이루어졌다.

근대화가 시작되면서 서구 국가들과의 외교관계가 늘어나면서 서양식 외교제도가 도입되고, 교통과 통신기술이 발달함에 따라 정보환경에도 질적인 변화가 발생하였다. 과거 사신을 이용한 방문외교에서 수교국 간에 상호 상주공관을 설치하게 됨에 따라 현지에서 상주하며 상시적인 정보활동이 가능하게 되었고,[1] 산업혁명의 여파가 조선에까지 이어지면서 철도의 부설, 전신 및 전화 등 통신시설의 발달로 정보활동의 공간이 국내는 물론 해외에 걸쳐 크게 확대되는 상황이 도래하였다.

이에 따라 고종황제는 1902년 6월 임시적이고 불규칙적인 정보활동으로는 변화한 정보환경에 대응할 수 없다는 판단하에 최초의 근대적 정보기구인 제국익문사(帝國益聞社)를 황제직속으로 설립하였다.

이 기구는 표면적으로는 매일사보를 발행하는 등 현대판 통신사 역할을 하였다. 그러나 제국익문사의 설치목적과 활동영역, 조직운영체계 등을 명시한 규정집 '제국익문사비보장정(帝國益聞社秘報章程)'에 따르면, 서울, 지방, 항구, 외국 등 네 개 지역별로 구분하여 일본과 청나라 등 주변국의 정보를 수집하거나[2] 국가 권력을 침해하는 국사범이나 간첩행위를 탐지하는 역할을 수행하였다. 총 61명의 정보요원으로 구성된 제국익문사는 매일 고종에게 보고할 때, 정보 유출을 방지하기 위하여 불빛에 비춰야 읽을 수 있는 화학비사법(化學秘寫法)이라는 특수한 방법으로 문서를 작성하였으며, 통신원 등의 이름으로 가장하였다. 그러나 제국익문사는 고종황제가 헤이그 밀사사건(1907년)으로 퇴

위하면서 해체되었다.

일본은 1910년 을사조약으로 실질적 통치권을 상실한 대한제국과 형식적인 회의를 거쳐 한일병합조약을 체결하고 식민지를 시작하면서 국내외 독립운동 세력을 색출하기 위하여 경찰과 군인, 행정기관, 밀정을 동원하여 한민족 탄압 정책을 전개하였다. 이에 따라 대한민국 상해임시정부, 의열단, 한인애국단 등 독립운동단체들은 비밀리에 독립자금의 확보와 전달, 일제 통신시설의 파괴, 그리고 요인 암살 등의 독립운동을 수행하였다.

1919년 4월 일본 식민지 통치에 조직적이고 체계적인 대응을 위해 출범한 대한민국 상해임시정부는 해외에 소재해 있는데다 자금력과 인원이 부족한 여건을 감안하여 군사력보다는 정보력을 독립활동의 주요 수단으로 택하였다. 임시정부와 본토 한국을 연결하기 위하여 일종의 행정조직인 연통제와 통신연락 수단인 교통국을 조직하였는데, 전자는 국내에서 면 단위까지 책임자를 임명한 후 군인 모집, 시위운동 기획과 같은 활동을 하였으며, 후자는 군자금 모금, 국내 정보수집 및 정부문서 국내 전달 등의 역할을 담당하였다. 특히, 연통제에서는 활동요원인 통신원들을 변장시켜 비표를 주어 활동하게 하는 등 철저한 비노출 활동을 하였다.

의열단은 1919년 11월 일본 고관 및 친일 매국노 암살, 일제 통치시설에 대한 파괴 등의 방법으로 독립활동을 하기 위해 김원봉, 윤세주 등이 중심이 되어 중국 만주 길림성에서 결성되었다. 공약 10조라는 기본행동지침에 따라 5개소의 적 기관 파괴와 7악의 제거를 위해 대일 정보활동을 전개하였다. 5개소란 조선총독부 · 동양척식주식회사 · 매일신보사 · 경찰서 · 기타 중요 기관이며, 7악은 총독부 고문 · 군 수뇌 · 친일파 거물 · 밀정 · 반민족적 토호 등이 해당되었다. 공약 10조 중 제6조에서 언제 어디서든지 매월 일차씩 상황을 보고한다고 규정하여 정보수집과 보고의무를 명시하고 있다. 실제, 1920년 9월 14일 박재혁의 부산경찰서 경찰서장 폭사, 1921년 9월 12일 김익상의 조선총독부 청사 폭탄 투척, 1926년 12월 28일 나석주의 동양척식주식회사와 조선식산은행 습격 등 조직적인 항일투쟁을 전개하였다.

한인애국단은 1926년 상해임시정부 주석으로 있던 김구에 의해 요인암살과 중요기관 파괴를 목적으로 임시정부 산하에 설치한 특무공작기관으로서 일종의 비밀 군사작전 조직이다. 주석인 김구가 임무 부과, 조직원의 임명과 훈련 등에 대한 전권을 행사하였으며, 임시정부의 요인은 물론 조직원들 간에도 서로 그 존재를 알지 못하게 할 정도로 조직구조와 공작활동에 대해 최대한 비밀을 유지하였다.[3] 한인애국단은 1932년 이봉창 의사의 일본 천황에 대한 폭탄투척사건, 윤봉길 의사의 상해 홍구공원 폭탄투척 사건, 유상근과 이덕주의 대련 폭파 등의 항일투쟁을 통해 대한민국의 독립의지를 전세계에 알렸다.

3. 광복 이후

1945년 8월 15일 일본의 항복으로 제2차 세계대전이 끝나고 우리나라도 광복을 맞이하였다. 광복 이후 우리나라의 정보기구는 정부수립과 미국의 지원 등으로 보다 체계적이고 전문적인 기구로 발전하게 된다. 여기에서는 광복 이후 각 시대별로 정보활동을 주도하였던 정보기구를 중심으로 미국 방첩부대(Counter Intelligence Corps, CIC) 주도시기(1945~1948), 군 정보기구 주도시기(1948~1960) 그리고 중앙정보부 이후 시기(1945~1948)로 나누어 정보기구의 역사를 살펴본다.

첫째, 미국 방첩부대가 주도한 시기이다. 1945년 광복과 동시에 남북으로 분단되어 소련과 미국의 군대가 북한과 남한에 각각 주둔하게 되었다. 이에 따라 남한은 미국 24군단의 군정 체제가 시작되었으며, 정보지원은 미국 방첩부대가 담당하였다.

미국 방첩부대가 부여받은 기본 임무는 체제전복기도 세력과 반국가 사범을 색출하고, 미군정 체제에 대한 간첩행위, 태업행위를 무력화함으로써 미군정이 차질 없이 운영되도록 하는 것이었다. 미국 방첩부대는 이외에도 국정운영에 필요한 정보수집, 공작, 북한 정보수집 그리고 대북공작업무도 수행하였다.

미 군정시기의 정보체제는 일제시대부터 운영하던 경찰조직, 민간정보통신대, 그리고 지역별로 주둔하던 미군 정보참모부 등에서 수집한 첩보를 미국 방첩부대에서 1차 분석하여 24군단 정보참모부에 보고하고 그 정보를 정책결정과정에 활용한다. 이를 다시 일본의 미국 극동군 최고사령부, 육군부, 국무부 등에 보고하는 체제로 운영하였다.

둘째, 군 정보기구가 주도하는 시기로써 육군본부 정보국(1948~1950)과 특무부대(1950~1960) 시대로 구분하여 고찰할 수 있다.

정보국 시대는 미국 방첩부대가 1948년 대한민국의 정부수립과 1947년 6월 주한 미군 철수를 앞두고 이승만 정부에 민간과 군의 두 부문으로 나누어 임무를 인계하면서 한국 내에 독자적인 정보체제를 수립해 나가는 시기이다. 민간부문에서는 1948년 7월 미국 방첩부대를 모방하여 대통령령으로 '대한조사부(Korea Research Bureau)'를 창설하여 운영하다가 국회로부터 이승만 대통령이 정치적 목적으로 이용할 수 있다는 비판이 이어지고 1949년 1월 좌익혐의자 조사과정에서 고문사건이 발생하자 1949년 10월 해체되었다.

군에서는 육군본부 정보국이 미국 방첩부대를 인계 받기 위해 1948년 5월 산하에 특별조사과(Special Intelligence Section)를 설치하여 임무를 수행하였으며, 특무과, 방첩대 등으로 호칭되어지다 1949년 10월 방첩부대로 명칭을 변경하였다. 한국 방첩부대는 원만한 인계를 받기 위해 1948년 9월 27일부터 장교 41명이 미국 샌프란시스코 소재 미국 방첩부대 훈련소에서 직무교육을 받기도 하였다.

특무부대 시기는 1950년 북한에 의한 남침이 정보기구의 조직과 활동방향에 큰 영향을 미친 때이다. 육군본부는 1951년 3월 한국전쟁 이후 대공 및 방첩업무가 큰 폭으로 증가하자 육군본부 일반명령 제91호를 발령하여 정보국의 특별조사과를 정보국에서 독립시켜 육군본부 직할로 대공 및 방첩업무를 전담하는 특무부대를 창설하였다. 특무부대는 전쟁기간 중에 군과 관련된 민간시설의 보호 및 방첩활동, 그리고 간첩 및 이적행위자를 적발하여 군사재판으로 처리하였으며, 오늘날 국군기무사령부의 전신이다.

끝으로, 중앙정보부 이후의 시기이다. 5 · 16 군사정변 주도세력은 1961년 6월 공산세력의 간접 침략과 혁명과업 수행의 장애를 제거하기 위해(「국가재건최고회의법」 제18조 제1항) 문민이 주도하는 중앙정보기구의 필요성을 절감하고 최초의 현대식 국가정보기구인 중앙정보부(KCIA)를 창설하였다. 중앙정보부에 당시 분산되어 운영되던 여러 정보기구에 대하여 조종 및 감독권을 행사할 권한을 부여(「중앙정보부법」 제2조)하는 등 각급 정보기구들의 업무 중복과 상호 과도한 경쟁을 방지함으로써 효율적인 국가정보 체제를 만들려는 노력이 제도화되었다.

중앙정보부의 설립은 군사정변 주도 세력의 목적 외에도 1950년대 말 전 세계에서 소련과 이념 대립을 하던 미 중앙정보국(CIA)이 공산권과 대립하고 있는 전초기지인 한국에서 정보협력의 필요성이 증가하자 군부 유재흥 연합참모본부 총장 등에게 CIA와 협력할 중앙정보기구 신설을 계속 요구한 것도 주요한 원인이 되었다. 중앙정보부는 1981년 제5공화국이 출범하는 과정에서 국가안전기획부로 개칭된 데 이어, 1988년 김대중 정부에서 국가정보원으로 명칭을 바꾸어 오늘에 이르고 있다.

중앙정보부의 창설로 그간 군 정보기구에서 군사정보 중심의 보안, 방첩 그리고 대북정보활동을 전개하던 양상에서 벗어나 국내는 물론 해외정보분야까지 정보활동의 영역을 확대함으로써 국가정보기구로서의 체계가 확립되는 계기가 되었다.

제2절 정보기구 운용체계

우리나라에서는 각급 정보기구가 병렬형식 또는 분산형의 정보기구를 운영해오다 1961년 「중앙정보부법」의 제정으로 국가정보원(중앙정보부)이 정보 및 보안업무를 수행하는 모든 기관에 대해 기획 · 조정을 하는 방식으로 국가정보기구를 운영해 오고 있다.

이 기획 · 조정은 「국가정보원법」 제3조 제1항 제5호에서 국정원 직무 중의 하나로 기술한 '정보 및 보안업무의 기획 · 조정' 규정과 이 기획 · 조정의 범위, 대상, 구체적인 조정방법 등을 규정한 「정보및보안업무기획 · 조정규정」(대통령령 제25751호)에 근거한 것이다. 「정보및보안업무기획 · 조정규정」 제3조에 따르면, '국가정보원장이 국가정보 및 보안업무에 관한 정책의 수립 등 기획업무를 수행하며, 같은 정보 및 보안업무의 통합기능수행을 위하여 필요한 합리적 범위 내에서 각 정보수사기구의 업무와 행정기구의 정보 및 보안업무를 조정한다'고 규정함으로써 국가정보원이 여타 정보 및 보안기관에 대한 조정권한을 명시하고 있다.

그리고 국가정보원의 조정 대상 기관(동 규정 제5조)은 미래창조과학부, 외교부, 통일부, 법무부(대검찰청), 국방부, 행정자치부(경찰청), 문화체육관광부, 산업통상자원부, 국토교통부, 해양수산부, 국민안전처(해양경비본부), 방송통신위원회, 그 밖의 정보 및 보안 업무 관련 기관으로 규정하고 있으며, 기획업무의 범위(동 규정 제4조)는 조정 대상 기관의 모든 업무가 아니라 국가의 정보 및 보안업무와 정보예산에 대한 것으로 한정하고 있다.

그러나 이러한 법령적 규정에도 불구하고 여러 정보기구의 정보 및 보안업무를 기획 · 조정하는 강제 규정이나 이를 어길 경우 처벌할 수 있는 법적 권한이 없어 사실상 국가정보를 한 곳으로 모아 종합판단하는 데는 한계점이 있다. 즉, 1994년 「안기부법」 개정으로 정보조정협의회가 폐지(제13조)된 이후 국정원의 기획 · 조정권은 각 부문정보기구들의 자발적인 협조가 없을 경우 그 행사가 사실상 어려운데다[4] 부문정보기구들 간의 관료적 경합과 대립으로 정보기구 사이에 정보교류가 잘 이루어지지 않고 있다.[5]

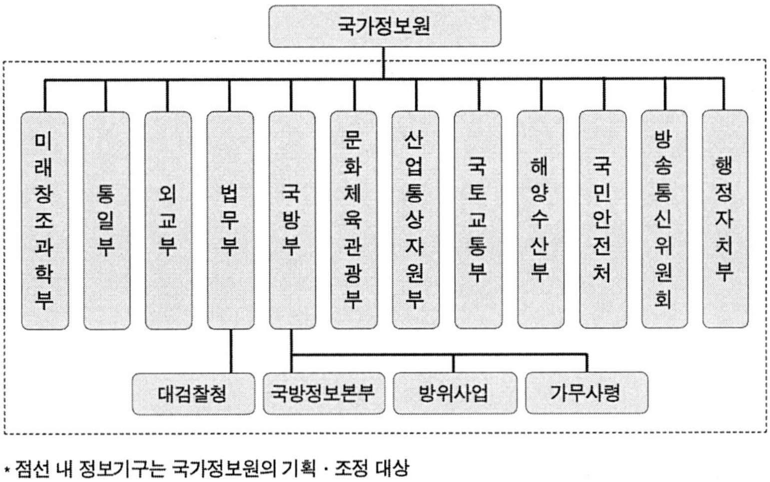

출처:「정보및보안업무기획 · 조정 규정」 제5조; Jung, Yook Sang. 1994. Revamping the Korean Intelligence Services: A Viewpoint of the Agency for National Security Planning, International Journal of Comparative and Applied Criminal Justice, 18(2): 199에서 일부 수정.

도 2-2 _ 우리나라의 국가정보기구 운영체계

제3절 국가정보원

1. 기원과 변천

이미 간략하게 설명한 바와 같이, 국가정보원은 크게 각급 정보기구를 기능면에서 통합할 중앙정보기구의 창설 필요성과 미국 CIA의 국내 협력 파트너 설치 요청이 어우러져 탄생한 것이다.

중앙정보기구의 필요성에 대해서는 1961년 5 · 16 군사정변 이후 입법, 사법, 행정 3권을 행사하는 비상기구인 국가재건최고회의가 국가정보원의 전신인 중앙정보부 창설 배경에 대한 기록물에서 다음과 같이 잘 기술하고 있다.

혁명 이전까지 행정부 및 각 군 정보기관은 동일한 목적으로 여러 기관이 병립하여 중복된 업무를 수행함으로써 귀중한 국가예산과 노력이 낭비되었고 또한 각 기관 상호간에 불필요한 경쟁으로 인하여 많은 모순이 야기되었기 때문에 이들 기관을 통합, 조정할 기관이 필요하였으며, 각 정보기관에서 같은 문제에 대하여 수집한 정보가 그 내용이나 판단이 각기 상이하였고 또한 그 수준조차 극히 저열하여 국가 대외정책 수립에 차질을 주어 정책의 빈곤과 국제적 고립을 가져왔기 때문에 각 기관에서 수집한 정보를 종합하여 국가 수준에서 판단할 소위 국가판단기구가 필요하였다.[6)]

미국 중앙정보국의 요청은 먼저, 1950년대 말 당시 장기정보 판단 등의 업무를 수행하던 연합참모본부의 총장인 유재흥에게 공식 제의되었다.[7)] 그 요구가 타당하다고 판단한 유재흥은 이승만 대통령에게 설립을 건의하였으나 거부함에 따라 1959년 1월 법적 근거 없이 연합참모본부 산하에 중앙정보부를 설립한 후 CIA 측에 북한정보를 제공하고 CIA가 지원한 정보 중 중요한 것은 국방장관과 경무대에 보고하는 기능을 하였다. 대외적으로 79호실로 위장명칭을 사용한 중앙정보부는 조직이 안정을 찾아가자 이승만 대통령 주재 국무회의에서도 국제정세 등에 대해 보고하게 되었다.

미국 CIA의 국내 중앙정보기구 설립 요청은 1960년 4월 혁명으로 집권한 장면 정부에도 이어져 결국 성사되었다. 장면 총리는 미국이 국내 중앙정보기관 설립에 필요한 훈련과 운영자금을 지원하겠다는 제의에 따라 먼저 1961년 1월 총리 직속으로 '중앙정보위원회'라는 조직을 창설하였으며, 같은 해 6월에는 중앙정보부를 창설하고 기존의 '중앙정보위원회'를 해외정보담당 부서로 흡수함으로써 국내 최초의 현대식 중앙정보기구의 탄생을 보게 되었다.

그러나 국가정보원이 우리나라의 근대화 과정에서 국가안보 확립과 국가이익을 위해 기여한 부분이 적지 않으나 정치개입, 고문 등의 부작용도 나타나자 정권의 교체기마다 중앙정보기구에 대한 기능 및 권한을 축소하는 방안이 시도되었다.

이에 따라 「중앙정보부법」(법률 제1510호)에서 규정한 '정보 및 보안업무의 조정 · 감독'이란 규정이 1981년 제5공화국 출범과정에서 「국가안전기획부법」으로 개정되면서 '정보 및 보안업무의 기획 · 조정'으로 완화되어 감독기능이 폐지되었다. 그리고 1993년 문민정부에서는 국가안전기획부의 조정 권한을 축소하는 차원에서 같은 법(제13조) 개정을 통해 '국가정보정책의 수립과 정보판단 및 그 운영에 관한 사항을 협의하기 위하여 안전기획부에 정보조정협의회를 둔다'는 조항을 삭제함으로써 권력의 오남용을 막는 데는 기여하고 있으나 질 높은 국가정보의 생산이라는 목표에는 한 가지 장애요인으로 작용하고 있는 형편이다. 또한, 1998년 출범한 국민의 정부는 정보기구의 권위주의적인 분위기를 없애고 국민에게 보다 가까이 다가가기 위해 국가안전기획부의 명칭을 국가정보원(National Intelligence Service)으로 개칭하고 공보관실도 설치하였다.

2. 조직과 구성원

국가정보원은 「국가정보원법」 제2조에서 대통령 소속으로 두며, 대통령의 지시와 감독을 받는다고 규정하여 대통령 직속기관으로서 국가정보원의 정보활동에 대한 책임은 지시 및 감독 책임자인 대통령에게 귀속된다는 것을 명시하고 있다.

국가정보원의 조직은 국정원의 조직 · 소재지 및 정원은 국가안전보장을 위하여 필요한 경우에는 그 내용을 공개하지 아니할 수 있다고 명시하여 비공개를 원칙으로 하고 있다(제6조). 따라서 국가정보원의 조직은 국가정보원장이 대통령의 승인을 받아 정하고 있는데(제4조), 국가정보원에 원장 · 차장 및 기획조정실장을 두는 규정(제5조)과 직무 수행상 특히 필요한 경우에는 대통령의 승인을 받아 특별시 · 광역시 · 도 또는 특별자치도에 지부(支部)를 둘 수 있도록 하는 규정을 근거로 현재 국가정보원에는 3개 차장과 시도 지부 그리고 해외거점을 운영하고 있는 것으로 알려져 있다.

그리고 국가정보원의 직원은 비공개가 원칙이나(제6조) 일반적으로 공개되고 있는 원장은 국회의 인사청문을 거쳐 대통령이 임명하며, 차장 및 기획조정실장은 원장의 제청으로 대통령이 임명한다. 원장·차장 및 기획조정실장 외의 직원 인사에 관한 사항은 「국가정보원직원법」에 따라 운영되고 있다.

또한 그간 국가정보원의 정치관여 사례가 일부 확인되면서 직원들의 정치관여에 대해서는 여타 공무원에 비해 더욱 강하게 처벌하고 있다. 즉 일반 공무원의 경우 3년 이하의 징역과 3년 이하의 자격정지를 하고 있으나(「국가공무원법」 제84조) 국가정보원 직원이 정치에 관여한 사실이 확인될 경우 7년 이하의 징역과 7년 이하의 자격정지에 처함은 물론 미수범도 처벌토록 규정하고 있다(「국가정보원법」 제18조).

「국가정보원법」에는 정치활동에 관여하는 대상을 다음과 같이 규정하고 있다(제9조). 첫째, 정당이나 정치단체의 결성 또는 가입을 지원하거나 방해하는 행위, 둘째, 그 직위를 이용하여 특정 정당이나 특정 정치인에 대하여 지지 또는 반대 의견을 유포하거나, 그러한 여론을 조성할 목적으로 특정 정당이나 특정 정치인에 대하여 찬양하거나 비방하는 내용의 의견 또는 사실을 유포하는 행위, 셋째, 특정 정당이나 특정 정치인을 위하여 기부금 모집을 지원하거나 방해하는 행위 또는 국가·지방자치단체 및 「공공기관의 운영에 관한 법률」에 따른 공공기관의 자금을 이용하거나 이용하게 하는 행위, 넷째, 특정 정당이나 특정인의 선거운동을 하거나 선거 관련 대책회의에 관여하는 행위, 다섯째, 「정보통신망 이용촉진 및 정보보호 등에 관한 법률」에 따른 정보통신망을 이용한 제1호부터 제4호까지에 해당하는 행위, 여섯째, 소속 직원이나 다른 공무원에 대하여 제1호부터 제5호까지의 행위를 하도록 요구하거나 그 행위와 관련한 보상 또는 보복으로서 이익 또는 불이익을 주거나 이를 약속 또는 고지(告知)하는 행위들이다.

3. 직무

국가정보원의 직무는 국가정보의 수집 · 작성 및 배포, 보안업무, 안보관련 범죄의 수사, 직원에 대한 범죄 수사, 그리고 정보 및 보안업무의 기획 · 조정 업무를 그 범위로 하고 있다(「국가정보원법」 제3조).

가. 국가정보의 수집 · 작성 및 배포

국가정보원의 정보업무에 관계되는 법령 규정은 「국가안전보장회의법」, 「정부조직법」, 「국가정보원법」 그리고 '정보및보안업무기획 · 조정규정'(대통령령)에서 발견할 수 있다. 먼저, 국가안전보장회의의 구성과 직무범위 등을 규정한 「국가안전보장회의법」은 '국가정보원장은 국가안전보장에 관련된 국내외 정보를 수집 · 평가하여 이를 회의에 보고하여 심의에 자(資)하여야 한다(「국가안전보장회의법」 제10조)'고 명시함으로써 국정원에서 생산하는 정보의 범위가 국가안전보장과 관련되며, 국내외 정보를 포괄하는 것으로 규정하고 있다.

「정부조직법」에서는 '국가안전보장에 관련되는 정보보안 및 범죄수사에 관한 사무를 담당하기 위하여 대통령 소속하에 둔다(「정부조직법」 제16조 제1항)'고 규정하여 국정원의 정보업무 범위를 국가안보와 관련된 정보업무로 명시하고 있다.

그리고 「국가정보원법」에는 '국외정보 및 국내 보안정보(대공, 대정부전복, 방첩, 대테러 및 국제범죄조직)의 수집 · 작성 및 배포'로 규정하고 있으며, 이 법을 구체화한 '정보및보안업무기획 · 조정규정'(대통령령)에서는 국외 정보를 '외국의 정치, 경제, 사회, 문화, 과학 및 지지 등 각 부분에 관한 정보'로 정의하고 있고, 국내보안정보는 '간첩 및 기타 반국가활동세력과 그 추종분자의 국가에 대한 위해행위로부터 국가의 안전을 보장하기 위하여 취급되는 정보'로 명시하고 있다.

위에서 법령상 기술된 국가정보원의 정보업무를 보면 기본적으로 국가안전보장과 관련되는 사항을 원칙으로 하고 있다. 이러한 원칙하에 국외 정보에 있어서는 범위의 제한이 없는 반면에 국내 정보는 보안정보로 제한하면서 그 중에서도 대공, 대정부전복, 방첩, 대테러 및 국제범죄조직에 한정하고 있다.

나. 보안업무

국가정보원(약칭 '국정원')의 보안업무는 「국가정보원법」 제3조 제1항 제2호에서 규정한 "국가 기밀에 속하는 문서 · 자재 · 시설 및 지역에 대한 보안 업무. 다만, 각급 기관에 대한 보안감사는 제외한다.[8)]" 라는 규정에 근거하고 있다. 이는 국가정보원에게 우리나라 보안업무의 총책임기관적 기능을 부여하는 것으로서 행정부는 물론 입법부, 사법부의 보안업무에 대해서도 국가정보원이 보안업무권한을 행사하는 것으로 보아야 한다. 3권 분립 정신에 따라 입법부는 국회보안업무규정(국회규정 제430호), 사법부는 비밀보호규칙(대법원 규칙 제1497호)에 따라 국회사무총장과 법원행정처장이 독자적으로 시행하고 있으나 국회규정과 대법원 규칙이 일반법의 하위규범인 자체 내부규정에 불과하기 때문에 입법부와 사법부의 궁극적 보안책임기관은 국가정보원으로 생각된다.

그리고 국가정보원의 보안업무 수행에 필요한 사항을 구체적으로 규정한 보안업무규정(대통령령 제26140호)을 보면, 보안업무는 크게 비밀보호, 신원조사 그리고 보안조사로 구분하고 있다.

국가비밀 보호에 최종 책임이 있는 국가정보원은 자신은 물론 각급 행정기관의 비밀의 생산, 관리, 보호 방법과 기준을 규정하고 지도하고 있다.

신원조사는 국가보안을 위하여 국가에 대한 충성심, 성실성 및 신뢰성을 조사하는 것으로서 대상자는 공무원임용예정자, 비밀취급인가예정자, 해외여행을 하고자 하는 자(입국하는 교포를 포함), 국가중요시설 · 장비 및 자재 등의 관리자와 기타 각급기관의 장이 국가보안상 필요하다고 인정하는 자, 공공단체의 직원과 임원의 임명에 있어서 정부의 승인이나 동의를 요하는 법인의 임원 및 직원 그리고 기타 법령이 정하는 자이다(규정 제33조). 신원조사는 국정원장이 그 직권 또는 관계기관의 장의 요청에 의하여 실시하며(규정 제33조 제2항), 신원조사에 관한 권한의 일부를 국방부장관과 경찰청장에게 위임할 수 있다. 다만, 국방부장관에 대한 위임은 군인 · 군무원 · 「방위사업법」에 규정된 방위산업체 및 연구기관의 종사자와 기타 군사보안에 관련된 인원의 신원조사의 경우에 한한다(규정 제45조). 그리고 각 조사기관의 장은 신원조사의 결과 국가안전보장상 유해로운 정보가 있음이 확인된 자에 대하여는 관계기관의 장에게 그 사실을 통보하여야 하며, 통보를 받은 관계기관의 장은 신원조사의 결과에 따라 필요한 보안대책을 강구하여야 한다(규정 제34조).

보안조사에는 보안측정, 전말조사, 보안감사 및 통신보안감사가 있다. 그러나 국가정보원이 직접 행사하는 것은 보안측정과 전말조사이며, 보안감사권은 1997년 국가정보원의 권한을 축소하는 조치의 일환으로 「국가정보원법」을 개정(법률 제5454호)하면서 폐지되고 보안감사결과 수리권만 가지고 있다.

국정원장은 직권 또는 관계 감독기관의 장 등의 요청에 따라 국가보안에 관련된 시설 · 암호자재 또는 지역을 파괴 · 기능 마비 또는 비밀누설로부터 보호하기 위하여 보안측정을 실시한다(규정 제35조, 제37조). 보안측정은 파괴 · 태업 또는 비밀누설로 인하여 전략적 또는 군사적으로 막대한 손해를 초래하거나 국가안전보장에 연쇄적 혼란을 초래할 우려가 있는 시설 또는 지역과 선박 · 항공기 등 중요장비에 대하여 실시한다(규정 제32조, 제36조). 한편, 보안목표시설 및 보호장비의 관리자와 그 감독기관의 장은 국정원장이 그 시설 및 장비의 보호를 위하여 요구하는 보안대책을 성실히 이행하여야 한다(제37조).

전말조사는 비밀의 누설 또는 분실과 국가중요시설 및 장비의 파괴, 보호구역에 대한 불법침입 등 보안사고가 발생한 경우 진상조사 차원에서 실시하는 모든 조사를 의미하는 것으로서(규정 제38조) 국정원장이 실시한 후 결과를 해당기관의 장에게 통보하며, 조사결과를 통보받은 해당기관의 장은 조사결과에 대하여 필요한 조치를 하여야 한다(규정 제42조).

다. 범죄의 수사

국가정보원은 검찰이나 경찰과는 달리 한정된 수사권을 가지고 있다. 즉 안보관련 범죄에 대한 수사 및 직원의 직무와 관련된 범죄에 대한 수사권한만 가지고 있다.

국정원이 수사권을 행사할 수 있는 안보관련 범죄란 형법 중 내란의 죄, 외환의 죄, 군형법 중 반란의 죄, 암호 부정사용의 죄, 「군사기밀보호법」에 규정된 죄, 「국가보안법」에 규정된 죄를 의미하며, 이 6가지 범죄 혐의를 가진 자를 정보사범이라고 한다. 정보사범에 대한 수사를 대공수사라고 하는데, 수사권을 정보기구인 국가정보원에 부여한 것은 대공수사 대상이 국내외로 연결된 경우가 많은데다 북한에 대한 전문지식도 필요한 등 범죄대상이 특별하여 일반 수사기관에서는 전담하기 어려운 점이 있기 때문인 것으로 보인다.

그리고 국정원 직원의 직무와 관련된 범죄에 대하여 수사권을 발동할 수 있다. 따라서 국정원은 현직 국가정보원 직원이라고 하더라도 교통사고 등 직무와 관련성이 없는 범죄에 대해서는 수사권을 행사할 수 없다. 국정원이 직원에 대하여 수사권을 가진 것은 국가기밀을 취급하는 정보기구의 직무와 관련된 범죄를 일반 수사기관에 위임할 경우 중요한 국가기밀이 누설될 것에 대비한 것이다.

라. 정보 및 보안업무 기획 · 조정

국가정보원은 「국가정보원법」 제3조 제1항 제5호에서 명시한 '정보 및 보안업무의 기획 · 조정' 근거와 이의 시행을 위해 대통령령(대통령령 제25751호)으로 만들어진 '정보및보안업무기획 · 조정규정'에 따라 정부의 각 기관에서 수행하는 정보 및 보안업무에 대하여 종합적으로 판단하여 체계적인 계획 수립과 지침 시달, 업무와 예산사용의 중복 회피, 정보목표의 우선순위 설정 등으로 분산된 각 정보기구들의 능력을 국가 전체적인 차원에서 통합하여 효율성과 통일성을 찾도록 하는 역할을 하고 있다.

기획업무의 범위(규정 제4조)는 국가 기본정보정책의 수립, 국가정보의 중·장기 판단, 국가 정보목표 우선순위의 작성, 국가 보안방책의 수립, 정보예산의 편성, 정보 및 보안업무의 기본지침 수립 등 6가지가 해당된다.

조정은 국정원장이 국가안보에 중대한 영향을 미치는 주요 사안에 관하여는 직접 조정하고, 기타 사안에 관하여는 일반지침에 의하는데(규정 제6조), 조정업무의 범위(규정 제5조 제1호-제8호)는 다음과 같다.

① 외교부의 국외정보의 수집에 관한 사항, 출입국자의 보안에 관한 사항, 재외국민의 실태에 관한 사항, 통신보안에 관한 사항, ② 통일부의 통일에 관한 국내외 정세의 조사·분석 및 평가에 관한 사항, 남북대화에 관한 사항, 이북 5도의 실정에 관한 조사·분석 및 평가에 관한 사항, 통일교육에 관한 사항, ③ 법무부의 국내 보안정보의 수집·작성에 관한 사항, 정보사범 등에 대한 검찰정보의 처리에 관한 사항, 공소보류된 자의 신병처리에 관한 사항, 적성 압수금품 등의 처리에 관한 사항, 정보사범 등의 보도 및 교도에 관한 사항, 출입국자의 보안에 관한 사항, 통신보안에 관한 사항, ④ 국방부의 국외정보·국내보안정보·통신정보 및 통신보안업무에 관한 사항, 군인 및 군무원의 신원조사업무지침에 관한 사항, 정보사범 등의 내사·수사 및 시찰에 관한 사항, ⑤ 행정자치부의 국내 보안정보(외사정보 포함)의 수집·작성에 관한 사항, 정보사범 등의 내사·수사 및 시찰에 관한 사항, 신원조사업무에 관한 사항, 통신정보 및 통신보안 업무에 관한 사항, ⑥ 문화체육관광부의 공연물 및 영화의 검열·조사·분석 및 평가에 관한 사항, 신문·통신 그 밖의 정기간행물과 방송 등 대중전달매체의 활동 조사·분석 및 평가에 관한 사항, 대공심리전에 관한 사항, 대공민간활동에 관한 사항, ⑦ 산업통상자원부의 국외정보의 수집에 관한 사항, 국토교통부의 국내 보안정보(외사정보 포함)의 수집·작성에 관한 사항, ⑧ 해양수산부의 국내 보안정보(외사정보 포함)의 수집·작성에 관한 사항, ⑨ 국민안전처의 국내 보안정보(외사정보 포함)의 수집·작성에 관한 사항, 정보사범 등의 내사·수사 및 시찰에 관한 사항, 통신정보 및 통신보안 업

무에 관한 사항, ⑩ 방송통신위원회의 전파감시에 관한 사항, 그 밖에 통신정보 및 통신보안 업무에 관한 사항을 조정토록하고 있으며, 법령에 규정된 기관 이외의 기관에서 정보 및 보안업무를 수행할 때는 국정원이 조정할 수 있는 포괄조항도 두고 있다(규정 제5조 제9호).

한편, 이와 같은 국정원의 정보 및 보안업무의 기획 · 조정권한에 국내일반정보도 해당되는지에 대한 논의가 있다. 즉, 국가정보원의 직무를 「국가정보원법」 제3조 제1항 제1호에서 규정한 국내 보안정보(대공, 대정부전복, 방첩, 대테러 및 국제범죄조직)로 한정되어야 한다는 주장도 있는 것이다. 결론적으로 이야기하면, 국가안보와 관련된 정보 및 보안업무는 국내 일반 정보도 기획 및 조정의 대상이 된다. 이유는 국가정보원의 직무범위를 정한 제3조 제1항의 각호를 제한하는 규정이 별도로 명시된 것이 없는데다 오늘날 포괄적 국가안보의 개념과 이를 세세히 규정할 수 없는 현실적인 점을 고려하면 중앙정보기구가 국가 전체 수준에서 국가정보에 대한 조정이 필요하기 때문이다.[9)]

제4절 군 정보기구

1. 국방정보본부

국방정보본부는 1997년 국방정보본부령(대통령령 제15429호)에 따라 군사정보 및 군사보안에 관한 사항과 군사정보전력의 구축에 관한 사항을 관장하기 위하여 국방부장관 소속으로 설치된 군 정보기구(영 제1조)로써, 국군기무사령부 등 군내 모든 정보기구에 대한 정보 및 보안업무에 대해 기획 · 조정 권한을 가진다.

본부장은 국방부장관의 명을 받아 정보본부의 업무를 총괄하고, 정보본부에 예속 또는 배속된 부대를 지휘 · 감독하며, 군사정보 · 전략정보 업무에 관하여 합동참모의장을 보좌한다. 부령으로 규정된 국방정보본부의 업무범위(영

제1조의2)는 다음과 같다.

- 국방정보정책 및 기획의 통합 · 조정 업무
- 국제정세 판단 및 해외 군사정보의 수집 · 분석 · 생산 · 전파 업무
- 군사전략정보의 수집 · 분석 · 생산 · 전파 업무
- 군사외교 및 방위산업에 필요한 정보지원 업무
- 재외공관 주재무관의 파견 및 운영 업무
- 주한 외국무관과의 협조 및 외국과의 정보교류 업무
- 합동참모본부, 각 군 본부 및 작전사령부급 이하 부대의 특수 군사정보 예산의 편성 및 조정 업무
- 사이버 보안을 포함한 군사보안 및 방위산업 보안정책에 관한 업무
- 군사정보전력의 구축에 관한 업무
- 군사기술정보에 관한 업무
- 군사 관련 지리공간정보에 관한 업무
- 그 밖에 군사정보와 관련된 업무

그리고 국방정보본부는 정보본부 예하에 영상정보, 통신정보, 그리고 지리정보의 수집과 분석을 위한 각급 정보부대를 두고 있다. 첫째, 정보사령부이다. 군사 관련 영상 · 인간 · 기술 · 계측 · 기호 등의 정보의 수집 · 지원 및 연구에 관한 업무와 적의 영상정보 등의 수집에 대한 방어대책에 관한 정보업무를 관장하고 있다. 둘째, 쓰리세븐 부대로도 호칭되는 777사령부로서, 각종 신호정보의 수집 · 지원 및 연구에 관한 사항을 관장하고 있다. 마지막으로 군사 관련 지리공간정보의 수집 · 생산 · 지원 · 연구개발 및 전구(戰區)작전 지원 업무를 관장하기 위한 국방지형정보단을 운영하고 있다.

한편, 정보사령부는 1951년 3월 대북비밀공작 등을 위해 창설된 육군첩보부대(Higher Intelligence Department)가 전신이다. 1990년 10월에는 인간정보 및 기술정보의 효율성 제고를 위해 육군, 해군, 공군 3군의 첩보부대가 통합되어

국군정보사령부로 발족하였다(대통령령 제13131호). 그러나 정보사령부는 2009년 군의 인간정보와 기술정보 융합을 통한 군의 정보능력 향상을 위해 국방정보본부 예하부대로 귀속되었다.

2. 국군기무사령부

국군기무사령부의 전신은 1948년 5월에 조직된 육군본부 정보국 산하 특별조사과로서 1949년에는 방첩부대(Counter Intelligence Corps, CIC)로 개칭하였다. 1948년 11월에는 미군정체제하에서 국내정보, 공작을 주도한 미국 971 방첩부대(Counter Intelligence Corps)의 미국 본토 귀환에 따라 업무를 인수받고 부산, 광주, 전주 등 전국 15개 지역에 파견대를 설치하는 등 조직을 확대하였다. 그리고 한국전쟁이 발발한 후 1950년 10월에는 정보국에서 완전 독립하여 육군 특무부대로 창설되었다. 1968년 1월에는 북한 김신조 일당의 청와대 기습 사건을 계기로 군사보안의 중요성이 제기되자 육군 보안사령부로 개칭하고 대공활동을 강화하였다. 1977년에는 월남 패망과 주한미군 철수 문제 등으로 국내외 안보환경이 불안해지자 각 군 간 유기적 협력체계의 강화 필요성에 따라 육 · 해 · 공 3군 보안부대를 통합하여 국군기무사령부를 창설하였다(대통령령 제8704호).

국방부장관 소속의 국군기무사령부는 군사보안, 군 방첩 및 군에 관한 첩보의 수집 · 처리 등에 관한 업무를 수행하고 있는데 주요 임무는 아래와 같다(국군기무사령부령 제3조 제1항).

첫째, 군에 대한 다음의 보안업무 및 군 방첩업무이다. ① 군 보안대책 및 군 관련 보안대책의 수립 · 개선 지원, ② '보안업무규정'(대통령령 제26140호) 제33조(신원조사) 단서에 따라 국방부장관에게 위임되는 군사보안에 관련된 인원의 신원조사, ③ '보안업무규정' 제45조 제1항(권한의 위탁) 단서에 따라 국방부장관에게 위임되는 군사보안대상의 보안조사, ④ 그 밖에 국방부장관이 정하는 군인 · 군무원, 시설, 문서 및 정보통신 등에 대한 보안업무이다.

둘째, 다음에 해당하는 군 관련 첩보의 수집 · 작성 및 처리이다. ① 국외 · 국내의 군사 및 방위산업에 관한 첩보, ② 대(對)정부전복, 대테러 및 대간첩 작전에 관한 첩보, ③ 「방위사업법」에 따른 방위산업체 및 전문연구기관, 「국방과학연구소법」에 따른 국방과학연구소 등 국방부장관의 조정 · 감독을 받는 기관 및 단체에 관한 첩보, ④ 군인 및 군무원, 「군인사법」에 따른 장교 · 부사관 임용예정자 및 「군무원인사법」에 따른 군무원 임용예정자에 관한 첩보를 수집한다.

셋째, 정보작전 방호태세 및 정보전(情報戰) 지원이며, 넷째, 「군사법원법」 제44조 제2호(국가보안법 위반 등의 죄)에 규정된 범죄를 수사한다.

마지막으로 「정보통신기반보호법」 제8조(주요통신기반시설의 지정)에 따라 지정된 주요정보통신기반시설 중 국방분야 주요정보통신기반시설의 보호지원 업무를 담당한다.

제5절 경찰의 정보기구

국민의 생명과 재산보호를 기본 임무로 하는 경찰은 「경찰법」, 「경찰관 직무집행법」 등의 법률과 경찰청과 그 소속기관 등 직제, 경찰청과 그 소속기관 직제 시행규칙 등의 대통령령 또는 행정자치부령에 근거하여 정보업무를 수행한다.

1991년 제정된 「경찰법」 제3조에서 국가경찰은 국민의 생명신체 및 재산의 보호와 범죄의 예방 및 수사, 치안정보의 수집, 교통의 단속 기타 공공의 안녕과 질서유지를 그 임무로 한다고 명시하여 치안정보의 수집이 경찰 임무 중의 하나임을 규정하고 있다.

그리고 1953년 제정된 「경찰관 직무집행법」에는 입법 당초에는 정보활동에 대한 내용이 빠져 있었으나 1981년 개정을 통해 치안정보의 수집 · 작성 · 배포를 직무영역에 추가하였다. 또한, 경찰청과 그 소속기관 등 직제(대통령령 제25996호, 2015.1.6), 경찰청과 그 소속기관 직제 시행규칙(행정자치부령 제17호, 2015.1.7)을 통해 수사국의 범죄정보 수집 및 분석, 사이버안전국의 사이버상 범죄정보의 수집과 분석 및 배포, 정보국의 치안정보 및 정책정보의 생산, 보안국의 보안 및 북한관련 정보의 수집과 생산 및 배포, 외사국의 국내·외 외사정보의 수집과 분석을 할 수 있도록 하고 있다.

이와 같이 경찰은 경찰청 본청에서 파출소 단위에 이르는 조직과 해외 경찰 주재관을 통해 치안정보와 정책정보의 생산 등 다양한 정보활동을 전개하고 있다.

경찰의 정보활동은 직무범위가 넓은 데다 많은 구성원이 동원되는 국가정보기구로서 제3편에서 자세히 기술하도록 한다.

제6절 검찰의 정보기구

국가 최고수사기관인 검찰은 국법질서 확립에 필요한 제반 정보가 필요하다. 정보수요는 크게 대공사건, 테러사건, 출입국 관련 사건, 남북교류협력 관련 사건 등 공안과 관련된 정보와 각종 범죄정보로 구분해 볼 수 있으며, '검찰청 사무기구에 관한 규정'(대통령령 제26099호, 2015.2.11)에 명시되어 있다. 검찰의 정보업무는 주로 대검 공안부가 공안정세의 분석 및 판단과 공안정보보고 업무를 취급하도록 한 규정(규정 제7조)에 따라 수행해 왔으나 경제발전과 세계화 추세에 따라 검찰이 범죄수사를 하면서 요구되는 정보수요가 양과 질 양면에서 크게 늘어나자 1998년 12월 범죄정보기획관실을 신설하고 검찰의 범죄정보활동을 강화하고 있다.

2개 담당관실로 나누어 정보업무를 전개하는 범죄정보기획관실의 직무는 다음과 같다(규정 제3조의4 제1항). 범죄정보 1담당관은 부정부패사범 정보의 수집 및 관리에 관한 사항, 경제질서저해사범 정보의 수집 및 관리에 관한 사항, 신문·방송·간행물·정보통신의 공개범죄정보와 그 외의 각종 공개범죄정보의 분석 및 관리에 관한 사항, 기타 중요 범죄정보의 수집 및 관리에 관한 사항을 취급하며, 범죄정보 2담당관은 대공·사회단체 및 종교단체관련 공안사건 범죄정보의 수집 및 관리에 관한 사항, 선거·노동관련 사건정보의 수집 및 관리에 관한 사항, 학원·외사관련 사건정보의 수집 및 관리에 관한 사항을 담당하고 있다.

1) 이태진. (2000), 「고종시대의 재조명」, 서울: 태학사, 389-391(실제, 당시 경계 대상이었던 일본이 어전회의에서 비밀리에 논의된 중요한 정부가 일본 공관 등에 유출되는 상황이 빈번하였다고 전해진다).
2) 한겨레신문. (1998), "고종황제 정보기관 운영했다", 11월 7일자.
3) 백범김구선생기념사업회 백범전기편찬위원회. (1982), 「백범 김구: 생애와 사상」, 서울: 교문사, 158-160.
4) 기획·조정권을 행사하는 데 필요한 협의체나 시행규칙 제정은 정보조정협의회의 의결사항으로 명시하고 있다('정보및보안업무기획·조정규정' 제12조). 그러나 1994년 동 협의회 설치 근거인 「국가안전기획부법」 제13조(정보조정협의회 설치)가 일반 행정부처 업무에 관여하는 근거가 됨으로써 권력남용과 정권안보를 지원하는 원인이 되고 있다는 비판에 따라 폐지됨으로써 위 협의체 및 시행규칙 제정은 불가능한 상태이다.
5) 전웅. (2008), "9·11이후 미국의 정보공동체 개혁", 「국방연구」, 5(2), 103.
6) 한국 군사혁명사 편찬위원회 편. (1963), 「한국군사혁명사 제1집」, 서울: 동아서적, 1743.
7) 유재흥. (1994), 「격동의 세월」, 서울: 을유문화사, 365-366.
8) 국가정보원은 보안감사를 실시하지는 않으나 국가보안업무 총책임기관으로써 각 중앙행정기관의 장은 보안감사 및 통신감사를 연 1회 이상 실시하여 그 결과를 국정원장에게 통보토록 하여 국정원이 보안감사 결과 수리권을 부여하고 있다('보안업무규정' 제42조).
9) 한희원. 전게서, 849(동일 의견).

제8장 정보통제

제1절 정보통제의 의의

1. 정보통제의 개념

정보통제(Intelligence Control)란 정보기구에 대한 통제주체들이 정보기구의 활동이 조직목표에서 일탈하는 것을 방지하기 위하여 특정한 통제기준을 설정한 후 다양한 통제수단과 자원을 동원하여 정보기구를 평가, 시정조치해 나가는 활동전반을 의미한다.1)

정보통제를 정보기구에 대한 감시와 책임, 정보기구에 대한 업무 통제, 정보기구에 대한 통제와 책임 등의 용어로도 사용되고 있으나 대체로 통제주체들이 비밀활동을 하는 정보기구에 대하여 조직목표에서 벗어나는 것을 방지하기 위하여 만든 기준에 따르도록 통제해 나간다는 의미로 사용하고 있기 때문에 크게는 동일한 의미를 가졌다고 본다.

정보통제의 대상은 주로 정보기구가 설정한 활동방향과 목표의 적정성, 정보수집과 비밀공작 그리고 분석 능력, 정책결정자들의 요구에 대한 충족 정도, 정보활동의 적법성, 예산의 집행과 결산의 적절성 등이 포함된다 할 것이다. 이는 정보통제의 주요 기준이자 민주사회에서 국민의 요구에 부응하고 정보업무의 효율성을 높일 수 있는 지침이 되는 것이다.

정보통제는 초창기에는 정보기구 자체 또는 대통령을 비롯한 행정부에 의해 이루어졌으나 민주화가 진행되면서 국민과 시민단체 그리고 언론의 관심이 커지면서 입법을 통한 의회통제로 전개되는 양상을 보이고 있다. 그러나 법률에 의한 의회의 직접적인 통제는 여전히 미국, 독일, 우리나라 등 소수국가에 머물고 있는 점을 감안해 보면, 비밀활동을 속성으로 하는 국가정보기구에 대해 어떻게 통제하는 것이 바람직한가에 대한 논의는 앞으로도 지속될 것으로 보인다.

2. 필요성

안보영역의 확대와 국민안전에 대한 욕구가 커지면서 국가의 생존과 번영을 위한 국가정보기구의 중요성이 증대되고 있는 것과 동시에 민주적인 정부와 효율적인 행정을 요구하는 국민들의 요구도 한층 증가하는 추세이다. 이러한 요구는 정보기구의 존재이유가 국민을 위한 것이라는 점에서 헌법의 최고결정권자인 국민들 입장에서는 당연한 일이기도 하다. 정보통제가 필요한 이유는 다음과 같다.[2)]

첫째, 정부기구에 대한 통제는 민주주의를 보존하고 강화하기 위하여 필요하다. 국가정보기구에 대한 민주적 통제의 필요성은 일찍이 플라톤의 수호주의에 대한 비판으로 제기된 "수호자는 누가 감시할 것인가?(But who will guard the guards?)"하는 문제로 귀결된다. 국가정보기구는 어느 사람이나 정부기구보다 많은 정보를 가지고 있고, 비밀리에 행동하며 또 목적 달성을 위해 다양한 방법과 수단을 사용하는 것이 허용되기 때문에 권력 남용이 이루어질 수 있으며, 부패할 가능성도 있다. 따라서 민주주의의 보존과 발전을 위하여 정보기구에 대한 통제와 감시가 필요하다. 국가정보기구에 대한 민주적 통제와 감시가 결여되면 민주주의가 위협을 받지만 특정 정치지도자에 예속되어 정보기구가 정권안보에 전념할 때에도 민주주의는 역시 위험에 처하게 된다.

둘째, 정보기구에 대한 민주적 통제는 정보기구의 활동에 대한 정당성을 부여한다. 국가정보기구의 활동은 국가안보와 국가이익의 수호를 위해 비밀활동을 수행하는 과정에서 국내법이나 국제규범을 위반하는 행위를 하기도 한다. 그런데 적법한 권한과 책임을 갖고 있는 조직이 정보기구를 감시하고 통제하면 국가정보기구로 하여금 일정한 행동규범하에서 정보활동을 수행하도록 만든다. 이렇게 감시와 통제를 통해 설정된 행동기준에 따라 이루어지는 정보활동은 정당한 행위로 간주된다. 이 점에서 정보기구에 대한 감시와 통제는 정보활동에 대한 객관적 정당성을 부여한다고 볼 수 있다.

셋째, 정보기구에 대한 민주적 통제는 정보기구의 활동에 대한 책임과 한계를 분명히 한다. 국가정보기구에 대한 감시와 통제는 법적 근거와 통제기구에 의해 활동 범위의 준거 틀 및 행동의 수단과 방법 등을 분명히 규정하기 때문에 정보활동에 대한 책임소재와 한계를 분명하게 한다. 이에 따라 정보활동의 책임소재와 책임의 한계를 둘러싼 불필요한 논쟁으로부터 정보기구가 보다 자유로워질 수 있다. 따라서 통제와 감시가 정보기구의 활동을 제약하는 측면도 있지만 자유로운 정보활동을 보장한다는 점에서 통제와 감시는 정보기구의 활동에 긍정적으로 작용한다. 예를 들어 1975년 이후 미국의 역대 중앙정보장(DCI) 대다수는 정보활동에서 야기되는 부담스러운 책임을 분담시킬 수 있다는 점에서 의회의 통제와 감시를 환영하는 입장을 취하고 있다.

그러나 과도한 정보통제는 정보기구의 비밀활동을 공개해야 하는 환경을 만들고, 위험이 따르는 비밀공작활동 등을 위축시킬 가능성이 있으며, 탈정치적이어야 할 정보요원들을 정치적 성향을 가진 인물들로 만들 수도 있기 때문에 정보기구의 존재 이유와 국민의 공개 요구 사이에서 적정한 기준을 마련하여 통제해야 할 것이다.

제2절 정보통제의 형태

정보기구에 대한 통제는 일반적으로 법적인 권한이 부여된 행정부, 입법부, 사법부에 의해 이루어지는 제도적 통제는 물론 법적 뒷받침과는 관계없이 여론에 의해 권력을 감시하는 시민단체나 언론에 의해서도 통제를 받는다.

1. 행정부에 의한 통제

행정부에 의한 정보기구 통제는 정보기구 자체의 내부통제, 대통령에 의한 통제 그리고 행정부 내 정보기구 감시조직에 의한 통제로 구분해 설명할 수 있다. 먼저, 정보기구에 대한 1차적인 감독은 자체에서 만든 명령과 규칙 및 국가 공무원 전체를 아우르는 법률 등에 따라 통제가 가능하다. 내부 감사조직에 의한 직무통제, 직무평가에 따른 상벌 부과, 윤리규정을 통한 청렴도 평가 등으로 직원감독과 관리가 가능하며, 공무원의 정치활동 금지를 규정한 「국가공무원법」과 같은 전체 공무원에게 적용되는 법률을 통해서도 정보기구를 통제할 수 있다.

둘째, 대통령에 의한 통제이다. 대통령은 인사권, 정보기구의 내부 조직편성권 그리고 행정명령을 통하여 통제가 가능하다. 정보기구의 수장과 고위 정보요원에 대해 인사권을 행사하는 대통령은 자신의 정책방향과 뜻을 같이하는 사람으로 충원하는 한편, 직무능력이 부족하거나 비민주적인 사고를 지니고 정책방향과 부합되지 않은 대상에 정보활동의 중점을 두는 경우 해임, 전보해임 등의 인사권을 통해 정보기구를 통제할 수 있다. 그리고 대통령은 입법권의 일종인 대통령 명령, 훈령을 통하여 법률적 차원에서도 통제가 가능하다. 또한, 대통령은 정보환경에 부응하기 위한 정보조직의 개편, 신편, 재조직, 축소 또는 확대 등의 방법으로도 정보기구의 통제가 가능하다.

마지막으로 행정부에 국가정보기구를 감시하는 감찰 또는 감사조직을 설치하여 정보기구의 업무추진 내용이나 결과에 대해 평가를 하고 문제점과 개선점을 제시함으로써 정보기구를 올바른 방향으로 유도하는 등의 지도가 가능하다. 사실 대통령이나 정보기구의 수장은 정보기구에 대해 지속적인 통제를 유지하는 것이 쉽지 않다. 따라서 대개의 선진국에서는 미국의 대통령정보자문단(President's Intelligence Advisory Board)이나 정보감독자문단(Intelligence Oversight Board)과 같은 행정부 내 정보기구 감시기관을 운영하고 있다.

행정부 통제에 대한 한계로는 대통령은 처리해야 할 업무가 많고 바쁜 일정으로 인해 정보기구에 대한 구체적인 통제는 사실상 곤란하다. 그리고 정보기구의 활동내용은 비밀로 하고 있기 때문에 직원의 비행이 내부적으로 발생하였더라도 외부에 노출되지 않은 이상 행정부 내 감시기구 등에 의한 통제는 사실상 어렵다는 점이다.

2. 입법부에 의한 통제

민주국가에서 견제와 균형의 원리에 따라 행정부 소속의 정보기구에 대한 국회의 통제는 일반적이다. 그리고 국민에 의해 직접 선출되어 정부감시권한을 위임받은 국회는 통제의 범위도 거의 무제한적이라 할 수 있다. 입법부에 의한 통제는 입법권, 예결산권 그리고 일반적인 정부감시권한으로 나누어 살펴볼 수 있다.

첫째, 의회는 법률을 제정하거나 개정할 수 있는 권한을 통하여 정보기구의 기능을 생성 또는 제한하거나 정보활동까지 통제할 수 있다. 의회는 필요한 권한을 스스로 창출할 수 있는 입법권의 행사를 통해 정보기구의 활동근거를 마련해주기도 하지만 정보활동을 제한할 수 있는 수단을 입법화하여 통제할 수 있다. 예를 들면, 행정부 또는 의회 소속으로 국가정보기구 감시처를 신설하여 국정원과 경찰의 정보활동을 조사하고 감독할 수도 있는 것이다.

둘째, 국회는 정보기구를 포함한 행정부의 예산에 대한 심의 · 확정 권한을 이용하여 정보기구를 통제한다. 행정부가 제출한 예산은 의회가 승인해야만 집행될 수 있고, 결산안 역시 의회의 승인이 반드시 필요하다. 정보기구의 활동계획을 예산안 심의과정을 통해 감시하고, 정보활동의 결과는 결산안 검토과정에서 할 수 있기 때문에 국회의 예결산권은 정보기구를 통제할 수 있는 강력한 수단이다. 우리나라의 경우, 의회는 「국회법」(제84조 제4항)에서 '국회 정보위원회는 국가정보원 소관 예산안과 결산, 「국가정보원법」 제3조 제1항 제5호에 규정된 정보 및 보안업무의 기획·조정 대상부처 소관의 정보예산안과 결산에 대한 심사를 하여 그 결과를 해당 부처별 총액으로 의장에게 보고하고, 의장은 정보위원회에서 심사한 예산안과 결산에 대하여 총액으로 예산결산특별위원회에 통보한다'라고 규정한 내용을 근거로 국가정보원은 물론 국가정보원의 기획·조정 대상 정보기구에 대해서도 그 활동을 통제할 수 있다.

셋째, 의회의 국정조사권 등 일반적인 정부감시권한을 활용하여 정보기구를 통제한다. 의회의 정부감시권한은 국정감사와 국정조사, 정보기구 책임자에 대한 임명동의권 또는 인사청문회, 보고서 제출 요구권 그리고 대정부 질문권 등이 포함된다. 의회는 우선 매년 정기적으로 행하는 국정조사 및 감사를 통하여 정보기구의 조직 운영과 활동에 대하여 구체적으로 조사하고 감독할 수 있다. 그리고 임명동의권과 인사청문회 역시 국민을 대표하는 국회가 임명 전에 정보기구의 운영방향과 전문성을 파악하고 바람직한 방향을 제시할 수 있기 때문에 유효한 통제방법의 하나가 되고 있다. 우리나라에서는 국회가 국가정보기구 책임자에 대한 임명동의권은 없고 국가정보원장이나 경찰청장에 대해 인사검증을 할 수 있는 권한을 가지고 있다(「국가정보원법」 제7조 제1항, 「경찰법」 제11조 제2항). 즉 국회는 인사청문회 절차를 거쳐 정보기구의 책임자로 지명된 자에 대해 인사청문 경과보고서를 제시할 수 있지만 구속력을 가지고 있는 것은 아니다. 또한 정보기구에 대해 의문사항이나 제보된 의혹에 대하여 보고서로 제출받거나 국회에서 대정부 질문을 통하여 잘못을 지적하고 시정을 요구함으로써 통제를 할 수 있다.

그러나 국회의 정보기구통제에도 한계는 있다. 많은 국가에서는 국가안보를 핵심적 목표로 하는 정보기구의 업무는 최고통치권자가 행하는 통치행위의 일부로 보고 사법부나 의회에서 모두 통제할 수 없는 성질로 판단하고 있는데다 정보기구가 보유하고 있는 비밀정보에 대한 국회의 접근에는 법률적으로 제한되어 있거나 비밀열람 후 발생할 수 있는 책임문제 등으로 정보기구에 대한 감시가 소극적인 경우도 있다.

3. 사법부에 의한 통제

사법부는 구체적인 사건에 대한 판결을 통해 정보기구를 통제할 수 있다. 국가정보기구의 각종 불법 또는 탈법행위는 궁극적으로 민·형사 책임문제로 연결되어 사법부의 개입이 불가피하기 때문이다. 정보활동에 대한 사법심사는 민주주의의 발전과 함께 국민의 기본권 인식이 높아지면서 정보기구의 활동으로 헌법상 권리가 침해당했다며 소송을 제기하거나 정부에 투명성을 높이라는 요구에 따라 늘어나고 있는 실정이다.[3)]

사법심사의 영역은 행정소송법, 형사법, 민법 등에 의한 통제가 주를 이룬다. 정보기구가 업무수행과정에서 행정행위상의 작위적 처분 또는 부작위적 처분에 따라 일반 국민이 손해를 입었을 경우에는 배상 등의 책임이 따르며, 국가이익 차원에서 허락을 받지 않고 타인의 주거지에 몰래 들어가거나 자료를 가져오는 경우는 주거침입죄나 절도죄와 같은 형사법에 따라 사법처리될 수도 있다. 그리고 정보기구의 활동내용이 형사책임으로 인정되는 경우에는 그 불법적 행위로 인한 민사상 손해배상 책임도 수반되기 마련이다.

그러나 정보기구에 대한 사법부의 통제는 법적 쟁점에만 해당되고 사건이 발생 후 판단하는 사후적 통제이기 때문에 불법적인 정보활동에 대한 사전예방적 통제요소가 되지 못하는 한계를 안고 있다.

4. 언론에 의한 통제

언론은 정보기구의 권력남용을 폭로하고 불법행위사례를 보도하여 바른 길로 나아가도록 국민 여론을 형성함으로써 정보기구를 통제한다.[4] 그리고 대통령을 비롯한 행정부 그리고 입법부 및 사법부가 통제 역할을 하지 못하는 문제도 보도함으로써 정보통제를 촉진하고 지속시키는 역할을 한다. 일반적으로 감시견의 역할을 수행한다고 말해지는 언론은 비밀을 유지해야 하는 정보활동의 내용을 보도하는 것은 적합하지 않다는 비판이 제기될 수 있지만, 언론이 수행하는 감시견 역할의 긍정적인 측면을 강조하는 관점 앞에서 충분한 설득력을 갖지 못해 왔다. 실제 뉴욕타임즈는 1974년 12월 22일부터 31일까지 CIA의 부적절한 국내 감시활동에 대해 보도한 결과, 상원의 처치위원회(Church Commitee)와 하원의 파이크위원회(Pike Committee)가 구성되어 CIA의 비밀공작에 대해 조사를 벌여 닉슨 및 존슨 행정부하에서 베트남전에 반대하는 미국인들을 감시한 사실을 확인한 사례도 있다.[5]

그러나 언론에 의한 통제는 몇 가지 한계가 있다. 언론 역시 사기업의 하나로써 이윤추구가 핵심적 목표이기 때문에 정보기구 감시만을 항상 할 수 없으며, 정보기구에 대한 문제는 제기할 수 있어도 직접 시정시킬 권한이 없다는 점이다.

5. 시민단체에 의한 통제

오늘날 시민단체 역시 정보통제의 한 주체로 자리 잡고 있다. 비정부기구(NGO)라고도 호칭되는 시민단체는 영리를 목적으로 활동하지 않는 비영리단체로써 환경운동이나 인권보호운동, 부패방지운동 등 다양한 목적을 가지고 활동하고 있으며, 여러 분야에 걸쳐 정보기구를 비롯한 정부의 활동도 감시하고 있다.

1994년 「정보공개법」이 제정된 이후 참여연대는 국가정보원, 국군기무사령부 등을 상대로 정보공개청구를 하여 정보수집활동에 관한 문서목록을 제출받는 등 정보기구에 대한 시민단체의 감시활동이 늘어나고 있는 추세이다. 이에 따라 정보기구들은 시민단체의 요구사항을 검토하고 해결책을 모색하거나 정책결정에 신중을 기하는 추세를 보이고 있다.

그러나 시민단체들은 정의심과 열정은 가지고 있지만 정보기구에 대한 전문적인 지식이 부족하고 정보기구의 부적절한 행위에 대해 의혹은 제기할 수 있으나 보안성이 높은 정보기구로부터 충분한 자료를 수집하기에는 제약이 있기 때문에 통제에 일정한 한계를 가지고 있다.

제3절 주요 국가의 정보통제 실태

1. 우리나라

가. 행정부 통제

우리나라에서 행정부에 의한 정보기구 통제는 내부 자체통제, 행정부 소속 관련기구에 의한 통제 그리고 대통령의 직접통제로 구분할 수 있다.

첫째, 정보기구 내부 자체통제로서 우선, 국정원과 경찰청, 군정보기구 등은 내부에 감찰 또는 감사조직을 설치하여 직무감사와 직원에 대한 감찰을 통해 통제를 하고 있다. 그리고 국가정보원의 감사조직은 국정원 내부는 물론 각 정보기구에 대해 국가기밀과 관련된 정보예산에 대해 감사를 실시하여 문제점을 발굴하고 시정조치하는 등의 통제활동을 한다(「국가정보원법」 제14조). 국가정보원장은 각 정보기구에 대한 감사를 실시한 후 그 결과는 대통령과 국회정보위원회에 보고하고 있다.

또한, 소속직원들의 복무와 관련한 법규의 적용과 내부 규칙 및 강령 등에 의해 통제되고 있다. 각 정보기구는 내부고발제도를 운영하고 있으며(「부패방지 및 국민권익위원회설치와 운영에 관한 법률」 제56조), 직원들의 정치활동도 금지되어 있다. 특히, 국가정보원 직원은 「국가정보원법」 제9조 정치관여금지, 제11조 직권남용 금지 등이 명시되어 여타 공무원보다 엄격한 복무통제를 받고 있다.

둘째, 행정부의 관련기관에 의한 통제이다. 먼저, 행정부에 의한 제도적 통제로서 국가안전보장회의(National Security Council, NSC)에 의한 통제를 들 수 있다. 국가안전보장회의는 국정원으로 하여금 국가안전보장과 관련한 보고를 하게 함으로써(「국가안전보장회의법」 제10조) 정보기구의 활동을 간접적으로 점검할 수 있다. 그리고 국무총리실 공직복무관리관실은 각 정보기구 직원에 대한 복무 감찰을 하고 있으며, 감사원은 행정부에서 독립된 대통령 소속기관으로서 국정원, 경찰, 군 등에 대한 직무감사 및 직원에 대한 감찰을 수행하고 있다.

셋째, 대통령은 행정명령권을 통한 인사권과 조직개편 권한으로 통제한다. 정보기구 책임자의 임면권한은 물론 사무관 이상 또는 그에 해당하는 계급자에 대한 임용권 및 전보 등의 인사권으로 대통령의 정책방향과 일치하는 방향으로 조직을 통제할 수 있다. 정보기구의 조직개편에 있어 국정원(「국가정보원법」 제4조)의 경우 대통령의 승인을 받아야 하며, 경찰청과 군 정보기구 역시 「경찰청과 그 소속기관 직제」(대통령령 제26120호) 등 대통령령에 따라 조직을 설정하거나 개편할 수 있도록 하고 있다.

나. 입법부 및 사법부 통제

입법부 통제 차원에서 보면, 먼저, 입법권 행사를 통해 1994년 「안기부법」(현 「국가정보원법」)을 개정하여 정치관여금지 대상 확대 및 처벌강화, 직권남용 금지조항 신설 등 강력한 법률적 통제의 근거를 마련하였고, 1994년 「국회법」을 개정하여 정보위원회를 신설하고 정보기구에 대한 체계적이고 전문적인 통제장치를 마련하였다. 그리고 정보위원회에서는 「국회법」 제37조 제1항 제15호에 따라 국가정보원과 법무부 등 정보 및 보안업무의 기획 · 조정 대상 기관('정보및보안업무기획 · 조정규정' 제5조)의 업무를 심의, 조사, 통제하고 정보 예산안과 결산심사를 한다.

이와 같이 정보위원회의 기능은 정보기구 통제에 주요한 기능을 수행하고 있으나 보다 효율적인 통제를 위해서는 다음과 같은 보완책이 필요하다.[6)]

첫째, 탈정치화되어야 한다. 여당이나 야당은 각기 자신들의 정치적 입장에 있다 보면 국가정보활동에 대해 국가안보나 국가이익보다는 당리당략에 의한 태도를 가지기 때문이다. 둘째, 정보기구에 대해 무조건적 통제가 아니라 국가안보와 국익, 그리고 현재적인 것과 미래적인 것을 객관적으로 볼 수 있는 시각, 창의적이고 민주적인 사고가 조화를 이루는 통제여야 한다. 셋째, 국회 정보위원의 식견이 국익차원에서 국가정보활동에 반영될 수 있도록 정보기구와 신뢰관계를 쌓는 노력을 해야 한다. 정보기구가 신뢰할 수 있는 정보판단과 예측정보를 생산해 낼 때 정치인들의 업무는 훨씬 더 쉬워질 것이다. 끝으로 정보위원은 국회활동과 지역구활동 등 분주하고 다양하므로 국가정보사항에 대해 보안관리가 소홀할 여지가 있기 때문에 전문직 요원을 보강하여 정보위원을 보좌토록 하고 보안 누설 시 법적 책임을 물을 수 있는 법적, 제도적 장치를 마련하여야 한다.

사법부 통제 차원에서 살펴보면, 정보기구에 대한 소송사건과 통신감청과 관련하여 통제를 하고 있다. 소송사건은 서울고법이 2014년 3월 제이유네트워크㈜가 "제이유(JU)그룹에 대한 국정원 보고서 등을 공개하라"며 국정원장을 상대로 낸 정보공개거부처분 취소 청구소송 파기환송심에서 "국정원이 2005년 1월 작성한 '제이유(JU)그룹 탈 · 불법 경영실태' 보고서와 첩보 자료에 대한 정보공개거부처분을 취소하라"며 원고 패소 판결한 원심을 깨고 원고 일부승소 판결[7)]하는 등 정보기구의 직무 정당성 등에 대한 재판을 통해 사법적 통제를 하고 있다. 그리고 「통신비밀보호법」 제7조 제1항에서 국가안보목적의 통신제한 조치 중 통신의 일방 또는 쌍방당사자가 내국인일 때에는 고등법원 수석부장판사의 허가를 받도록 규정함으로써 정보기구에 대한 사법부의 통제가 이루어지고 있다.

2. 미국

가. 행정부 통제

행정부 소속의 감시 및 감독조직과 행정부 수반인 대통령에 의해 통제되고 있다. 먼저, 정보기구를 통제하는 행정부 소속 조직을 보면, 대통령정보자문위원회(PIAB), 국가안전보장회의(NSC), 정보감독위원회(IOB), 관리 · 예산국(OMB), 사생활 · 시민 자유감독위원회(PCLOB) 등이 있다. 1958년 해외정보활동에 대한 대통령자문위원회로 발족한 대통령정보자문위원회(President's Intelligence Advisory Board, PIAB)는 정보공동체의 활동목표와 운영, 해외정보활동의 적법성 그리고 각 정보기구들의 구조관리 및 인력의 효율성 등을 평가하여 대통령에게 자문을 하는 독립기구이다.[8] 대통령정보자문위원회의 실효성 확보를 위해 16명의 위원 중 4명 내외로 소위원회인 정보감독위원회(Intelligence Oversight Board, IOB)를 구성하여 정보기구의 법령준수 여부 등을 조사한 후 대통령정보자문위원회를 통해 대통령에게 보고한다.

대통령 직속의 국가안전보장회의(NSC)는 국가안보관련 최고의사결정기구로서 국가안보정책을 의결하고 통합 · 조정 · 집행하는 과정에서 정보기구의 정보활동을 통제한다. 관리 · 예산국(Office of Management and Budget, OMB)은 대통령의 지시에 따라 정보예산의 편성과 예산집행 과정을 감사함으로써 정보기구의 예산사용을 통제한다. 그리고 2004년 「정보개혁법」의 제정에 따라 대통령이 외부인사 5명으로 구성한 사생활 · 시민 자유감독위원회(Privacy and Civil Liberties Oversight Board, PCLOB)는 정보기구의 활동으로 일반시민들의 자유와 프라이버시침해 등의 문제 등을 검토하여 대통령과 고위관료들에게 자문한다.

한편, CIA는 1989년 개정된 「CIA법(CIA Act of 1989)」에 따라 내부에 독립적

인 감찰관 직위를 신설하고, CIA에 대한 회계감사 업무조사와 검열을 실시하여 CIA 국장과 의회특별정보위원회에 보고하며, 조사를 위해 직원에 대한 소환권과 조사권이 부여되어 있다. 그리고 1999년도에 개정된 「정보수권법(Intelligence Authorization Act of 1999)」을 통해 CIA 등 정보기구의 내부고발자를 보호하는 제도를 활성화하였다.

둘째, 미국에서 대통령에 의한 정보기구 통제는 대통령의 행정명령을 주요 수단으로 하고 있다. 1976년 2월 포드 대통령 명령 제11905호에 따라 정보기구업무를 감독할 운영자문그룹(Operations Advisory Group, OAG)을 창설하여 비밀공작에 대한 적법성과 적정성을 심사하였으며, 1978년 1월 카터 대통령 명령 제12036호에 의거 운영자문그룹을 특별조정위원회(Special Coordination Committee, SCC)로 대체하면서 법무부장관을 정식멤버로 편입하여, 정보특별활동에 대한 법률적 검토기능을 강화하였다. 1978년 12월에는 카터 대통령 명령 제12065호를 통해 비밀분류프로그램 감독기구인 정보보안감독청(ISOO)을 창설하였고, 1981년 12월에는 레이건 대통령 명령 제12333호에 의거 미국정보공동체와 CIA의 업무범위를 확정하였다. 그리고 1995년 4월에는 클린턴 대통령 명령 제12985호를 통해 현재의 비밀분류체계를 마련하였다.[9)]

나. 입법부 및 사법부 통제

미국 의회는 예산권과 입법권을 중심으로 각종 위원회 운영, 자료제출 요구, 청문회, 비밀공작의 사전 통제 등을 통해 정보기구의 활동을 감독하고 있다.

먼저, 정보위원회를 구성하여 통제를 한다. 당초, 정보기구에 대한 통제는 상·하원 군사위원회 등에서 형식적으로 통제해 왔으나 1972년 워터게이트사건을 계기로 정보기구의 불법활동이 노출되자 포드 대통령 및 의회가 1975~1976년에 걸쳐 정보기구를 대상으로 조사한 결과를 토대로 정보기구의 정보활동 및 예산통제를 위해 특별정보위원회를 설치하였다. 이에 따라, 1976년 상원특별정보위원회(Senate Select Committee on Intelligence, SSCI)를 구성하여 정보예산의 승인과 감독 및 조사, 청문활동을 하고 있으며, 1977년에 설치한 하원 상임특별정보위원회(House Permanent Select Committee on Intelligence, HPSCI)는 인사청문회를 제외한 예산승인과 정보업무감독 청문회를 실시해 오고 있다. 그리고 이 위원회들은 필요할 경우 정보기구에 대해 자료제출을 요구하거나 특정문제에 대해 조사할 권한을 가진다.

둘째, 미국은 선진 민주국가이자 모범적인 법치국가로서 활발한 입법활동을 통해 정보기구를 통제하고 있는데, 정보통제를 위한 입법사례는 〈표 2-2〉와 같이 다양하다.

표 2-2 _ 미국의 정보통제 입법 사례

입법년도	관련 법	주요 내용	비고
1947년	국가안보법(NSA)	• 미국 국방체계, 대외정책, 정보 공동체 조직을 총체적으로 구축 • 국가안보위원회(NSA)와 CIA 창설	• 이후 후속법안에 의해 수정
1967년	정보자유법(FOIA)	• 정부 보관문서에 대한 일반인 접근권 보장	• 1974년 개정, 정보기구 보관문서도 포함
1974년	휴-라이언 개정법	• 정보기구의 비밀공작에 대한 입법적 근거 제시 • CIA 활동에 대해 사전, 사후, 정기 보고서 제출	• 「해외정보감독법」 개정
1978년	해외정보감독법 (FISA of 1978)	• 미국 내에서 외국세력에 대한 해외 정보 활동 지원에 대한 절차 규명	• 2001년 「애국법」에 의거 개정 • 2007년 「미국보호법」에 의거 개정
1980년	정보감독법(IOA)	• 의회의 정보기구 감독과 통제 수위 재조정(완화) • 의회 통제기구로서 상원/하원 특별 정보위원회 운영	• 휴-라이언법 일부 개정
1991년	1991년 회계년도 정보수권법(IAA)	• 비밀공작활동에 필요한 정보예산을 매년 법으로 제정하는 예산안 승인	• 매 회계년도마다 제정
2001년	애국법 (USA Patriot Act)	• 테러행위 수사담당 법집행기구의 국내·외 권한 확대	• 2006년 3월 4년간 연장
2004년	정보개혁 및 테러방지법(IRTPA)	• 정보공동체 개혁 및 문화 개선 • 정보공동체 조직개편 *국가정보국, 국가대테러센터, 국토안보부 창설	

입법년도	관련 법	주요 내용	비고
2007년	미국보호법(TPAA)	• 미국 내 테러용의자에 대한 전자 감시 완화(1년 한시법)	• 2008년 「해외정보감독법」에 포함
2008년	2008년 해외정보감독법(FISA Amendmaent Act of 2008)	• 국제테러 관련 국내를 기반한 해외정보 활동에 대한 절차 규정 • 해외정보감독 특별법원(FISC, '화이자 법원') 창설	• 2012년 12월 「FISA 재승인법」에 의거 2017년 2월 31일까지 연장

출처 : 심재정, 전게논문, 191; http://www.loc.gov/검색일: 2015. 2. 16.

셋째, 예결산안 심의권도 주요한 정보기구 통제수단이다. 국가정보국장(DNI)이 각 정보기구의 예산을 종합하여 상원 및 하원의 특별정보위원회에 제출하면, 같은 위원회는 정보예산을 심사한 후 정보예산 평가보고서를 예산위원회에 제출하고 예산위원회는 본회의에 상정한다. 본회의에서 사업승인이 나고 예산법규가 확정되면 세출예산은 상 · 하원 세출위원회와 국방소위원회에서 심의한다.

미국 의회의 예산절차는 '허가'와 '세출승인'이라는 두 가지 단계로 이루어진다. 허가는 특정한 프로그램과 활동에 대한 승인으로 구성되는데, 위원회의 허가도 프로그램을 위한 자금지원을 제시하는 것이다. 하원 특별정보위원회와 상원 특별정보위원회는 정보예산의 주 허가자이다. 세출승인은 허가된 프로그램에 구체적인 자금을 할당하는 것으로 이루어진다. 하원과 상원 세출위원회, 국방소위원회가 이 기능을 수행한다.[10)]

넷째, 비밀공작에 대한 사전통보이다. 정보기구가 미국 영토 내에서 해외세력이나 그 대리인 또는 해외세력과 연관된 세력을 대상으로 실시하는 물리적 수색과 전자감시 등 정보활동을 할 경우에는 해외정보감독법(FISA)에 의해 통제를 받는다. 한편, 비밀공작활동은 「정보감독법(Intelligence Oversight Act, IOA)」에 따라 상 · 하원 특별정보위원회에만 보고하며, 의회에 통보 시에는 비밀공작을 포함한 정보기구활동에 대해 계획 및 현재의 진행상황, 향후 예상되는 중요한 활동 모두를 통지해야 한다.[11)] 「정보감독법」은 정보기구가 의회에서 승인한 비밀공작활동에 필요한 예산사용에 앞서 관계위원회에 비밀공작의 내용 등을 설명한 후 집행하도록 명시한 휴-라이언 개정법(Hughes-Ryan Amendment)의 일부를 개정하여 의회의 감독과 통제의 수위를 완화한 법이다.

다섯째, 청문회(hearing)를 통한 통제로써 정보기구의 활동에 대해 정보기구 관계자들이나 민간전문가들로부터 업무수행에 필요한 정보를 획득하고 의견을 듣는다. 청문회는 대다수가 비공개로 진행되나 청문회 대상의 성격에 따라 대중에게 공개하는 경우도 있다.

마지막으로, 사법부에 의한 통제이다. 정보활동에 대한 사법부의 통제는 상원 정보위원회의 주도로 제정된 2008년「해외정보감독법(FISA Amendmaent Act of 2008)」에 따라 창설된 해외정보감독특별법원(Foreign Intelligence Surveillance Court, FISC)에 의해 이루어진다. 연방대법원장에 의해 임명된 임기 7년의 법관 11명으로 구성된 FISC는 주로 국가안보국(NSA)이나 연방수사국(FBI)의 요청에 따라 영장발부 등의 검토를 통해 정보·수사기구의 활동을 감독하고 있다. 정보기구가 전자감시활동을 하려면 원칙적으로 FISC에 영장을 신청해야 한다. 영장 없는 전자감시활동은 1주일만 할 수 있으나 FISC에 영장 신청서를 제출하는 조건이다.

3. 영국

가. 행정부 통제

행정부에 의한 정보통제는 정보기구 내부통제와 행정부 소속 기구에 의해 이루어지고 있다.

정보기구 자체의 통제활동은 정보기구 소속이지만 업무상 독립된 감독관의 감시활동을 통하여 행해진다. 비밀정보부의 경우 통신차단접속을 담당하는 통신감청감독관(the Interception of Communication Commissioner)과 정보업무감독관(Intelligence Service Commissioner)을 두고 있는데, 이들은 비밀정보부의 기능수행과 관련된 인사·작전·문서 등에 대해 무제한적으로 접근할 수

있는 권한을 갖고 있다.[12)]

그리고 행정부 차원에서 보면, 수상은 정부 내의 모든 정보·보안관련 사무나 기관에 대해 전반적인 권한을 갖고 있으며, 정보기구를 소속기관으로 두고 있는 외무, 내무, 국방장관은 해당 정보기구에 대해 업무감독과 보고를 받을 수 있는 권한을 가지고 있기 때문에 이를 통해 정보기구를 통제한다. 이들 정보기구들은 통상 정보업무 관련 사항은 합동정보위원회(Joint Intelligence Committee, JIC), 행정사항은 정보기구사무차관위원회(Permanent Secrearies' Com-mittee, PSIS), 보안사항은 보안심사위원회(Official Committee on Security, OCS)의 통제를 받는다.

수상실 합동정보위원회(JIC)는 정보공동체의 중요한 연결고리로서 정보기구들에 대하여 업무와 전략에 대한 지시와 통제업무를 담당한다. 정보요구와 우선순위에 따른 정확한 정보획득 여부 확인, 정보비 사용의 규정에 따른 합리성과 신축성 심사, 월권행위 여부도 조사한다. 정보기구 사무차관위원회(PSIS)는 정보기구의 총체적인 업무 및 예산문제를 관장하며, 각 정보기구로부터 보고된 예산안을 조정하여 수상·내무장관·외무장관·국방장관 등으로 구성된 각료위원회에 보고한다. 보안심사위원회(OCS)는 컴퓨터에 의한 보안누설방지, 신원조사 등 인원보안, 비밀분류 및 해제 등에 관한 업무를 수행하며, 보안사고 발생 시 보안부와 협조하여 조사활동을 한다. 정보조정관(Intelligence Coordinator)은 내각사무처 장관의 정보기구 조정지원 및 활동계획에 대해 자문을 하며, 매년 국가정보요구를 주관하여 재검토하고 있다.[13)]

통신감청에 관한 법률인 「조사권한규제법(Regulation of Investigatory Power Act 2000, RIPA)」의 제정으로 설치된 통신감청감독관(Interception of Communication Commissioner)은 정보기구의 통신감청과 관련한 업무심사와 감독을 하며, 정보업무감독관(Intelligence Service Commissioner)은 정보기구들의 정보활동과 관련된 각종 인사, 작전, 문서 등에 대해 무제한적으로 접근할 수 있고, 감시활동을 위해 전 세계 현장을 방문하여 조사할 수 있다(「조사권한규제법」 Part Ⅳ 57, 59).[14)]

나. 입법부 및 사법부 통제

영국의회 역시 주로 예산권과 입법권 그리고 정보보안위원회(Intelligence and Security Committee, ISC)를 이용하여 정보기구를 다방면에 걸쳐 통제하고 있다.

첫째, 영국 정보기구들의 활동은 정보기구 예산에 대한 재정적 통제를 통하여 이루어진다. 보안부, 비밀정보부 그리고 정부통신본부의 모든 예산은 단일 정보회계(Single Intelligence Account)에서 지출된다. 정보기구들이 사용하는 예산은 여러 형태로 통제된다. 즉 정보기구의 예산 역시 다른 정부부서의 예산사용과 동일한 규칙을 적용받기 때문에 예산집행이 투명하게 이루어지며, 정보기구의 예산은 감사원(National Audit Office)이 독자적으로 감사하고, 이 감사결과는 내각의 정보보안위원회(Intelligence and Security Committee)의 검토를 받는다.[15)]

둘째, 입법을 통한 통제이다. 정보기구 통제를 위한 주요 입법의 종류와 내용을 담은 법률사례는 다음 〈표 2-3〉과 같다.

표 2-3 _ 영국의 정보통제 입법 사례

입법년도	관련 법	주요 내용	비고
1989년	보안서비스법 (SSA 1989)	• 보안부(MI5, SS)의 설치 근거 입법 • 합동정보위원회(JIC)의 지시에 의해 업무 부여	• 1996년 개정, 역할 확대 * 조직범죄 분야
1994년 12월	정보서비스법 (ISA 1994)	• 비밀정보부(MI6), 정부통신본부(GCHQ)의 설치 근거 입법 • 의회정보 · 보안위원회(ISC)의 임무 규정	• 영국정보공동체에 대한 통일적 법률 • ISC 관련 규정은 「JSA 2013」에 의거 일부 개정
2000년 7월	조사권한규제법 (RIPA)	• 정보기구의 정보활동과 전자 감시활동의 업무 준거법 • 동법 관련 쟁점을 독자적으로 관장하는 감독관, 특별법원 창설	• 「JSA 2013」에 의거 재판에서 감청자료 공개와 관련된 절차 보완
2013년 4월	재판 · 보안법 (JSA 2013)	• 1994년 설치된 정보보안위원회(ISC)를 새롭게 대체 * 대상 정보기관 확대(보안부, SS) 추가, 감독 권한 제시 • 재판에서 기밀사항 공개 방지를 위한 절차 명시	• 2013년 4월 25일 여왕이 재가

출처 : 심재정, 전게논문, 196.

1989년에 국내 방첩보안기관인 보안부의 임무를 규정한 「보안부법(Security Service Act)」을, 1994년에는 외무부산하 해외정보부와 국정홍보처 임무를 규정한 「정보부법(Intelligence Service Act 1994)」을 제정하여 의회 차원의 정보통제메커니즘을 마련했다. 2000년대에는 정보활동과정에서 시민우편개봉 · 전화도청을 금지하고, 감시 및 감독권을 부여한 「조사권한규제법(RIPA)」을 마련하였다. 2013년에는 정보기구의 감시과정에서 발생한 감독상의 문제점을 보완하고 미래 정보환경의 변화에 충분하고 유연하게 대처하기 위해 「재판 · 보안법(Justice and Security Act 2013, JSA)」을 제정하였다. 이를 통해 1994년 「정보부법」에 따라 만들어진 정보보안위원회(ISC)의 통제대상 정보기구, 기능, 활동내용들을 구체적으로 규정하고, 기밀자료와 관련된 재판절차 등을 포함시키는 등 같은 위원회의 감독기능을 강화하였다.[16)]

셋째, 「정보부법(ISA)」에 의거하여 하원에 설치한 정보보안위원회(ISC)에 의한 통제이다. 정보보안위원회는 일반적으로 보안부(SS), 비밀정보부(SIS), 정부통신본부(GCHQ)의 예산, 행정 그리고 정보활동에 대해 감사하는 권한을 가지고 있다. 그리고 특별한 사안이 발생하면 해당 정보기구에 정책과 예산은 물론 행정분야에 대한 자료제출을 요구할 수 있으며, 관계자를 출석시켜 증언을 청취하거나 위원들이 직접 정보기구를 방문하여 책임자 및 관계자를 면담하고 시정을 요구할 수도 있다.

마지막으로, 사법부 통제는 2000년 「조사권한규제법(RIPA)」에 따라 설치된 조사권한특별법원(Investigatory Powers Tribunal, IPT)이 통신불법감청에 대한 일반인의 불만과 정보업무를 수행함에 있어서 발생할 수 있는 인권침해 문제에 대해 관할권을 행사한다.[17)]

4. 독일

가. 행정부 통제

독일의 정보기구는 크게 헌법보호청(BfV), 연방정보부(BND), 군 보안부(MAD), 연방정보보호청(BSI)의 4대기구가 있다. 연방정보부는 연방수상실, 헌법보호청은 내무장관, 군보안부는 국방장관 관할하에서 통제를 받고 있다. 연방수상실 차관이 정보업무를 총괄하며, 연방정보부, 헌법보호청, 군 보안부 간의 업무를 조정한다.[18] 연방수상실 차관을 위원장으로 내무차관, 국방차관, 연방정보부장, 헌법보호청장, 군 보안부장 등으로 구성되는 '정보조정위원회'는 정보기구 간의 업무를 협조 및 조정하고 있다.

독일 정보기구들은 정보활동에 대한 보고의무가 있다. 연방정보부는 연방수상실 장관에게 활동에 관한 보고를 해야 하며, 활동결과 취득한 정보에 대해서는 관련 장관들에게 보고해야 한다. 또한, 독일 정보기구들은 연방감사원으로부터 회계감사를 받으며 연방 개인정보담당관실로부터 개인비밀보호와 관련된 업무에 대해 통제를 받는다.[19]

한편, 2009년 7월 29일 개정된「연방정보기관의 활동에 대한 의회통제에 관한 법률」에 의거 정보기구 구성원들의 진정(Eingaben) 규정을 포함함으로써 내부고발을 활성화하였다(제8조).

나. 입법부 통제

독일의 입법부가 행하는 정보통제 방법은 입법권, 예산 통제, 정보기구 통제위원회의 활동, 비밀공작활동의 사전허가 등의 방법이 동원된다.[20] 먼저, 의회는 〈표 2-4〉와 같이 입법권을 통해 정보기구를 통제하고 있다.

표 2-4 _ 독일의 정보통제 입법 사례

입법년도	관련 법	주요 내용	비고
1978년 4월	연방정보 활동에 대한 의회통제에 관한 법(PKK)	• 의회의 정보기관 통제기구 구성 • 의회통제위원회(PKK), 기본법 제10조 위원회(G-10위원회), 특별예산위원회 등 3개 위원회 구성	• 1999년 「PKG법」으로 개정
1990년 12월	자료처리 및 자료보호법	• 3개 정보기구(BND, BFV, MAD) 설치근거 입법 • 정보기구의 업무절차 명시	
1999년 7월	의회위원회에 관한 규정의 변경에 관한 법률(PKG)	• 의회통제위원회를 'PKG'로 변경 • 정보기구 통제에 관한 전반적 업무 관할 * 임무도 PKK 업무와 G-10위원회 관장	• 2001년 6월 개정 • 2009년 7월 개정

출처: 염돈재, 전게논문, 172-174; 이계수. (2003), "의회에 의한 비밀정보기관 통제방안에 관한 연구", 민주법학, 24: 253-258; 심재정, 전게논문, 200에서 재인용.

둘째, 정보기구에 대한 예산 및 결산안을 심의 · 조사함으로써 통제한다. 예산심의는 「연방예산법」에 따라 특별예산위원회(SBG)에서 예산결산위원회 소위원회 형태로 운영되며 의회통제위원회에서도 참여한다. 특별예산위원회에서는 행정부에서 제출된 정보예산안에 대해 항목별로 심사한 후 총액만을 예산결산위원회에 회부한 후 토론이나 수정 없이 통과시키고 본회의에 회부 확정하는 것이 일반적이다. 예산을 심의할 때 의회통제위원회의 위원장 및 선임된 위원이 공동으로 참여할 수 있으며, 연방정부에서 정보기구의 회계년도 내 예산집행내역을 의회통제위원회에 제출하면 양 위원회에서 공동으로 심의를 한다.

셋째, 연방하원에 설치된 정보기구통제위원회를 통한 통제이다.[21] 연방의회는 정보기구통제를 위해 의회통제위원회(PKG), 기본법 제10조 위원회(G-10 Board), 특별예산위원회(SBG) 등 3개 위원회를 구성하고 있다. 의회통제위원회(Parlamentarisches Kontroll Gremium, PKG)는 연방차원의 정보기구 통제를 위해 독일 기본법(헌법) 제45d조[22]를 근거로 제정된 「연방정보기관의 활동에 대한 의회통제에 관한 법률」을 근거로 만들어졌다. 이에 따라 의회통제위원회(PKG)는 연방헌법보호청(BfV), 연방정보부(BND) 등의 정보기구에 대해 통제를 한다. 연방정부는 위원회가 통제목적을 수행하기 위하여 관계된 자료나 보고를 요구하면 응해야 한다.

의회통제위원회는 연방정부의 보고 청취 후 통제업무수행을 위한 개별적 사례에 대한 조사를 전문가에게 위임할 수 있다. 그리고 의회통제위원회는 매 의회 임기 중간 및 종료 시 연방의회에 통제활동결과에 대해 보고해야 하며, 연방정부가 위원회에 대해 보고의무를 충실히 수행했는지에 대한 입장을 표명해야 한다.

마지막으로, 비밀공작활동에 대한 사전허가 및 사후점검을 통해 통제를 하고 있다. 기본법 제10조 위원회(G-10 Board)는 「기본법」 제10조(통신비밀자유제한에 관한 법률)에 규정된 '통신기밀의 자유'가 정보기구에 의해 부당하게 침해되는 사례를 막기 위해 정보기구의 전화감청 및 우편검열을 사전에 허가하는 권한이 있으며, 6개월마다 전화감청이나 우편검열결과를 보고받는다.

실제 전화감청과 우편검열의 허가는 기본법 제10조 위원회에서 그 임무를 위임받은 소위원회 형태의 기본법 제10조 심의회(G-10 Commission)에서 시행하고 있다. 기본법 제10조 심의회에서는 각 당의 추천으로 임명된 3인의 위원으로 구성되며, 전화감청 및 우편검열을 매 건별로 심사하여 허가여부를 결정한다. 반면, 외국과의 통신감청은 연방정보부(BND)에서 포괄적으로 허가를 받아 모든 통신에 대해 감청활동을 하고 있다.[23] 허가는 3개월 단위가 원칙이나 연장신청이 가능하며, 긴급상황이 발생하면 주무장관의 승인을 받은 후 시행가능하나 1개월마다 개최되는 기본법 제10조 위원회에 보고하여 사후허가를 받아야 한다.

1) 국가정보포럼. 전게서, 360.
2) 김왕식. (2013), "국가정보의 통제", 한국국가정보학회 엮음. 「국가정보학」, 서울: 박영사, 534-535.
3) 서울중앙지방법원은 2008년 5월 29일 제이유 네트워크 주식회사가 대한민국 정부를 대상으로 소송을 제기한 판결(선고 2008가합 40668)에서 제이유 네트워크 주식회사의 납품가 조작 등 부당이득행

위와 비자금 해외밀반출, 정관계 인사들에 대한 로비 의혹 혐의에 대한 국정원의 정보활동에 대해 직무범위 일탈 등으로 기업의 자기정보통제권을 침해했다는 등의 내용으로 손해배상 책임을 인정하는 판결을 내렸다. 이와 같은 판결은 국정원이 이와 유사한 정보활동을 할 경우 탈법이기 때문에 앞으로 할 수 없다는 것을 의미하며 정보기구에 대한 사법부의 통제가 작용한 것이다.

4) Holt, Pat M.. (1995), *Secret Intelligence and Public Policy: A Dilemma of Democracy.* Washington: CQ Press, 171-187.

5) 신유섭. (2010), "미국의 경험을 통해 본 민주정치제도에서의 바람직한 정보통제방안 고찰", 「한국정치외교사논총」, 2(1), 205-206.

6) 이갑헌. (2010), 「첩보에서 정보까지」, 서울: 형설출판사, 370-371.

7) 뉴시스. (2014), 제이유그룹, '국정원보고서 공개소송' 파기환송심 끝에 일부 승소, 3월 9일자.

8) http://www.whitehouse.gov/administration/eop/piab/검색일: 2015. 2. 16.

9) 심재정. (2013), "사회환경의 변화에 따른 정보기관통제에 관한 연구", 「국가정보연구」, 6(1), 188-189.

10) Lowenthal, Mark M(1). (2006), *Intelligence: From Secrets to Policy.* Washington DC: CQ Press, 224.

11) 한희원. 전게서, 764-765; 심재정. 전게논문, 193 재인용.

12) 김왕식. 전게논문, 131.

13) 심재정. 전게논문, 194-195.

14) https://www.sis.gov.uk/about-us/legislation-and-accountability/oversight-by-independent-commisio ne rs.html/검색일: 2015. 2. 17.

15) 김왕식. 전게논문, 132.

16) 심재정. 전게논문, 197; 김왕식. 전게논문, 131; Justice and Security Act 2013, 제3조.

17) 심재정. 전게논문, 198; 김왕식. 전게논문, 131.

18) 연방수상실 차관은 정보기구 간 업무조정을 위해 '연방정보기관 등에 대해 업무방법, 정보기구관련 법률 및 규정제정업무 참여권, 정보 조직 · 인사 · 예산 등에 대한 정보요구권, 정보기관장 등과의 면담 및 토의권' 등을 갖고 있다.

19) 염돈재. (2003), "의회의 정보기관통제 제도와 운영실태에 관한 비교연구", 「행정논총」, 1(1), 175.

20) 심재정. 전게논문, 199-202 요약 및 일부 수정.

21) 연방의회의 통제는 1978년 4월 「연방정보기구의 활동에 대한 의회통제에 관한 법률(Parlamentarische Kontrollkommssion: PKK)」이 제정되기 이전에는 내무위원회와 예산위원회를 통한 간접통제방식을 취하였으나 미국에서 워터게이트 사건이 발생한 후 의회의 정보기구 활동에 대한 통제강화 여론에 따라 1973년 4월 「PKK법」이 제정된 이후 3개 위원회를 설치하여 직접통제를 시작하였다. 1999년 PKK의 명칭을 PKG로 변경하면서 기본법 제10조 위원회의 기능을 담당하도록 하였다.

22) http://www.bundestag.de/bundestag/gremien/pkgr/index.jsp/검색일: 2015. 3. 23(기본법 제45d조 "연방의회는 연방정보기구 활동에 관한 위원회를 구성한다. 자세한 것은 연방법률로 정한다").

23) 염돈재. 전게논문, 173.

국가정보와
경찰정보 II

제 3 편

경찰정보의 이론과 실제

제9장 경찰정보활동의 이해

제1절 경찰정보활동의 의의

1. 정보경찰의 개념

국민의 생명과 재산을 보호하고 사회공공의 안녕과 질서유지를 목적으로 하는 경찰은 11만여 명에 이르는 방대한 조직 구성원과 국내외에 걸친 업무수행으로 국가안보와 치안질서 유지를 위한 국가 핵심기관으로 자리잡고 있다.

이러한 가운데 경찰조직이 수행하는 정보활동은 범죄정보의 수집에서부터 국가안보와 관련된 정보활동에 이르기까지 광범위하고 다양하며, 산업 발전과 인구의 증가 그리고 세계화 추세에 따라 업무량도 크게 증가하고 있는 실정이다.

경찰의 정보활동 역시 국가정보활동의 한 분야로서 첩보의 수집, 분석, 작성 그리고 배포라는 정보활동의 기본요소를 토대로 기능하고 있다. 그러나 합목적성에 비중을 두는 순수 정보기구의 정보활동에 비하여 경찰의 정보활동은 그 대상이 시민이 되는 경우가 많고, 대부분 국내에서 이루어지기 때문에 합법성을 떠나서는 존속할 수 없는 특성도 지닌다.

우리나라에서 정보경찰이라는 용어는 일상적으로 많이 사용되고 있는 어휘인데도 불구하고 아직 통일된 개념은 없는 실정이다. 정보경찰을 문경환 외[1]는 경찰정보활동에 종사하는 경찰인력을 중심으로 보면서, '경찰청 정보국, 지방경찰청의 정보관리부 또는 정보과, 경찰서의 정보과 또는 정보보안과에서 근무하는 경찰공무원을 통칭'하는 의미로 사용하고 있다.

경찰대학[2]은 정보경찰의 목적과 활동을 중심으로 '공공의 안녕과 질서에 대한 위험 또는 경찰위반의 상태를 제거하기 위한 정보활동을 위하여 그 전제가 되는 치안정보를 수집 · 분석 · 작성 · 배포하는 경찰'로 정의하고 있다.

노호래[3]는 '국가의 안전을 침해하는 개인이나 단체의 모든 불법행위에 대한 예방을 위한 경찰활동으로 국가의 안전을 보장하기 위해서 침해의 요소를 사전에 제거하고 사회의 기본질서를 유지하여 개인의 법적 안전을 도모하는 일련의 경찰작용'으로 설명하고 있다.

이재경[4]은 '적극적인 공공복리의 증진을 목적으로 하는 작용은 아니지만 사후적인 일반경찰기능으로는 국가의 안전과 사회공공의 안녕과 질서유지를 위한 경찰활동'이라고 개념화하고 있다.

위의 학자들 또는 기관의 정의를 살펴보면 크게 두 가지 분야에서 의견을 달리하고 있다. 하나는 정보경찰의 직무범위를 공공의 안녕과 질서유지로만 한정하는 견해와 국가안전까지 포함하는 의견이며, 다른 하나는 정보경찰을 경찰공무원으로 보는 견해와 경찰작용으로 설명하는 것이다.

생각하건대, 우선 국가안보 개념의 포함여부와 관련하여 공공의 안녕과 질서유지를 핵심개념으로 하는 치안의 개념과 국가안보의 개념이 융합되는 현상이 있고, 정보국의 기능을 규정한 '경찰청과 그 소속기관 직제'(대통령령 제25996호) 제14조에는 국가안보까지 포함하는 정책정보의 수집 및 생산을 규정하고 있다는 점에서 국가안전이 포함되는 것이 바람직하다. 그리고 사회 통념상 또는 일상생활에서 경찰이라 함은 경찰작용보다는 경찰공무원으로 이해하는 것이 대다수인데다, 정보경찰의 의미를 법령으로 규정한 곳도 없기 때문에 정보경찰은 정보활동을 하는 경찰공무원으로 이해하는 것이 좋을 듯하다.

따라서 정보경찰이란 '국가의 안전과 사회공공의 안녕과 질서에 대한 위험 또는 경찰위반의 상태를 제거하기 위해 정보활동을 하는 경찰'로 정의한다. 이와 같은 개념을 토대로 우리 경찰의 기능을 살펴보면, 보안경찰, 수사경찰, 외사경찰, 사이버안전경찰 등의 정보활동도 정도의 차이는 있지만 모두 해당될 수 있다. 그러나 여기에서는 정보경찰의 기능을 대표적이고 핵심적으로 수행하는 경찰청 정보국, 지방경찰청의 정보관리부 또는 정보과, 경찰서의 정보과 또는 정보보안과에서 근무하는 경찰공무원을 중심으로 기술할 것이다.

2. 치안정보의 의미

경찰의 정보기능을 부여한 법률인 「경찰법」 제3조와 「경찰관 직무집행법」 제2조 제3호에서는 경찰이 행하는 정보를 치안정보라는 용어로 기술하고 있다.

사전적 의미로 '국가에 의한 통치가 안정적으로 실행되고 있는 것'[5]이라는 의미의 치안이라는 용어는 일찍이 중국 효문제 원년(479년)의 사기에서 정치가 청명하고 국가가 안정됨을 의미하는 뜻으로 중국에서부터 사용되기 시작하였으며, 우리나라에서는 일본이 우리나라의 식민통치를 위해 설치한 한국주답사령부(韓國駐劄司令部) 소속의 한국주답헌병대(韓國駐劄憲兵隊)가 1905년 1월 '경성 및 그 부근에서 치안에 관한 경찰은 한국경찰을 대신하여 일본군이 담임한다'고 포고하면서 등장한다.[6] 그리고 군사경찰 시행에 관한 내훈에서 치안에 관련되는 경찰사항에 관해 한국 군대의 사용 및 경찰권의 집행을 허락하여야 한다고 규정하고 있다.[7]

1948년 정부수립과 함께 경찰은 치안국으로 출범하게 되었고, 1974년 치안본부로 개칭되면서 치안이라는 용어는 일반인에게도 친숙한 용어가 되었다. 그리고 법률로는 1953년 제정된 「경찰관 직무집행법」이 1981년 개정되어 정보경찰의 법적 근거가 되는 '치안정보의 수집, 작성 및 배포' 규정이 명시되면서 치안정보라는 용어가 사용되기 시작하였다.

치안정보의 개념에 대해서는 법률적으로 명확하게 규정되어 있지 않아 아직도 논란이 되는 용어이다. 그러나 우선 치안이라는 용어가 그 사용 기원과 경찰의 직무근거를 규정한 법률에서 나타나는 내용을 살펴보면, 경찰법상 본연의 임무인 '국민의 생명과 신체 및 재산보호, 범죄의 예방 · 진압 · 수사 등 공공의 안녕과 질서 유지'나 사전적 의미인 '국가사회의 안녕과 질서를 유지 · 보전'하는 경찰의 활동으로 보아 크게 무리가 없어 보인다.[8] 따라서 치안정보란 치안의 목적을 위해 사용되는 모든 정보라는 의미로 사용하기로 한다.

한편, 정보경찰이 취급하는 정보는 사용목적에 따라 크게 상황정보와 정책정보로 구분할 수 있다. 전자는 경찰이 사회의 안전확보를 위해 정치, 경제, 사회, 학원, 종교, 문화 분야 등 각종 상황을 파악하는 정보를 의미하며, 후자는 국가의 정책 수립과 집행, 평가를 지원하기 위한 정보로써 적극적 복리행정을 전개하는 기관과 외무 · 재정 등의 국가목적적 행정을 수행하는 기관의 업무에 활용하거나 이러한 국가사무의 정책결정자에게 전달되는 것이다.[9]

3. 정보경찰의 임무와 특성

가. 임무

정보경찰의 임무는 크게 예방경찰로서의 기능과 진압경찰로서의 기능으로 구분할 수 있다. 즉 경찰의 기본적 임무인 공공의 안녕과 질서에 대한 위험이나 경찰위반의 상태가 실현되는 시점을 기준으로 하여 그 기준 이전의 정보경찰은 예방적 역할을 수행하는 행정경찰작용을 하는 것이며, 그 이후는 진압단계에서 정보지원이라는 역할을 담당하는 것으로서 사법경찰작용까지도 포함할 수 있다.

예방목적의 정보경찰은 국가 또는 사회안전의 위험을 초래할 수 있는 경찰위반상태가 발생하기 전에 첩보를 수집하고 분석하여 해당 부처와 경찰 관계부서에 제공함으로써 위험을 사전에 방지토록 하는 것이 임무이다. 여기에는 일반범죄는 물론 사회무질서의 위험이 큰 집회·시위와 같은 다중범죄 등도 포함된다. 그리고 정책의 수립, 정책의 집행, 정책의 평가라는 국가정책과정에서 각 단계별로 정책정보를 사전에 지원함으로써 올바른 정책의제를 설정하고, 비효율적인 정책집행을 방지하며, 정책집행 결과의 평가에 필요한 정보를 지원한다. 이를 통해 합리적인 평가는 물론 이어지는 정책수립에도 활용할 수 있는 역할을 한다. 예를 들면, 청소년 성매매 방지를 위한 방안으로 경찰인력의 증원과 청소년 성교육 강화라는 의제 중에서 장·단점을 비교하여 후자의 안을 경찰청, 교육부, 여성가족부 등에 지원하여 정책의제 수립에 활용토록 할 수 있으며, 만약 해당부처들이 청소년 성교육 강화를 정책의제로 최종 선택하여 집행을 하고 있는 경우에는 성교육에서 강조해야 할 사항과 청소년 성교육 실패사례 등을 미리 정리하여 주관부처인 교육부와 여성가족부 등에 제공함으로써 정책집행과정에서 발생할 수 있는 오류를 최소화 할 수 있다. 그리고 청소년 성교육 정책이 종료된 후에는 국내외 청소년 전문가의 평가방법 등을 지원하여 평가의 완전성과 비효율을 감소시킬 수 있다.

진압지원 경찰로서의 정보경찰은 이미 범죄 또는 무질서가 발생하거나 정책결정 과정에서 문제가 발생한 경우 피해를 최소화하고 빠른 복구를 위해 임무를 수행하는 것이다. 즉 무질서 상태를 야기한 범죄자를 추적하고 체포된 범죄자에 대해 범증확보에 필요한 정보를 지원하는 것이다. 그리고 국가에서 집행 중인 정책에 문제가 발생하였다면 그 해결을 위한 정보지원이 필요하다. 정부에서 추진하고 있는 청소년 성교육이 잘못 진행되고 있다면, 성교육 내용의 부실 정도, 학생들의 반응, 전문가의 견해를 종합하여 해당 부처에 제공할 수 있으며, 정부의 노력에도 불구하고 청소년 성매매 현상이 늘어난다면 경찰작용의 필요성과 부작용 및 향후 전망 등을 정책결정자들에게 제공함으로써 그들이 강제력 동원여부를 판단하는 데 활용할 수 있도록 하여야 한다.

한편, 정보활동 자체가 강제력을 동원하지 않은 임의활동이 대부분이기 때문에 업무영역을 명확하게 설정하기 어려운 특성을 가지고 있는데다 정보경찰이 정책정보까지 취급하게 되면서 정보활동의 범위가 거의 무한대로 확장됨에 따라 정보활동의 한계도 모호하다는 비판이 있다. 따라서 경찰목적과 직접적인 관련성이 낮은 정보를 수집하는 경우에는 경찰법상의 일반적인 한계를 준수하여 정보의 자기결정권 등 헌법상 보장된 기본권의 침해가 발생하지 않도록 항상 유념해야 한다.

나. 특성

정보경찰은 일반경찰과는 달리 목적, 업무성격, 그리고 활동수단 측면에서 다음과 같은 특징을 가지고 있다.[10)]

첫째, 경찰의 목적은 국민의 생명, 신체, 재산을 보호하고 사회공공의 안녕과 질서를 유지하는 것이라 볼 수 있다. 정보경찰도 경찰의 일부로서 이러한 목적을 달성하기 위한 활동을 하지만 단순하게 개인적 법익을 침해하는 범죄예방이나 질서유지를 위한 일시적인 경찰권 발동은 정보경찰의 직접적인 목적이라고 보기 어렵다.

둘째, 일반경찰의 작용이 경찰목적을 침해하는 요소에 대한 사전적 예방활동과 사후적 조치활동을 함께 하는 것이라고 본다면, 정보경찰은 국가의 안전과 사회안녕을 위협하는 요소에 대한 사전적 예방활동이 주요 기능이라는 점에서 차이가 있다.

셋째, 생활안전경찰이 범죄예방을 위해 순찰을 한다거나 수사경찰이 범인검거를 위해 탐문수사를 벌이는 등 공개적인 활동을 하는 것과는 달리, 정보경찰은 비공개적인 활동을 하는 경우가 많다.

마지막으로 정보경찰은 독자적인 집행기능과 타 부서에 대한 지원기능을 동시에 수행하고 있는 것이다. 즉 경찰 및 타 정부부처의 업무수행에 필요한 자료, 즉 정보를 생산하는 것은 물론 이를 제공해 주는 기능을 담당하고 있다.

제2절 정보경찰의 기원과 발전

1. 우리나라 정보경찰의 기원

오늘날의 정보경찰의 성격을 가진 경찰조직은 명칭과 그 기능에는 약간의 차이가 있겠지만 이미 국가가 성립되면서 통치체제 및 국가안위를 확보하기 위해 존재하였을 것으로 추정된다. 즉 우리나라의 최초 고대국가인 고조선(기원전 2333년~기원전 108년)에도 정보경찰이 있었지만 자료를 찾아보기 힘든 이유는 우리의 문자가 없는데다 이후에도 기록 문화가 발전되지 않았기 때문이다. 다만, 당시에는 통치체제가 구체적이지 않고 사회적 분화도 많이 일어나지 않았기 때문에 특정 치안기구에서 모든 경찰기능을 수행하였을 것으로 생각된다. 그러나 추정만으로 그 기원을 살펴보는 것은 큰 의미가 없기 때문에 이 책에서는 경찰의 명칭과 그 작용을 규정한 법률체제가 성립된 근대 경찰이후부터 정보경찰의 기원을 살펴보기로 한다.

우리나라의 근대경찰은 1984년 갑오개혁에 따라 경찰조직법인 「경무청관제직장」(1894. 7. 14)과 경찰작용법인 「행정경찰장정」에 따라 그간의 좌우포도청을 합하여 경무청을 설치하면서 시작되었다. 당시 「경무청관제직장」에는 경찰사무로서 범인의 수색 및 체포, 전염병 예방, 결사 · 집회 · 신문 · 잡지 · 도서 등을 명시함으로써 정보경찰의 기능은 근대경찰 창설시기부터 존재하였다고 할 수 있다.

그러나 정보경찰의 조직과 기능을 비교적 명확히 한 것은 1905년 일본이 대한제국의 외교권 박탈을 주요 내용으로 하는 제2차 한일협약(을사조약)을 계기로 통감부를 설치하고 그 소속기관으로 고등경찰과를 설치하여 우리나라 국민의 사상적 영역까지 감시, 통제하는 비밀경찰 업무를 시작한 것이라고 할 수 있다. 1907년에는 한일신협약에 따라 경시청관제를 도입하면서 보안과에서 고등경찰사무를 관장하였고, 1910년부터 시작된 헌병경찰제하에서는 경무총감부 기밀과에 첩보계와 고등경찰계를 두고 정보경찰의 기능을 담당하였으며,

1919년 3·1운동 이후 헌병경찰이 보통경찰로 전환한 이후에도 경무국과 전국 각 경찰서에 고등경찰과와 고등경찰계를 각각 두고 공포정치의 수단으로 활용하였다.[11)]

한편, 1945년 광복에 따라 남한 통치를 일시적으로 수행하게 된 미군정은 식민통치를 위해 제정된 「정치범처벌법」, 「예비검속법」, 「치안유지법」 등의 악법이 폐지되자 고등경찰을 없애고, 군정청 경무국(1946년 경무부로 승격)에 공안과를 두었다. 도지사 소속의 경무부에는 공안과와 정보과를 설치한 데 이어, 1947년 12월 국내정세의 혼란상태가 지속되자 관구경찰청에 정보업무를 담당하는 사찰과를 설치하였다. 그 당시의 정보경찰은 신생국가의 건설에 방해가 되는 불순요소의 제거 및 단속을 통해 사회적 혼란을 방지하는 것이 주 임무였다.[12)]

아래에서는 정치적인 변화나 큰 사회적 안보 이슈를 계기로 발전해 온 경찰조직의 변화를 중심으로 정보경찰의 변천을 살펴보기로 한다.

2. 치안국 시기

1948년 8월 15일 대한민국 정부수립에 이어, 같은 해 11월 4일 내무부직제(대통령령 제18호)에 따라 경무부가 치안국으로 개편되면서 중앙에는 사찰과, 지방경찰국 역시 사찰과, 경찰서에는 사찰계를 구성하고 민정사찰 및 외사경찰에 관한 사항을 직무범위로 설정하였다. 1950년 3월 31일에는 사찰과의 직무를 민정사찰과 외사경찰 외에도 특명에 관한 사찰사항까지 확대하였다.

1950년 6·25전쟁으로 정보경찰은 사찰업무 외에도 직접 전투에 참여하였으며, 같은 해 8월 10일에는 수사과를 통합하여 정보수사과로 개편하였으나 휴전 이후에는 치안문제에 중점을 두고 다시 특수정보과와 수사과로 분리되었다.

4·19를 거쳐 민주당이 집권하자 1960년 6월 1일 치안국 특수정보과를 정보

과로, 도경찰국 사찰과를 정보과로, 경찰서 사찰계를 정보계로 개칭하면서 정치, 문화, 민정의 사찰, 외사경찰, 그리고 특수정보에 관한 사항을 담당하였다. 그러나 이 시기의 정보경찰은 3·15부정선거에 정보경찰이 주동적인 역할을 담당했다는 이유로 국민들로부터 지탄의 대상이 되는 등 큰 오점을 남긴 시기이다. 1960년 12월 31일 제정된 「반민주행위자 공민권 제한법」에 따라 부정선거에 주동적 역할을 담당한 경찰간부 등 당시 경위급 이상 90% 가량의 사찰경찰이 면직되기도 했다.[13)]

1961년 5·16군사정변에 의한 1년 7개월간의 군정과 1963년 10월 시작된 제3공화국 이후 정보경찰의 활동은 반공을 국시로 하여 북한의 대남공작활동을 분쇄하는 데 많은 노력을 기울였다. 특히, 1961년 「중앙정보부법」의 제정(법률 제619호)에 따라 5·16 이후의 정보활동은 중앙정보부의 조정과 감독 아래에서 이루어졌다. 이 과정에서 1961년 9월 28일 중앙정보부의 지시에 따라 국가안전보장에 관련된 경찰기밀을 보호하기 위하여 치안국 정보과 내에 보안계(5계)를 신설하여 보안 및 신원조사업무를 담당하게 되었으며, 1962년 9월 정보경찰의 조직정비와 함께 업무지침과 규정의 체계적인 통합정비가 추진되어 '정보경찰업무 취급규정(3급비밀)'이 만들어졌다.

1962년 1월 15일에는 반국가세력의 음모를 미연에 방지하기 위해 은밀한 활동을 원칙으로 하는 특수조직의 필요성에 따라 서울 종로구 와룡 등에 안전가옥을 정하고 경감을 실장으로 하는 정치분실을 설치하였다.

1966년에는 서울과 부산에 외사과를 신설하였고, 1967년에는 동경 주재관이 최초로 임명되어 해외주재관 업무를 수행하였다. 그리고 1967년 1월 7일에는 정보상황실운영지침(내무부 예규 제118호)을 제정하여 경찰의 정보상황을 청와대, 국무총리실과 같은 외부기관에 보고하도록 하는 근거를 마련하여 국정에 활용하는 계기가 되었다. 1971년 6월 18일에는 치안국에 공안담당관과 민방위담당관제를 신설한 후 정보과를 민방위담당관 아래에 두면서 관리계, 정보계, 대공계를 운영하였다.

3. 치안본부 시기

1974년 8월 15일 광복절 경축식장에서 북한의 사주를 받은 재일동포 문세광의 대통령 저격 사건으로 영부인이 살해되자 그동안 긴급조치 등의 이유로 경찰기관이 독자적으로 업무를 수행하지 못했다고 판단하였다. 이에 따라 경찰의 고유기능을 살리고 경찰행정의 합리성과 효율성을 도모하기 위해 내무부직제(대통령령 제7505호, 1974. 12. 31)를 개정하여 치안국을 치안본부로 승격시켜 제1부, 제2부, 제3부 체제로 확대 개편하였다. 제3부에 소속한 정보과는 정치, 경제, 종교, 사회, 문화 등 관련 정보의 수집, 분석, 평가는 물론 반국가적 범죄의 수사 및 수사지도와 같은 기능을 강조하기도 하였다. 또한 당시 유신으로 인해 반체제 운동이 증가하자 정보경찰의 역할은 다중범죄의 진압으로 확대되었으며, 이에 따라 정보과를 정보 1과와 2과로 분과하여 1과는 일반정보, 2과는 대공기능(현재의 보안기능), 그리고 학원 및 종교분야 업무는 경제 분실에서 추가 담당토록 하는 등 정보경찰의 업무가 대폭 강화되었다.[14)]

1980년대에 들어와 소련의 아프가니스탄 침공, 미국의 대이란 단교조치, 이라크와 이란의 무력충돌 등 국제정세가 혼미를 거듭하는 가운데, 북한이 캐나다를 방문한 전두환 대통령을 암살하려다 미수에 그친 사건 등에 따라 남북관계가 경색되면서 경찰의 정보기능 강화 필요성이 제기되었다. 이에 따라 1981년 정보1, 2, 3과와 대공과로 정보경찰조직을 확대 개편하였다. 특히 이 당시에 처음으로 '대공'이라는 용어가 정식 직제로 사용되었으며, 1985년에는 외사과를 포함하여 정보, 대공, 외사를 망라하여 제4부에 소속되도록 하였고, 1986년에는 제5조정관을 신설하여 대공과와 외사과를 전담하게도 하였으며, 1987년에는 제5조정관이 순수 대공만을 취급하도록 하였다.[15)]

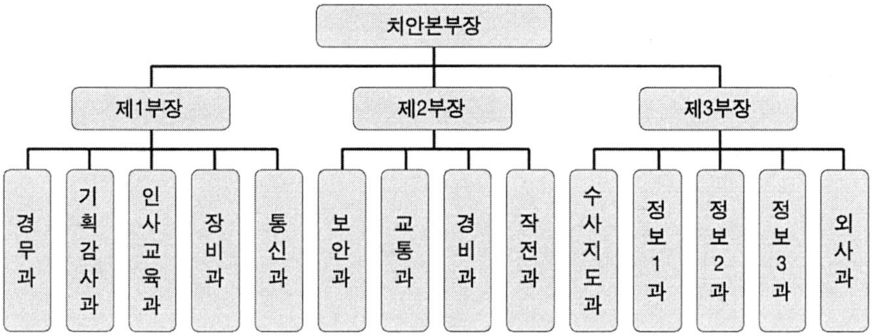

출처: 경찰대학, (2002), 「한국경찰사」, 용인: 경찰대학, 256.

도 3-1 _ 치안본부 기구표(1976)

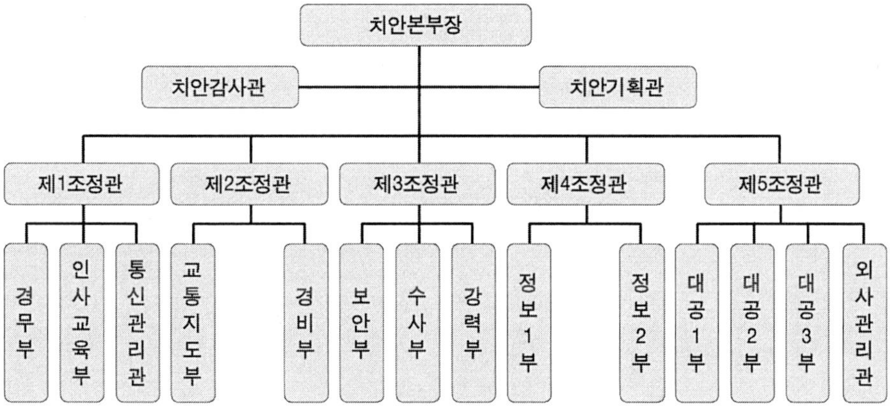

출처: 경찰대학, (1991), 「일반정보론」, 용인: 경찰대학, 137에서 인용 · 수정.

도 3-2 _ 치안본부 기구표(1986)

4. 경찰청 시기

내무부 소속기관인 치안본부는 1987년 민주화 운동 이후 경찰의 중립화 요구가 증대되고 치안수요가 크게 늘어나면서 1991년 8월 1일 내무부 외청인 경찰청으로 독립되었다. 경찰청 개청으로 정보경찰업무는 정보국장 아래에 국장을 보좌하는 정보심의관을 두고 그 산하에 정보1, 2, 3, 4과 체제로 개편되었으며, 지방경찰청의 경우 서울·부산·경기·인천지방경찰청 등은 해당 부장 산하에 정보과를 두고, 그 외 지방경찰청에는 차장 산하에 정보과를 운영하고 있다. 현재의 정보경찰의 조직과 기능에 대해서는 다음 제3절에서 살펴보기로 한다.

제3절 정보경찰의 조직

1. 전체 경찰 구성

경찰은 2013년 12월 현재 105,357명의 경찰공무원으로 구성되어 있으며, 이 중 정보경찰은 3,372명에 이른다.[16] 그리고 해외 26개 공관에 65명의 치안주재관을 파견하고 있다.[17]

먼저, 경찰청 본청의 조직은 2014년 3월 11일 경찰청과 그 소속기관 직제(대통령령 제25996호) 개정에 따라 사이버안전국이 설치되는 등 청장과 차장 1명, 기획조정관, 감사관, 경무인사기획관, 정보화장비정책관 등 4개관, 생활안전국, 수사국, 사이버안전국, 교통국, 외사국, 경비국, 정보국, 보안국 등 8개국, 대변인 그리고 정보심의관으로 조직되어 있으며, 총경을 장으로 하는 15개 담당관과 29개 과로 편제되어 있다. 부속기관으로는 경찰대학, 경찰교육원, 중앙경찰학교, 경찰수사연수원 등 4개의 교육기관과 책임운영기관인 경찰병원이 있다.

그리고 치안사무를 지역적으로 분담 수행하기 위하여 전국 특별시·광역시·도에 16개 지방경찰청을 두고 있으며, 지방경찰청장 소속하에 경찰서 250개, 지구대 515개, 파출소 1,438개를 운영하고 있다.[18]

○ 기구 : 1차장 4관 8국 1대변인 1심의관 14담당관 29과

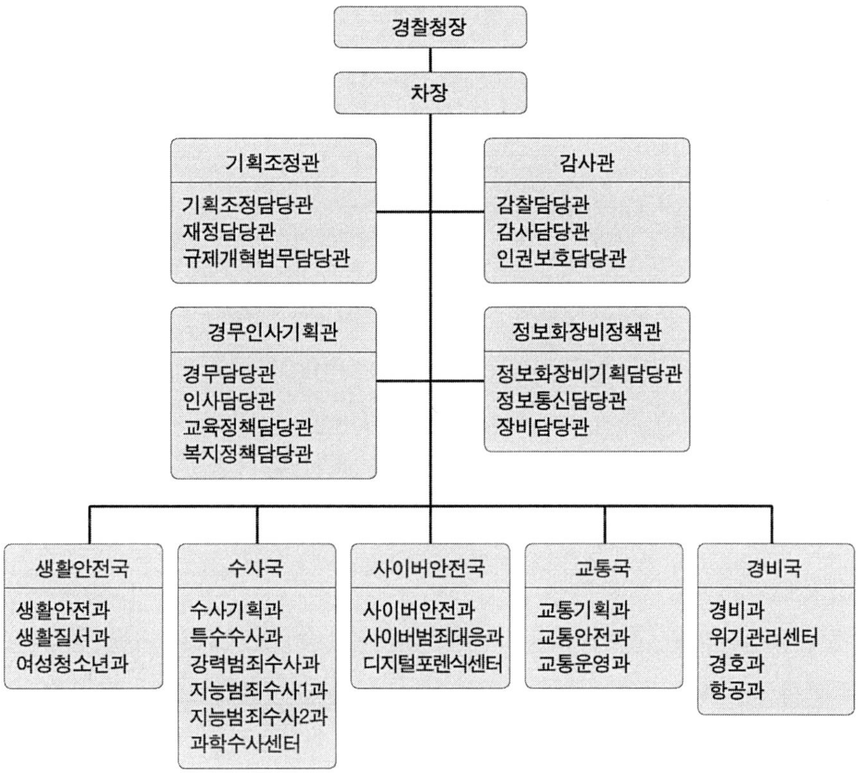

출처 : 사이버경찰청, 경찰조직도, 동계자료.

도 3-3 _ 경찰청 본청 조직

2. 정보경찰의 조직과 기능

가. 경찰청 본청

경찰청에는 정보국을 조직하고 국장(치안감)이 다음 사항을 관장하며, 전국의 정보경찰을 총괄 지휘, 감독, 관리한다. 국장 밑에는 심의관을 두고 기획정보업무에 관하여 국장을 보좌토록 하고 있다.[19]

① 치안정보업무에 관한 기획 · 지도 및 조정
② 정치 · 경제 · 노동 · 사회 · 학원 · 종교 · 문화 등 제분야에 관한 치안정보의 수집 · 종합 · 분석 · 작성 및 배포
③ 정책정보의 수집 · 종합 · 분석 · 작성 및 배포
④ 집회 · 시위 등 집단사태의 관리에 관한 지도 및 조정
⑤ 신원조사 및 기록관리

이와 같은 정보국장의 임무를 보좌하기 위하여 정보국은 총경이 지휘하는 정보1, 2, 3, 4과로 편제되어 있으며, 각 과별 업무범위는 다음과 같다.[20)]

정보1과는 정보경찰업무에 관한 기획 · 지도 및 조정, 신원조사 및 기록관리, 기타 국내 다른 과의 주관에 속하지 아니하는 사항을, 정보2과는 치안정보업무에 관한 기획 · 지도 및 조정, 정책정보의 수집 · 종합 · 분석 · 작성 · 배포 및 조정업무를 담당한다.

정보3과는 정치 · 경제 · 노동분야에 관련되는 치안정보의 수집 · 종합 · 분석 · 작성 및 배포, 정치 · 경제 · 노동분야에 관련되는 집회 · 시위 등 집단사태의 관리에 관한 지도 및 조정을 그 임무로 한다.

정보4과는 학원 · 종교 · 사회 · 문화분야에 관련되는 치안정보의 수집 · 종합 · 분석 · 작성 및 배포, 학원 · 종교 · 사회 · 문화분야에 관련되는 집회 · 시위 등 집단사태의 관리에 관한 지도 및 조정을 관장한다.

나. 지방 정보경찰 조직

각 지방경찰청은 일반적으로 정보과장 밑에 정보1, 2, 3, 4계를 두고 있는데, 정보1계는 서무, 신원조사, 기록 및 채증업무를 담당하고, 정보2계는 정책정보의 분석 및 생산과 같은 기획정보를 취급하며, 정보3계는 경제 · 사회 · 노정 · 학원 · 종교 · 문화 등의 업무를 수행하고, 정보4계는 외근업무를 주로 담당하고 있다.

그러나 서울지방경찰청은 정보관리부장 아래에 정보1, 2과를 두고, 정보1과에서는 서무, 신원조사, 기록관리 채증업무 및 기획정보와 사이버와 관련된 정보를 수집 및 생산하고 있으며, 정보2과에서는 경제, 노정, 사회, 학원 및 종교, 문화 등의 정보를 관장한다.

그리고 부산지방경찰청, 경기지방경찰청 그리고 인천지방경찰청은 3부장 소속으로 정보과를 두고 있으며, 여타 지방경찰청과는 달리 정보과에 5계를 설치하여 외근을 담당하도록 하고 있고, 3, 4계가 여타 경찰청의 3계 업무를 분담하여 처리하고 있다. 그리고 대구 · 광주 · 대전지방경찰청은 정보과를 1부장 밑에 두고 있다.

한편, 경찰서의 경우 대개 1급서와 2급서는 정보과를 두고, 1계에서는 서무, 신원조사, 채증판독 등을 담당하고, 2계에서는 정보수집활동을 하고 있으며, 3급서는 정보보안과를 운영하면서 그 아래 정보계에서 서무, 신원조사, 채증판독 등을 담당하는 내근파트와 직접 정보활동을 담당하는 외근파트로 구분하여 운영하고 있다. 3급서의 정보과와 보안과의 통폐합은 1998년 7월 1일자로 단행된 일선 관서기구 인력조정에 따른 것으로 경찰서의 실정에 따라 탄력적으로 적용하고 있는 실정이다.

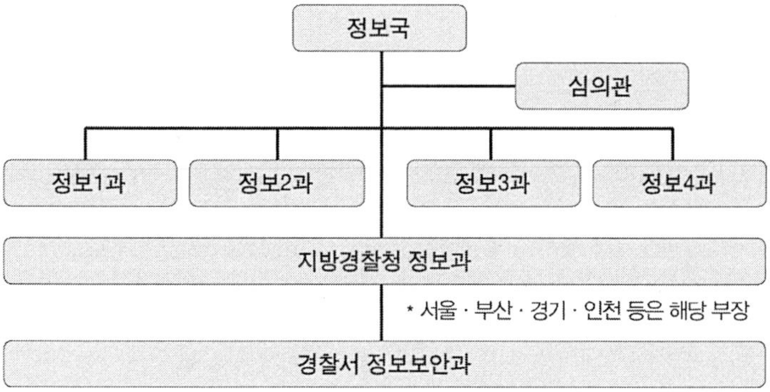

도 3-4 _ 정보경찰 조직도

제4절 경찰정보활동의 법적 근거

헌법 제37조에서는 국민의 모든 자유와 권리는 국가안전보장과 질서유지 또는 공공복리를 위하여 필요한 경우에 한하여 법률로 제한할 수 있도록 선언하고 있다. 이에 따라, 경찰의 정보활동은 그 수단의 임의성 여부와는 무관하게 첩보의 수집과 처리과정에서 정보의 자기결정권 등 그 대상의 권리와 자유를 침해할 가능성이 있기 때문에 명확한 법률적 근거인 수권규정이 필요한 것이다.

경찰권의 발동에서 수권조항이 필요한 경우는 크게 세 가지로 구분할 수 있다. 첫째, 행정객체에게 권리의 변동을 발생하게 하거나, 둘째, 행정객체의 의사에 반하여 권리침해 내지 강제를 하여야 할 필요가 발생하거나, 셋째, 강제력을 동반하지는 않으나 업무수행의 정당성을 인정받고 행정력의 과다한 운용을 막기 위하여 업무의 범위를 설정하고자 하는 경우이다.[21] 따라서 경찰의 정보활동은 위의 세 가지 중에서 어느 하나에라도 해당되는 경우에는 수권조항이 필요하다. 다음에서는 경찰 정보활동의 수권조항을 개괄적 수권조항과 개별적 수권조항으로 나누어 살펴본다.

1. 개괄적 수권조항

현재 경찰의 정보활동을 위한 법적 근거는 「경찰법」 제3조의 '치안정보의 수집 · 작성 및 배포' 규정과 「경찰관 직무집행법」 제2조의 '치안정보의 수집 · 작성 및 배포'가 해당된다.

그러나 경찰의 직무범위로 명시한 이 규정들이 개괄적인 권한규정으로 해석될 수 있느냐에 따라 찬반이 엇갈리고 있는 실정이다. 홍정선[22]은 빠르게 변화하고 있는 사회현상에 대응하여 경찰권의 발동요건이나 효과를 상세하게 정한다는 것은 사실상 불가능하며, 개괄적 수권조항은 개별적 규정이 없는 경우에 보충적으로 적용되기 때문에 개별조항에 의거한 경찰권 발동과 관련하여 조리상의 한계가 충분하다는 의견을 제시하며 개괄적 수권조항을 가지고 있다는 입장이다. 이에 반해 서정범[23]은 1931년 프로이센 「경찰행정법」 제14조 제1항에서 '경찰행정청은 공공의 안녕 또는 질서를 위협하는 위험으로부터 공중 또는 개인을 보호하기 위하여 실정법의 범위 안에서 경찰의무에 적합한 재량에 따라 필요한 조치를 취하지 않으면 안된다'고 규정하고 있는 점을 고려해 볼 때, 우리나라의 「경찰관 직무집행법」 제2조는 단지 경찰관의 직무규정으로 구체적인 경우에 경찰이 직무수행을 위하여 개인의 권리이익에 대한 침해까지 가능하게 하는 개괄적 수권규정으로 인정하기 어렵다는 주장을 한다. 이성용[24] 역시 같은 입장을 취하고 있다.

생각하건대, 「경찰관 직무집행법」 제2조의 규정에서 나타나는 표현들은 임무규정의 성격을 가지고 있다는 점을 부정하기 어렵다. 그러나 다음 사항들을 고려하면 개괄적 수권조항으로도 인정할 수 있다고 본다.[25] 우리나라의 「경찰관 직무집행법」은 제정 당시 선진국의 입법기술 및 법적 인식에 비해 상대적으로 낙후되었다는 점과 독일의 경찰법이 시대가 변천함에 따라 법치주의의 원칙상 그 규정을 수정 · 보완해 왔음에도 불구하고 우리는 제정 당시와 비교하여 수정 · 보완이 없었던 점에서 표현상의 문제는 너그럽게 생각할 여지가 있으며, 임무는 그 자체로서 존재하는 것만으로는 의미를 갖는 것이 아니라 실현됨으로써 임무상의 목적을 달성할 수 있다는 점, 그리고 경찰권이 조리상 한계론에 의할 때 개괄적 수권조항으로 인한 경찰권의 남용은 최대한 억제될 수 있다는 점 등이다.

그러나 「경찰관 직무집행법」 제2조에 대한 개괄적 수권을 인정하더라도 언제나 정보활동의 대상이 될 수 있는 국민입장에서는 경찰이 어떠한 조건에서 정보수집을 하는지를 구체적으로 알 수 없기 때문에 개괄적 수권조항의 명확성은 충분하지 못하다. 따라서 가칭 「경찰의 정보활동에 관한 법률」을 제정함으로써 구체적인 경우뿐만이 아니라 일부 제한적이라 하더라도 추상적인 경우 합리적 판단 하에 예방적 차원의 정보수집 등의 직무수행이 가능하도록 일반적 수권규정을 명시해야 할 것이다.[26] 즉 「경찰관 직무집행법」은 명확한 법규정이 만들어질 때까지 과도기적 법적 근거로 보아야 할 것이다.

한편, 헌법재판소가 1994년 「경찰법」에 규정된 직무범위에 대하여 '경찰의 기본조직 및 직무범위 등을 규정한 전형적인 조직법으로서 조직 구성원 등 외에 일반국민을 수범자로 하지 않는다'고 판결[27]함에 따라 경찰법은 권한 규정으로 보기 어렵다.

2. 개별적 수권조항

개별적 수권을 규정한 법률은 특정 법률이 아니라 여러 법률에 산재해 있다. 즉 정보경찰의 업무수행은 「경찰관 직무집행법」, 「집회 및 시위에 관한 법률」, 「청원경찰법」, 「청소년보호법」, 「사격 및 사격장 단속법」, 「도로교통법」, 「용역경비업법」, 「총포도검화약류 등 단속법」, 「풍속영업의 규제에 관한 법률」 등 개별 법률에 의해 이루어진다.

정보경찰의 주요한 법적 근거가 되고 있는 「경찰관 직무집행법」을 두고 구체적으로 살펴보면, 개괄적 수권조항으로 인정하는 앞의 견해에 따라 제2조 제3호의 경비, 주요 인사(人士) 경호 및 대간첩 · 대테러 작전 수행, 제5호의 교통 단속과 교통 위해(危害)의 방지 규정은 정보의 수집 및 처리의 법적 근거가 된다. 그 밖에 「경찰관 직무집행법」 제3조의 불심검문, 제4조의 보호조치, 제5조의 위험발생의 방지조치, 제6조의 범죄의 예방과 제지, 제7조의 위험방지를 위한 출입, 제8조의 사실의 확인 등에 따른 경찰작용과 관련하여 정보의 수집처리가 행해질 수 있으나 그에 대한 명확한 규율로서는 부족한 점이 있다.

따라서 이에 대한 입법적 조치가 마련되어야 하며, 법적 규율을 함에 있어서는 정보의 수집처리에 관한 일반원칙이 중요하게 고려되어야 할 것이다. 예를 들면, 정보의 수집은 관계인으로부터 행해져야 하며, 법률에 다른 규정이 없는 한 공개적으로 행해져야 하고, 관계인에게 정보수집의 법적 근거 및 정보

제공 의무 또는 거절의 자유 등을 적당한 방법으로 고지하는 것이 특히 중요한 의미를 가진다.[28]

---

1) 문경환 · 이창무. (2014), 「경찰정보학」, 서울: 박영사, 116.
2) 경찰대학. (2004), 「경찰학 개론」, 용인: 경찰대학, 342.
3) 노호래. (2004), "정보경찰의 역사적 변천과정에 관한 비판적 검토", 「한국경찰연구」, 3(2), 33.
4) 이재경. (2011), "한국정보경찰의 조직역량이 조직효과성에 미치는 영향", 「박사학위논문」, 서울: 동국대학교 대학원, 18.
5) http://ko.wikipedia.org/wiki/%EC%B9%98%EC%95%88/검색일: 2015. 2. 18.
6) 성홍재 외. (2008), 「한국경찰사」, 용인: 경찰대학, 173-175.
7) 김성수 외. (2010), 「한국경찰사」, 용인: 경찰대학, 178-179.
8) 문경환 · 이창무. 전게서, 130-131.
9) 이성용. (2012), "경찰정보활동의 법적 문제에 관한 해석론적 고찰", 「경찰법 연구」, 10(1), 130.
10) 박노철 · 김병우. (2007), 「치안정보론」, 용인: 경찰대학, 36-37.
11) 한국경찰사편찬위원회. (1972), 「한국경찰사: 1(고조선)」, 서울: 내무부 치안국, 867.
12) 경찰청. (1995), 「경찰 50년사」, 서울: 경찰청, 54-55.
13) 강기택. (2006), 「치안정보론」, 용인: 경찰대학, 123.
14) 경찰청. 전게서, 321.
15) 경찰대학. (1991), 「일반정보론」, 용인: 경찰대학, 354-357; 문경환 · 이창무, 전게서, 128 재인용.
16) 경찰청. (2014), 「2013 경찰통계연보」, 서울: 경찰청, Ⅰ, 277.
17) 경찰청. 상게서, 277.
18) http://www.police.go.kr/portal/main/contents.do?menuNo=200220/검색일: 2015. 2. 18.
19) 경찰청과 그 소속기관 직제(대통령령 제25996호, 2015.1.6), 제14조 제1, 2, 3, 4항.
20) 경찰청과 그 소속기관 직제 시행규칙(행정자치부령 제17호, 2015.1.7) 제11조 1, 2, 3, 4, 5, 6항.
21) 경찰대학. (2002), 「방범기본법」, 서울: 경찰대학, 57.
22) 홍정선. (2002), 「행정법원론(하)」, 파주: 법문사, 423.
23) 서정범. (2009), 「행정법각론」, 서울: 탑출판사, 326.
24) 이성용. (2012), "경찰 정보활동의 법적 문제에 관한 해석론적 고찰", 「경찰법 연구」, 10(1), 132.
25) 이재경. 전게논문, 22.
26) 김성훈. (2004), "경찰정보의 법적근거와 한계에 관한 연구", 「박사학위논문」, 부산: 동아대학교 대학원, 314-320.
27) 헌재 1994. 6. 30 91헌마162.
28) 서정범. 전게서, 326; 이재경. 전게논문, 23 재인용.

제10장 경찰정보의 실제

제1절 첩보수집

1. 첩보 보고자의 기본자세

정보관은 자신이 개척한 출처에서 수집한 첩보는 항상 신뢰성 있고 정확한 자료라고 생각하기 때문에 첩보를 작성하는 과정에서 객관성을 유지하지 못하는 경우도 발생한다. 이러한 문제를 최소화하기 위해서는 다음과 같이 보고자로서의 기본적인 자세가 필요하다.[1)]

첫째, 임무에 대한 정확한 이해가 있어야 한다. 자신이 행하는 임무에 대한 이해가 정확하지 않을 경우 보고의 초점을 흐리게 할 뿐 아니라 불필요한 내용에 노력을 소비하게 된다. 또한 구체적인 보고가 되지 못하고 추상적으로 전달되어서 도중에 본질을 변화시켜 놓은 결과가 될 수도 있다.

둘째, 보안을 유지하는 능력과 인식이 필요하다. 첩보를 수집하는 과정에서 수집의 대상이 이 사실을 알게 될 경우에는 경계심과 보안의식 때문에 수집 자체가 어렵거나 수집하더라도 불완전하거나 틀린 첩보를 수집할 가능성이 많다.

셋째, 객관적으로 보고하는 능력이 필요하다. 첩보가 보고자의 개인적 감정이나 주관적인 이해판단에 치우칠 때는 정확한 전달이 될 수 없다.

넷째, 사실과 추리를 구별하는 능력이 있어야 한다. 정확한 사실을 판단하여 전달한다는 것은 매우 중요한 일이지만, 관찰자의 추리도 필요하다. 그러나 사실과 추리를 명백히 구분할 수 있는 능력이 뒷받침되지 않는다면 추리를 사실로 바꾸어 전달할 수 있는 위험이 발생하게 된다.

다섯째, 확실성의 정도를 보고해야 한다. 보고하는 것에 대하여 의문이 있는 경우에 불확실한 정도를 함께 보고하여 사용자가 참고할 수 있도록 한다.

마지막으로, 신속히 보고하는 능력이 필요하다. 시간이 경과하면 보고자의 기억도 흐려질 뿐만 아니라 보고 자체의 가치가 소멸되기 때문이다.

2. 견문 수집

견문(見聞) 수집이란 글자 그대로 보고 들은 것을 수집하는 것으로써 정보경찰이 대상 목표는 물론 일상생활 과정에서 정치, 경제, 사회, 문화 등 제 분야에서 자료를 수집하는 것을 말한다.

견문을 수집하여 보고하는 일은 정보경찰뿐만 아니라 모든 경찰관이 해야 하는 직무로서 시민들과 직접 접촉하여 얻은 자료가 대부분이기 때문에 국민의 여론을 여과 없이 생생하게 들을 수 있다는 점에서 큰 장점을 가지고 있다.

정보경찰이 견문을 수집하면 주어진 임무인 상황정보와 정책정보 생산, 집회·시위 관리 등에 활용하지만 수집된 견문 중 범죄와 관련된 것이면 수사경찰에, 보안과 관련되면 보안경찰에, 교통과 관련되어 있으면 교통경찰에 전달하고 있다.

견문수집업무에 대한 내부지침은 공개되어 있는 「수사첩보활동규칙」, 「경찰 자체 감찰첩보처리규칙」을 비롯하여 비공개로 관리하는 「견문수집 및 처리규칙」, 「수사첩보활동규칙」이 있다.

【주요 견문 수집대상】 2)

① 국가안전을 위태롭게 하는 요소 및 공공질서에 영향을 주는 요인
② 노사분규의 원인 등 사회갈등 요인
③ 시민들의 정부에 대한 요구 및 시중에 유포되는 유언비어 등 국민여론
④ 정부 주요정책의 집행과정상 문제점 또는 개선 관련 제언
⑤ 새터민, 다문화 가정 등 취약계층의 애로사항과 요구
⑥ 경제침체의 원인과 활성화를 위한 의견
⑦ 시민생활과 관련한 특이동향 등
⑧ 관내 주민의 고충 및 애로사항
⑨ 국가정책 발표 시 각계반응 및 정책제언
⑩ 각종 법령제도개선이 요구되는 사항
⑪ 기타 국가기관 및 자치단체에서 정책에 반영할 사항 등이 해당된다.

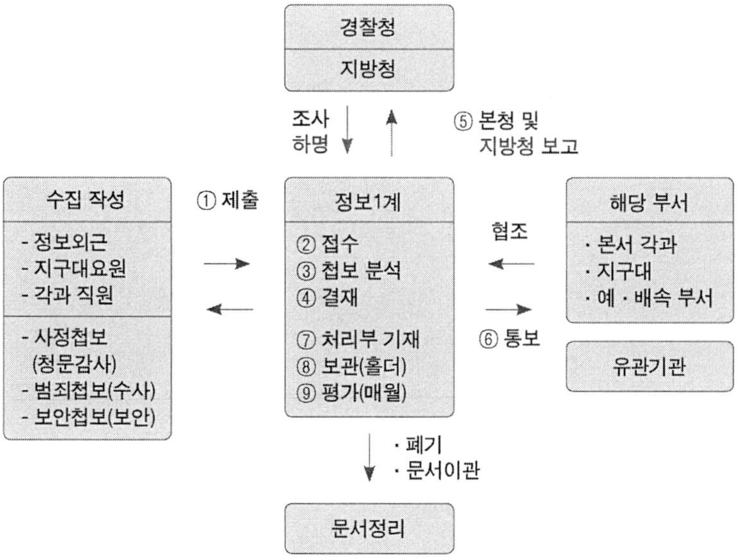

출처: 경찰청, (2011), 정보과장 매뉴얼, p. 24.

도 3-5 _ 견문수집의 흐름도

3. 첩보수집 요령

첩보수집 요령은 필자가 집필한 「국가정보와 경찰정보 Ⅰ」의 제6장에서 설명한 것과 같이 일반적으로 정보원의 운용, 관찰과 묘사, 면담과 유출 등의 방법을 활용하여 수집을 하게 된다. 다음에서는 경찰의 첩보수집과정에서 기본적으로 관심을 가져야 할 부분에 대하여 설명하고자 한다.

관찰이란 일정한 목적하에 물건의 현상 및 사건의 전말을 감지하는 과정을 의미하는 것으로 묘사를 전제로 하며, 상호 밀접하게 연결된 개념이라고 할 수 있다. 정보활동에 있어서 관찰묘사는 개인의 오관(시각, 청각, 후각, 촉각, 미각)을 통하여 대상을 정확하게 인식하고 그 결과를 기억하여 전달하는 일련의 과정이다.

주먹구구식 관찰보다는 체계적인 관찰이 훨씬 좋은 결과를 도출할 수 있는데, 대상목표에 대한 체계적인 접촉, 관찰사항의 선택, 측정, 관찰장비의 활용 등이 필요하다.

묘사는 관찰한 결과를 재생 · 표현하는 것으로 관찰과는 동전의 양면과 같은 관계에 있다. 묘사방법에는 구두, 문서, 동영상 촬영, 스케치, 사진녹음 등이 있다.

면담이란 일정한 목적을 가지고 첩보의 제공이나 입수를 위하여 상호의사를 교환하는 것을 의미한다. 따라서 면담대상자는 면담자의 관심사 정도는 파악할 수 있게 된다. 유출(elicitation)이란 상대방이 의식하지 못하게 하는 상태에서 대화를 통하여 첩보를 획득하는 것을 말한다. 이 두 가지 방법은 정보관이 활동과정에서 첩보를 수집하는 수단 중 가장 중요한 방법이다.

그리고 정보경찰이 정보수집과정에서 신분이 노출되면 사회적 물의가 일어나는 경우가 대부분이기 때문에 비노출 활동이 원칙이며, 이를 위해 가장, 신호 등의 방법으로 활동보안 수단을 강구하여야 한다.

제2절 정보의 분석과 보고서 작성

1. 정보분석

정보분석이란 수집된 첩보를 사용자가 판단하고 사용하기에 편하도록 가공하는 작업으로써 필자의 책「국가정보와 경찰정보 Ⅰ」의 제7장에서 수집된 자료 및 첩보의 처리, 첩보평가, 정보분석, 정보보고서 작성의 순으로 이루어지는 정보분석의 절차와 분석관의 장애요인과 편견, 그리고 정보분석기법 등에 대하여 자세하게 기술하고 있다. 그러나 경찰에서는 이러한 분석의 원칙과 절차를 이용하면서도 고유한 정보보고서를 생산하고 있다. 아래에서는 경찰정보 보고서의 일반적인 작성요령과 내용전개, 문장표현 그리고 보고서의 종류에 대하여 설명하기로 한다. 다만 보고서의 종류 중 견문보고와 정보상황보고는 첩보성에 가깝기 때문에 이 장의 제1절 첩보수집란에 포함하여 기술하였다.

2. 정보보고서 작성

가. 일반적인 작성요령

정보보고서의 기본적인 작성방향은 충실한 내용을 바탕으로 짜임새있게 구성되어야 하고, 간결하면서도 평이한 표현으로 작성하여야 한다. 보고서의 내용은 가능하다면 누가(who), 언제(when), 어디서(where), 무엇을(what), 어떻게(how), 왜(why)라는 6하 원칙이 충족되도록 작성한다.

내용을 전개하는 원칙은 단문 보고서의 경우 도입문, 사실 기술, 부연설명, 간단한 의견 · 대책의 형식으로 이루어져야 하며, 장문 보고서는 개요 또는 개황, 실태 · 현황 · 관련 동향, 문제점 및 요인분석, 평가 및 조치 등의 형식으로 구성한다.

조치부분에서는 경찰청장 등 정보사용자에게 행동방책을 제시하는 경우가 대부분이므로 허구적인 미사여구보다 객관적인 평가 및 실현 가능한 세부적인 대안제시가 필요하다.

그리고 초안을 작성할 때 정보보고서 작성에 앞서 초안에 포함시킬 내용들을 구상하여 항목들을 나열해 보는 계획표를 만들면, 보고서의 통일을 기할 수 있고 내용의 중복과 누락을 방지할 수 있으며, 글 전체의 균형을 유지하는 데 효과적이므로 제목과 결론을 먼저 써보고 소항목을 설정하고 논리적 배열을 점검한 후 간결하게 서술해 나가는 것이 좋다.

나. 내용의 전개

내용전개는 보고서의 전개방식, 들어가는 글, 본문, 나가는 글로 나누어 살펴볼 수 있다.[3] 우선 보고서의 전개방식은 역피라미드형, 피라미드형, 혼합형으로 구분되는데, 역피라미드형은 두괄식 또는 연역적 형태를 띠는 것으로 보고내용의 핵심을 서두에 제시하고, 다음으로 실태 및 상황과 흥미 있는 세부내용을 기술하며, 시간적 제약이 많은 사용자가 전체를 읽지 않고 개요 또는 요약만을 보고도 주요 내용을 알 수 있도록 하는 형태이다.

피라미드형은 미괄식으로 보고해야할 사안에 대한 설명의 한 부분을 도입하여 마지막에 가서 핵심내용이 결론형태로 제시되는 방식이다. 주로 학술 논문 등에서 많이 사용하는 형태로서 경찰 정보보고서에서는 거의 사용하지 않는다.

혼합형은 수정된 역피라미드형이라고도 하며 개요 및 요약문을 서두에 제시하고 그 다음에 관련 사실들을 연대기적으로 서술한 본문을 구성하며, 마지막으로 다시 결론적 내용을 기술하는 방식으로 정보보고서에서 많이 사용하는 유형이다.

들어가는 글은 개요 · 개황 · 상황 · 문제의 제기 등으로 구성되는데 사용자의 관심을 유발하고 사용자가 빨리 핵심내용을 알 수 있도록 보고방향, 조치 등이 포함된 가장 중요하고 흥미 있는 내용을 요약하여 제시한다. 그리고 가급적 6하 원칙에 따라 작성하되 일반적으로 인물(who), 언제(when), 어디서(where), 사건(what) 순서로 구성하는 것이 좋다.

본문의 경우 내용은 정확하고 충실하게 작성되도록 노력하여야 하며, 본문에 해당하는 관련사항 · 실태 · 현황 · 문제점 · 예상동향 등에는 직접적이거나 간접적인 내용을 사안별로 심층 분석해야 한다. 세부내용의 여러 항목 중에서 가장 비중 있는 사안을 앞에 부각시키고 중요하지 않은 사안은 뒤쪽에 배열한다. 다만, 중요한 사안을 뒤쪽에 기술할 경우에는 '특히', '더구나' 등과 같은 부사를 써서 사용자의 관심을 유도하며, 내용의 통일성과 논리적 일관성을 유지하도록 한다. 도입문이나 개요에 제시된 내용과 본문의 세부내용이 모순되지 않도록 하면서 중복되지 않도록 유의해야 하고 되도록 객관성과 정확성이 있는 문장을 사용해 보고내용의 신뢰성을 제고해야 한다.

그리고 사용자가 쉽고 편안하게 읽어 내려갈 수 있도록 어려운 한자어나 생소한 외래어, 전문용어 등의 사용을 가급적이면 피하고 평이하게 풀어서 표기하는 것이 타당하다. 또한 딱딱한 문어체보다는 구어체를 사용하되, 지나치게 과격한 용어나 품위가 없는 비속어의 사용을 자제해야 한다.

나가는 글은 평가, 대책, 조치의견, 고려사항 등 다양한 항목으로 기술되는데, 실천가능하고 구체성 있는 조치방안을 제시하여 사용자의 정책판단에 부담을 줄여줄 것과 상관의 지침을 받고 작성하는 보고서는 지침에 충실하게 작성하되 이의가 있을 때에는 충분한 분석과 검토를 거친 후 타당성 있는 이유를 제시하여 지시한 상관의 지침수정을 건의하는 것이 바람직하다.

다. 보고서 용어

정보경찰은 보고내용을 정확하게 전달하기 위하여 〈표 3-1〉에서 볼 수 있는 것처럼 어떠한 판단이나 경찰상의 조치를 나타내는 특별한 용어들이 사용된다.[4)]

표 3-1 _ 경찰조치를 나타내는 용어

용어	사용 예시
설득·반발 최소화	합법적인 활동이지만 방치하게 되면 그 파급영향이 심각한 경우 또는 경고해야 할 사안이지만 그 대상이 경고가 적합하지 않은 경우에 한정해서 사용(단, 불법행위에는 가급적 사용하지 않음).
경고	불법적인 상황이나 불법이 될 우려가 있을 때
차단	불법폭력시위 기습 등을 제지 시
연행	다중의 불법행위가 행해지고 있거나, 행해지려고 하는 현장에서 주동자, 극렬행위자, 단순가담자 등을 구분함이 없이 포괄하여 동행 조사 후 사법처리할 목적으로 연행한 경우
격리연행	단순히 해산시키거나 하나의 방법으로 일시적으로 다중을 연행한 경우
검거	폭력사용 등 비교적 뚜렷한 위법의 혐의가 있거나 이미 수배 중인 자 또는 검거대상으로 분류된 자를 검거한 경우(또는 검거하고자 할 경우)

표 3-2 _ 판단을 나타내는 용어

용어	사용 예시
판단됨	어떤 징후가 나타나거나 상황이 전개될 것이 거의 확실시 되는 근거가 있는 경우
예상됨	첩보 등을 분석한 결과 단기적으로 어떤 상황이 전개될 것이 비교적 확실한 경우
전망됨	과거의 움직임이나 현재동향, 미래의 계획 등으로 미루어 장기적으로 활동의 윤곽이 어떠하리라는 예측을 할 경우
추정됨	구체적인 근거는 없이 현재 나타난 동향의 원인배경 등을 다소 막연히 추측할 때
우려됨	구체적인 징후는 없으나 전혀 그 가능성을 배제하기 곤란하여 최소한의 대비가 필요한 때

라. 경찰 보고서의 종류

정보분석과정을 거쳐 만들어진 결과물을 사용자에게 배포하기 위해 서류형태로 작성한 경찰의 정보보고서는 크게 '정보상황보고'와 '성책정보보고'로 나누어 설명할 수 있다.

1) 정보상황보고

가) 개요

정보상황보고는 신속성에 비중을 두고 집회 · 시위 상황이 있거나 발생할 우려가 있는 등 치안 질서유지에 영향을 미치는 사안이나 경찰청장을 비롯하여 국가정책결정자가 신속한 판단 등이 필요한 경우 경찰 내부는 물론 외부에도 즉시 전파하는 시스템으로 운용되고 있다.

속보라고도 하는 정보상황보고는 시시각각 변화하는 집회 · 시위 상황을 시간대별로 1보, 2보, 3보와 같이 연이어 전파하거나 우리나라에서 발생하는 사건 · 사고들을 분석관이나 경찰 지휘관에게 동시다발적으로 신속하게 전파함으로써 지휘관들의 판단을 돕고 적절한 대처가 이루어질 수 있도록 하는 기능을 하고 있다.

경찰청에서는 정보상황 보고시스템(National Police Intelligence System, NPIS)을 구축하고 현장에서 작성하여 전송한 보고서를 실시간으로 경찰 지휘부에 전파함으로써 정보상황에 대한 즉각적인 판단이 이루어지도록 하고 있다. 그리고 정책정보 보고에도 활용되고 있는 이 시스템에는 경찰정보관만이 접속할 수 있도록 엄격한 보안관리를 하고 있다.

정보상황보고는 필요한 사람에게 적시에 필요한 만큼의 정보를 보고하는 것이 일반적이며, 구두보고와 서면보고의 형태를 사용한다. 구두보고는 결론부터 제시하고 보충설명을 하고 서면보고는 제목만으로도 전체상황을 알 수 있도록 제목을 구성하고 보고내용은 신속성 때문에 일정한 형식이 배제될 수도 있지만 6하 원칙에 맞추어 최대한 압축하는 것이 좋다.

〈 속보양식 〉

열람 후 파기(이면지 사용 금지)

8269(전화번호)

서울 ○○경찰서 정보 2.25 02:20

제목 : 보고내용(집회 등)의 핵심단어를 중심으로 작성(연번)

– 부제목(현재 상황을 한 문장으로 요약) –

○ 환경단체 녹색(대표 ○○○)은

- 상황을 6하 원칙에 맞게 정리
  * 주요 인사 발언 내용 또는 성명서 요약
- 도로 무단 점거 등 특이동향은 반드시 포함

○ 해당 경찰서(○○○)와 구청(○○○)에서는

- 환경운동에 대한 정부방침과
- 법질서 침해 사안에 대한 설명

  * 참고자료 및 통계 정리

○ 조치

- 기능별로 정리(순서는 정보, 경비, 교통, 수사)
- 특이사항이 없으면 '관련동향' 파악

  * 전파선(가, 나, 다, 라, 경비, 수사, 학원, 사회, 청와대 정무수석)

〈 요소별 속보사례 예시 〉[5)]

열람 후 파기(이면지 사용 금지)

8200(전화번호)

서울 ○○경찰서 경제반 3.21 02:20

제목 : 00유업 "체불원유대 지급요구" 집회 관련 동향(제2보)

- ○○유업, "체불원유대 지급요구" 집회 준비 -

○ 원유대 체불관련 ○○지역 연합낙우회(회장 ○○○)에서는

- 금일(3. 21) 08:00~18:00간 ○○시 ○○구 ○○로 소재 ○○유업에서 500여 명 참가리에 「체불원유대금 지불요구」 집회 예정인 가운데
- 01:35경 A지역 낙우회원 50여 명이 LPG통(10Kg) 2개와 상여 등을 가지고 회사에 도착, 정문 안 공터에 천막을 설치 중에 있으며

○ 제보에 따르면 03:30경 B지역 낙우회 등 A지역 낙우회원들은 관광버스 2대를 이용하여 ○○유업에 도착 예정이며, 나머지 회원들도 05:00한 회사 내로 집결할 예정이라는 첩보가 있음.

○ 조치

- 출발지 경찰서 정보활동 강화
- 우발사태 대비 경력 대기

* 전파선(가, 나, 다, 라, 경비, 수사, 사회, 청와대 정무수석, 청와대 경제수석)

〈 요소별 속보사례 예시 〉

열람 후 파기(이면지 사용 금지)

8200(전화번호)

서울 ○○경찰서 경제반 3.21 03:30

제목 : ○○유업 항의 방문 동향(제6보)

- ○○유업의 불법시위 및 중부소방서 대비 동향 -

○ 04:15 현재

- ○○ 중부서장이 낙농 회원들을 상대로 불법시위를 하고 있는 만큼 즉각 해산할 것을 3회에 걸쳐 경고하였음에도
- 낙농회원들이 이에 응하지 않고 있어 기동경력이 상여, LPG통 2개 등 불법시위 용품을 수거하자
- 낙농회원들은 자신들이 가져온 물건이므로 자진하여 철거하겠다며 나머지 시위용품들을 회사 밖으로 옮기고 있음.

○ 중부소방서(○○○)에서는

- LPG통 폭발에 대비하여 소화장비와 전문인력을 불법시위대 인근에 배치하였으며
- ○○○ 중동소방서장이 현장에 출동하여 대비중에 있음.

* 전파선(가, 나, 다, 라, 경비, 수사, 사회, 청와대 정무 · 경제수석, 국민안전처 처장)

〈 요소별 속보사례 예시 〉

열람 후 파기(이면지 사용 금지)

8200(전화번호)

서울 ○○경찰서 경제반 3.21 13:30

제목 : "체불원유대 지급요구" 집회관련 동향(제28보)

– 집회 주최측의 협상단 구성 및 정보과장 경고 동향 –

○ 13:25 현재

- ○○○ 연합낙우회장 등 4명은 본관 2층 생산본부장실에서 협상단 구성문제에 대해 협의 중이고
- 제방 등지에 낙농회원 100여 명이 삼삼오오 흩어져 잠을 자거나 관망 중에 있고
- 나머지 낙농회원 100여 명은 정문에서 경력과 대치하고 있는 가운데
- 당서 정보과장이 이들을 상대로 불법집회임을 고지하고 즉각 집회장소인 제방 쪽으로 이동할 것을 경고, 순화 중임

* 전파선(가, 나, 다, 라, 경비, 수사, 사회, 청와대 정무수석, 청와대 경제수석)

〈 요소별 속보사례 예시 〉

열람 후 파기(이면지 사용 금지)

8222(전화번호)

서울 ○○경찰서 학원반 5.11 12:20

제목 : 경인총련 대의원대회 평화적 개최보장 위한 선전전 예정(제1보)

– ○○대 경인총련 대의원대회 평화적 개최보장 선전전 준비 동향 –

○ ○○대학교 총학생회(회장 : 박○○, 정치 4)에서는

- 12:30경 ○○탑 앞에서 학생 약 50여 명 참석리에
- 경인총련 대의원 대회 평화적 개최보장을 위한 선전전을 개최할 예정인 바

○ 12: 00 현재

- 총학생회 연사국장 박○○(신소재 4) 등 10여 명이 ○○탑 앞에서 마이크 설치 등 행사 준비 중에 있으며
- 총학생회실에 위치하고 있던 부총학생회장 정○○(영문4) 외 대의원급 2~3명이 11:30 이후 보이지 않아 학내 위치여부를 계속 확인 중에 있음.

* 전파선(가, 나, 다, 라, 경비, 수사, 사회, 학원, 청와대 정무수석)

〈 요소별 속보사례 예시 〉

열람 후 파기(이면지 사용 금지)

8222(전화번호)

서울 ㅇㅇ경찰서 학원반 5.11 14:20

경인총련 대의원대회 관련 동향(제2보)

– 대의원 대회 시작 및 일부 학생 기물파손 동향 –

ㅇ 14:10분 현재

- 약 6,000여 명의 학생들이 등교하여 각 강의동에서 정상 수강 및 도서관 등지에서 학습중인 가운데

- ㅇㅇ대 총학생회측은 ㅇㅇ탑 앞에서 "ㅇㅇ총련 대의원 대회 개최 보장 요구 선전전"을 진행하였으며,

- 이 중 학생 25명은 "경찰철수" 등의 구호를 외치며 정문 쪽으로 이동하다가 학교 당국이 설치한 금연게시판 등을 파손하고 있음.

  * 금연게시판 파손 학생은 철학과 차ㅇㅇ 등 2명임.

ㅇ 같은 시간 ㅇㅇㅇ 방송국 경기지사 소속 기자 김ㅇㅇ 외 2명이 동 행사 취재를 위하여 학교 후문을 통하여 학내로 들어갔으며 주최측과 접촉을 시도하고 있음.

* 전파선(가, 나, 다, 라, 경비, 수사, 학원, 사회, 청와대 정무수석, 문화관광부 장관)

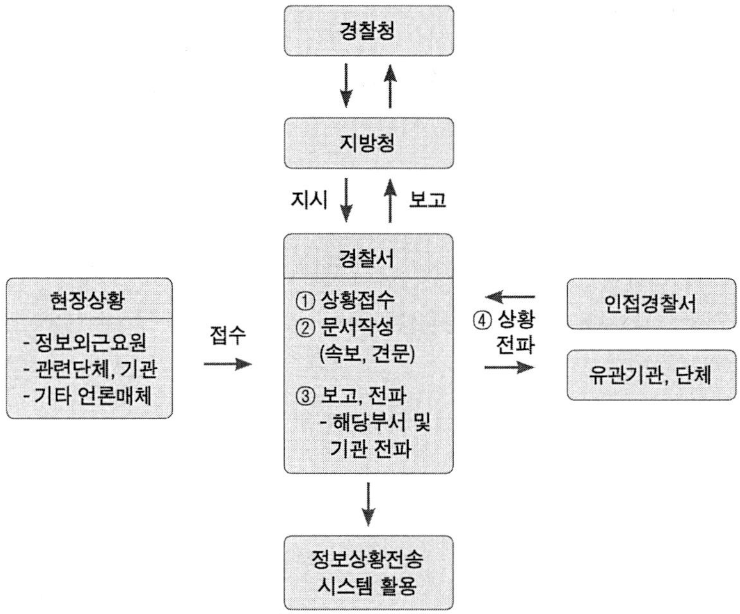

출처: 경찰청, (2011), 정보과장 매뉴얼, p. 81.

도 3-6 _ 정보상황처리 흐름도

나) 사안별 중점 보고사항[6)]

(1) 노사분규

- 분규의 개괄적 내용 및 배경
- 노사양측의 주장 및 주요 쟁점
- 노사협상의 진행상황
- 파업 시 적법여부
- 회사기물 파괴여부 등 불법행위
- 분규현장 주변 분위기
- 불법시위용품(화염병, 각목, 쇠파이프 등) 준비여부
- 경찰력 투입여부 및 투입 시 필요경력, 진입로 및 시각 등
- 경찰진입 시 시위대와 경찰력과의 대치상황

- 관계기관의 중재 등 조정여부
- 외부세력의 중재 등 조정여부
- 인근 상가 등 지역주민의 반응
- 우발상황요소 등

(2) 농민시위

- 주요 요구사항 및 핵심 쟁점
- 인원 구성(남여 비율, 연령, 주도세력 등)
- 농기구 및 농산물 등 준비여부(경운기, 트랙터, 달걀, 볏단, 가축 등)
- 차량 이용 집단상경 동향
- 불법시위용품, 소각 모형물, 상여 등 준비여부
- 우발상황 대비(구급차, 소방차 등 대기)
- 여론 및 언론 반응
- 관계기관의 대응 등

(3) 민원성 시위

- 시위의 성격(민원 내용)
- 주도자, 주민의 구성(남여, 연령, 직업 등)
- 쌍방의 주장 및 진행상황(이해관계 및 갈등 상황)
- 인근 지역주민의 지지여부 및 여론, 반응
- 불법시위용품 준비여부
- 가스통, 석유 등 돌발상황 야기 요인
- 우발상황(분신, 투신 등) 시 대책(구급차, 소방차, 견인차 등 출동여부)
- 강제해산 필요여부 및 조치방법
- 관계기관의 대응조치
- 시설물에 대한 공권력 투입 시 고려사항

(4) 학원 시위

- 주요 이슈 및 집회 성향, 주요 참가자
- 단순 가담자 규모
- 불법시위용품(화염병 등) 준비여부
- 학교측 반응(총장, 교수협의회 등)
- 타 대학과의 연계 및 외부세력 지원여부
- 시위 진행상황, 연설내용(주요 참석자 발언 등)
- 지역 주민 등 주변 여론
- 언론 반응

다) 중요상황정보

일반적으로 중보로 약칭되는 중요상황보고는 전국의 당일 집회 · 시위 상황 또는 개최 예정인 집회 · 시위나 사회갈등 양상을 수집 분석한 후 다음 날 아침에 경찰 지휘부 및 관계 부서와 청와대, 국정원, 행자부 등 정부 각 기관에 전파되는 보고서이다. 사회갈등 실태나 집회 · 시위 상황이 중보내용의 많은 부분을 차지한다.

라) 판단서 및 대책서

신고된 집회 · 시위이거나 신고되지 않았다 하더라도 개최가 예상되는 집회 · 시위에 대한 주요 첩보나 집회 · 시위로 인해 발생될 수 있는 문제점 그리고 대책 및 조치의견 등을 중심으로 작성하는 보고서이다.

바로 대책서를 작성하는 것이 일반적이지만 파업 등 법률상 보장된 노동쟁의행위의 적법성 여부 등 대상 집회 및 시위가 법률적 판단이나 진압경력의 동원여부 등에 대해 사전에 면밀한 검토가 필요하다면 판단서를 먼저 작성한 후 대책서를 작성할 수도 있다.

정보대책으로도 호칭되는 정보판단서에는 집회 · 시위 신고내용에 따라 목적, 개최일시 및 장소, 인원 규모, 집회 · 시위 방법 및 용품, 유인물 · 음향시설 등의 준비여부 등을 기재하고, 수집된 첩보와 신고내용 등을 토대로 예상 문제점과 이를 토대로 구상한 실질적인 대책을 포함한다. 정보판단서는 집회 개최 2~3일 전에 작성하여 경찰의 각 기능에 전파하여야 한다.

2) 정책정보보고서

가) 개요

정책보고는 국정전반에 걸친 정책결정과정 즉 정책의제 설정, 정책결정, 정책의 집행 그리고 정책의 평가 등에 활용되는 정보이다.

경찰은 사회갈등이나 집회 · 시위와 관련한 분야를 중심으로 정책정보를 생산하는 경향이 있으나 법령적 차원에서 보면 특정 분야에 한정될 필요는 없으며, 실제 합리적이고 효율적인 국가정책결정을 지원하기 위하여 다양한 방면의 정책보고서가 작성되고 있다.

<언론이 보는 경찰의 정책정보>

"DJ 정권 말기, 경찰은 경기 성남시 분당에서 집값이 오르기 전의 전조 증상을 목격하고 이에 따른 부동산 대책이 필요하다는 보고서를 올렸다. 하지만 관련 부처는 이를 무시했는데, 시간이 흘러 경찰의 예측이 맞았다는 게 증명되어 내부에서 화제가 되었다. 또 2002년 한일 월드컵 때 경찰이 테러 문제, 경기장 경비, 시민 응원 지원 등에 관한 체계적인 정보보고서를 올린 것도 경찰 정보가 신뢰를 얻은 요인 중의 하나이다. 경찰 정보는 생생한 현장감과 구체성을 지녀 특히 높은 평가를 받았다."

경찰의 정보활동이 정책 정보수집으로 방향을 전환한 것도 DJ 정권 이후 두드러진 현상 중의 하나다. 과거 경찰 정보파트의 부정적인 이미지를 씻고 정치적 논란의 소지를 없애기 위한 차원이었는데 의외로 높은 평가를 받으면서 대세로 자리 잡은 것이다.

이에 따라 경찰 정보관들은 정부 정책에 대한 이해집단과 민심의 움직임을 파악하고 분석하는 일이 주요 업무가 되었다. 10년 넘게 정보계통에서 근무한 한 경위는 "장애인 복지와 관련해 올린 보고서 내용이 얼마 후 실현되었을 때 가장 큰 보람을 느꼈다"고 말했다. 한 경찰 정보관은 노숙자 실태에 대한 현장감 넘치는 보고서를 작성하기 위해 일주일간 노숙자들과 함께 생활했을 정도다.[7]

나) 상황정보와의 구별

상황정보는 집회 · 시위 관리를 주된 목적으로 하는 정보활동인 반면, 정책정보는 정부에서 시행하는 정책수립 아이디어와 정책결정과정에서 나타나는 문제점을 파악하는 데 목적을 두고 있다.

양자 모두 현황 등에 대한 종합 · 분석이 포함된다는 점에서 같으나, 상황정보는 현황을 정확 · 신속하게 전달하는 데 중점이 주어지는 반면, 정책정보는 정책의 문제점을 부각하여 실현 가능한 대책을 제시하는 데 주목적이 있다.[8)]

최근 정책정보의 중요성이 커지면서 상황정보와 정책정보 중 어느 것에 더 비중을 두어야 할지에 대하여 내부에서도 의견이 분분하나, 최근에는 '정상불이'(정책정보와 상황정보는 다르지 않다)는 기조가 정착되면서 상황정보는 대책 제시 부분을, 정책정보는 현안에 좀 더 밀접한 정보를 신속히 보고하는 부분을 강화하는 등 양자의 특성을 서로 보완해 가는 방향으로 발전하고 있다.

다) 정책정보보고서 종류

(1) 여론 · 반응보고서

여론 · 반응보고란 4대악 척결을 위한 방편의 일환으로 경찰청과 지방경찰청 등에 여성청소년과를 신설하거나 박근혜 대통령이 2014년 5월 대국민 담화를 통해 해양경찰을 해체하겠다고 발표하는 등 국가의 정책이나 특정 사안에 대해 국민의 반응을 수렴하여 보고하는 것을 의미한다.

객관적이고 합리적인 보고를 위해 학계, 언론계, 법조계, 시민, 학생, 시민단체 등 다양한 분야에서 의견을 수렴하되 가급적 해당 분야를 대표할 만한 인사를 통해 의견을 확인하는 것이 중요하다. 보고의 내용이 대표성을 가지지 못하고 편중된 의견이 반영된다면 정부의 정책추진에 부정적인 영향을 미치고 정책결정자에게는 오판을 하는 계기가 될 수 있다.

시 · 군 · 구 일선까지 정보관들이 배치되어 있어 다양한 이해관계자들의 생생한 목소리를 정확 · 신속하게 파악할 수 있는 경찰이 여타 정보기구에 비해 상대적으로 강점을 가지고 있는 정보보고서로서 정책결정권자들도 경찰에게 가장 기대하고 있는 분야이다.

(2) 정책분석보고서

정책분석보고서란 부동산·금리 정책 등 국민의 실생활과 밀접한 정책의 시행 과정에서 나타나는 문제점과 국민들의 불평불만사항 등을 그대로 전달하고 개선책을 제시하는 보고서를 의미한다.

정부 정책들은 시행과정에서 예상하지 못했던 문제점이 발생하면서 언론 등으로부터 실효성이 없다는 평가를 받는 일이 많다. 일부는 정책 자체에는 문제가 없으나 홍보 부족 등으로 인해 사실과 다르게 전달되는 경우도 있다. 이러한 정책의 문제점에 대해 정확한 실태와 원인을 분석하고 그 파급효과나 전망을 제시함으로써 정책이 올바르게 수행될 수 있도록 지원하는 것이 정책분석보고서의 목적이다.

실제 정책입안 부처에 비해 해당 정책을 잘 알기는 어렵기 때문에 정책 자체의 문제점을 지적하기보다는 정책입안자·정책수요자 간, 부처 간, 당·정 간, 여야 간 시각차 등에 주목하며 다양한 각도에서 문제점을 살펴보고, 입안 부처가 생각하지 못했던 부분을 발견해내는 것이 중요하다.

현황·문제점·대책의 형식을 유지하면서 원인분석과 정무적인 부분까지 반영되면 좋으며, 대책의 경우 문제점을 해결할 수 있는 실질적인 대안과 함께 여러 가지 아이디어를 제시해 주어야 한다. 문제점에 대한 학계·언론계 등 전문가와 오피니언 리더들의 의견을 전달해주는 것도 필요하다.

(3) 온라인분석보고서

온라인분석보고서란 트위터(twitter)·페이스북(facebook)·블로그(blog) 등 SNS상에서 개인들이 관심을 가지고 있는 키워드를 주기적으로 분석하여 사회적으로 논란이 되거나 치안불안요소가 될 수 있는 이슈들을 사전에 감지하고 이런 현상의 분석 및 평가와 함께 대책을 제시하는 보고서를 의미한다.

과거에는 주로 언론매체가 이슈를 생산하고 확산했다면 최근에는 사회적으로 영향력 있는 인사들이 언론을 통하지 않고 SNS를 통해 직접 글을 쓰고 이슈를 만들어내고 있기 때문에 중요성과 활용성이 높아지고 있는 보고서이다.

온라인상에서 공개된 자료들을 수집하여 분석을 해야 하며, 도표 · 그래프 등을 활용하여 이슈들의 흐름이 한눈에 잘 들어올 수 있도록 시각적으로 작성하는 것이 필요하다.

제3절 신원조사 및 정보기록 관리

1. 신원조사

가. 신원조사 개관

신원조사란 법령이 정하는 공직임용, 국가중요시설 종사자 및 출입자 등 보안의 대상이 되는 인원에 대해 국가에 대한 충성심, 성실성, 신뢰성을 조사하는 것을 의미한다('보안업무규정' 제31조 1항, 대통령령 제21214호). 즉 국가안전에 관련되는 임무에 종사하거나 이와 관련되는 행위를 하는 자 및 그 예정자에 대하여 실시하는 대인정보활동이다.

신원조사의 목적은 조사를 통해 국가안보에 위해가 되는 신원정보 유무를 파악하여, 필요한 보안대책을 강구함으로써 국가의 안전보장을 확보하는 데 있다. 이 조사는 국가정보원장이 직권 또는 관계기관의 요청에 의해 실시하고, 국가정보원장이 신원조사에 관한 권한의 일부를 국방부장관과 경찰청장에게 위임할 수 있다(규정 제32, 33조). 신원조사 결과 국가안전보장상 유해로운 정보가 있음이 확인된 자에 대하여는 관계기관의 장에게 그 사실을 통보하여야 하며, 통보를 받은 관계기관의 장은 신원조사의 결과에 따라 필요한 보안대책을 강구하여야 한다(규정 제34조 1, 2항).

나. 신원조사의 법적 근거

- 국가정보원법 제3조(직무)
- 보안업무규정 제31조(신원조사)
- 보안업무규정 시행규칙 제3장(신원조사)
- 정보및보안업무기획 · 조정규정(조정업무의 범위)
- 경찰청 보안업무규정 시행규칙
- 여권발급신청자 신원조사 업무처리규칙

다. 신원조사의 대상과 조사의 범위

경찰의 신원조사 대상('경찰청 보안업무규정' 시행규칙 제54조 3항)은 공무원 임용 예정자, 국가중요시설 종사자 및 출입자, 임명에 있어서 정부의 승인이나 동의를 요하는 공공단체 또는 법인의 임원 및 직원, 국적취득 등으로 인한 신규 주민등록 대상자, 특수자료관리 및 비밀취급인가 예정자, 여권발급예정자 그리고 기타 법령이 정하는 자 등이다.

조사의 범위('보안업무규정 시행규칙' 제56조, 대통령훈령 제276호)는 성명 · 주민등록번호, 등록기준지 · 주소, 교우관계, 정당, 사회단체 관계, 학력 및 경력, 가족관계, 재산관계, 범죄관계 및 상벌관계, 인품 및 소행, 병역관계, 해외거주 사실, 그리고 자격증과 저술활동 등 기타 참고사항이 포함된다.

라. 유사개념

신원조사와 유사한 성격을 가졌기 때문에 정보활동 과정에서 혼란을 가져올 수 있는 용어는 신원조회와 범죄경력조회이다.

먼저, 신원조회는 결격사유의 확인이 필요한 기관이 형의 실효 등에 관한 법률 및 동 시행령, 가사소송규칙, 신원조회업무처리지침(행자부 예규)에 근거하여 각종 인허가 등을 받거나 개별 법령에 결격사유가 규정되어 개인의 수형사실 및 한정치산·금치산 등의 확인이 필요한 경우 시·구·읍·면장에게 공문으로 신청하여 확인을 받는 제도로 개인이 신청할 수는 없다.

그리고 범죄경력조회는 개인 또는 법령에서 관계기관의 장이 소속 직원 및 기타 소관 업무에 관련된 자(법무부 자문위원 위촉 등)에 대하여 범죄경력을 확인할 수 있게 한 경우 형의 실효 등에 관한 법률 및 동 시행령에 근거하여 개인의 범죄경력을 조회하는 제도이다.

2. 정보기록 관리

가. 정보기록의 의의

기록이란 개인 또는 집단의 유기적인 활동과 그에 관련된 제반 동태 및 의사에 관한 사항을 영속할 수 있는 상태로 작성하여 사후에 참고할 수 있도록 문서화한 것을 말한다. 정보기록이란 정보활동의 결과 얻은 제반 자료를 경찰목적에 사용할 수 있도록 문서화한 것으로써 필요한 시기에 적절하게 사용할 수 있도록 체계적으로 관리되어야 하며, 보안을 유지하여야 한다.[9)]

나. 기록관리의 법적 근거

- 공공기록물 관리에 관한 법률
- 공공기록물 관리에 관한 법률 시행령(대통령령)
- 국가정보자료관리규정(대통령령)
- 보안업무규정(대통령령)
- 보안업무규정 시행규칙(대통령령)
- 공공기록물 관리에 관한 법률 시행규칙(행정자치부령)
- 국가정보자료관리규정 시행규칙(경찰청 예규)

다. 정보기록의 보관

정보기록은「공공기록물 관리에 관한 법률」제14조에 따라 장기간 관리하려는 경우에는 특수기록관에 보관하도록 되어 있다. 특수기록관은 기록물관리에 관한 기본계획의 수립시행, 기록물의 수집관리 및 활용 등의 임무를 수행하며, 기록이 변개, 도난, 내용누설, 파괴 등의 위해로부터 보호될 수 있도록 시설보안과 출입자 및 열람자의 통제 등 보안대책을 마련하여야 한다(「공공기록물 관리에 관한 법률」제14조 제2, 3항, 제28조 제1항).

표 3-3 _ 요소별 기록관리 내용

요소	내용
조직적인 관리	사건 관련 사항을 작성, 처리, 유통, 정리, 보관함에 있어 그 과정이 표준화, 전문화, 간소화되도록 합리적으로 계획하여 운용
인원의 확보	체계적으로 정리하고 조직적으로 관리할 수 있는 기록요원의 충원 및 교육
예산의 확보	기록관리에 필요한 적절한 예산 확보
확정적 기록	영속적이어서 장래성을 내포하는 정보보존 차원에서 관리
집중관리	경찰청, 지방경찰청 등에서 집중 관리
정보기록실 위치	폭파 · 손괴 · 화재 등에 대비할 수 있는 안전한 곳에 위치

출처 : 문경환 · 황규진. 전게서, 168.

1) 이병곤. (1995),「정보개론」, 서울: 정양사, 241.
2) 문경환 · 이창무. 전게서, 152 요약 및 일부 수정.
3) 특수범죄연구소. 정보보고서 작성법, 서울: 특수범죄연구소, 37-39.
4) 경찰청. (1996),「정보보고서 용어사용 요령집」, 서울: 경찰청; 문경환 · 황규진. (2011),「경찰정보론」, 용인: 경찰대학, 162; 경찰대학. (1998), 용인: 경찰대학, 1013.
5) 경찰대학. (1998), 용인: 경찰대학, 1016-1020 수정 및 보완.
6) 경찰대학. 전게서, 1013 요약 및 일부수정; 문경환 · 이창무. 전게서, 156-158.
7) 이남희. (2007), "막강 정보력 FBI도 울고 갈걸!",「주간동아」587, 42-44.
8) 경찰교육원. (2013),「정보실무과정 교재」, 충남: 경찰교육원, 3.
9) 문경환 · 황규진. 전게서, 167.

제11장 집회 · 시위 관리

제1절 집회 · 시위 관리의 이해

1. 집회 · 시위 관리의 의의

해결이 어려운 정치, 경제, 사회, 종교적 이슈를 두고 집회와 시위가 진행되는 경우에는 항상 시위대와 진압경찰 사이에 심각한 긴장이 조성된다. 어느 순간 충돌이 발생하여 어느 한쪽에서 인명사고(시위대원의 사망이나 진압경찰의 실명 등)가 발생하거나 대규모 재산피해(건물의 소실 등)가 발생하는 경우에는 항상 사태의 원인이 진압경찰의 과잉진압에 있는지 아니면 과격폭력시위에 있는지 논쟁이 시작된다.[1] 우리나라는 이와 같은 논쟁의 옳고 그름에 기준을 제시하여 건전한 시위는 보장하고 불법시위로부터 국민을 보호하기 위해 집회 및 시위에 관한 법률을 제정하여 운용해 오고 있다.

우리나라에서 집회 · 시위가 개인이나 집단의 의견을 대중들에게 나타내기 위해 동원되는 가장 일반적이고 보편적인 수단이기 때문에 광복 이후 노동문제, 민주화 투쟁 등을 목적으로 길거리 시위나 촛불집회가 전개되는 등 다양한 목적과 방법이 동원된 집회 · 시위가 발생하였다. 이러한 과정에서 평화적인 시위도 많았지만 불법적인 집회 · 시위로 인해 사회적 무질서를 초래한 사례도 적지 않았다.

정보경찰은 그간 다중범죄로서 치안질서를 크게 위협하는 집회 · 시위에 대처하는 주요 기능을 수행하면서 국가안전과 사회안녕을 확립하고 국가발전을 이루는 환경을 조성하는데 큰 역할을 해 오고 있다.

집회 · 시위 관리는 정보경찰과 경비경찰의 주요 업무로써 이 두 기능은 서로 밀접하게 연관되어 있지만 업무는 분장되어 있다. 정보경찰의 주요 기능은 집회신고 접수, 시위관련 첩보수집, 정보대책서 작성 등 주로 집회 · 시위의 전 단계에 집중되어 있으나 집회 · 시위 당일에는 상황정보 작성 등 상황전파와 결과보고 등의 임무를 수행한다. 이에 반해 경비경찰은 정보경찰이 작성한 정보대책을 중심으로 경찰 진압부대 동원계획이 포함된 경비대책서를 작성하고, 집회 · 시위 당일에는 진압부대를 운용하여 시위대와 맞서는 등 경찰활동의 직접적인 조치를 담당한다.

우리 사회가 더욱 민주화되면서 국민에 의한 다양한 요구는 늘어날 것으로 전망된다. 이에 따라 집회 · 시위를 관리하는 정보경찰 입장에서는 과잉진압과 과격폭력시위 모두를 동시에 감소시키면서 다양한 계층의 집회 · 시위가 민주적으로 발전될 수 있도록 지원해야 하는 의무를 가지고 있다.

2. 집회 · 시위 양상

그동안 전개되어온 집회 및 시위의 양상을 살펴보면 크게 정치 · 이념적, 경제적, 문화 · 종교적, 특정정책에 대한 불만이라는 네 가지 영역으로 구분할 수 있다.[2)]

첫째, 정치 · 이념적 요인으로는 노무현 대통령의 탄핵을 둘러싼 찬 · 반 집회와 평택 대추리 사건을 예로 들 수 있다. 2004년 3월 12일 탄핵소추안이 국회에서 가결되자 전국적으로 탄핵 반대 · 찬성 집회가 개최되고 각종 돌출행동이 발생하였으며, 2004년 5월 14일 헌법재판소의 탄핵소추 부결 시까지 계속

이어졌다. 탄핵 반대측은 '탄핵무효 부패정치 청산 범국민행동'을 결성하여 서울 광화문 등 전국 일원에서 매일 촛불집회를 개최하였고, 찬성측은 '탄핵지지 국민연대'를 주축으로 하여 수차례 대규모 집회를 개최하였다.

또한 평택 대추리 사태는 반미감정 및 생존권 보장이 복합적인 원인으로 작용한 사례로 볼 수 있다. 평택사건은 일반적으로 미군기지반대 혹은 반미시위라고 볼 수 있지만 그 내막을 들여다보면 주민들의 생존권, 주거권, 사유재산권과 밀접한 관련이 있는 사례이다. 미군기지가 건설되어서는 안 된다는 차원의 논란도 있지만 「택지개발촉진법」을 근거로 국가에서 택지를 강제수용하고 주거민들을 강제 이주시키는 것이 지나친 기본권에 대한 침해이며, 헌법정신에 위배된다는 것이다.

둘째로는 경제적 요인이다. 이는 빈부격차에서 오는 것으로 정부의 정책적인 잘못도 있으나 시장경제 체제하에서는 필연적으로 발생하는 현상이다. 그러나 빈민층은 이러한 빈부격차가 정부의 정책 부재와 분배의 모순에서 오는 현상이라고 주장하며 정부를 비난하는 가운데 자신들의 욕구 불만을 집회 및 시위로 관철시키고자 한다.

경제적 요인과 관련된 사례로는 2009년 1월에 발생한 용산철거민 사태가 있다. 인명 참사로 이어진 용산 재개발 철거민들의 건물옥상 농성은 철거민과 조합 간 보상비 갈등이 직접적인 원인이다. 경제적 요인과 관련된 기타 사례로는 2006년 발생한 포항건설노조 파업과 2007년 「비정규직보호법」으로 인한 이랜드 사태, 2014년과 2015년에 걸쳐 이어지고 있는 공무원 연금개혁 반대 집회 등이 있다.

셋째는 종교 · 문화적인 요인으로 2008년 지관스님 사건을 들 수 있다. 이명박 정부 들어 불교계를 홀대한다는 목소리가 커지고 있을 무렵 경찰이 지관스님의 차량을 과잉 검문한 것을 계기로 불교계의 종교편향 규탄 집회가 시작되었다. 불교계는 이명박 정부 들어 불교계가 차별받고 있다며 이명박 대통령의 사과와 어청수 경찰청장의 사퇴를 요구하는 대규모 집회를 여름 내내 전국적으로 개최하였다.

또한 결혼으로 인한 이주여성이 증가하고 노동자 신분으로 국내에 체류하는 외국인 근로자가 증가하면서 문화사대주의와 다문화 가정의 인권문제가 사회적 문제로 제기되고 있다. 이 문제 해결을 요구하는 소외된 외국인 체류자나 이들을 지원하는 시민단체가 중심이 되어 집회 · 시위로 발전하는 경우가 적지 않다.

마지막으로 국가 및 자치단체의 특정정책에 대한 불만 요인을 들 수 있다. 국가정책이란 국가가 국민을 위하여 정부나 지방자치단체가 직접 계획을 세워 달성하고자 하는 일을 말한다. 그러나 님비현상(NIMBY)의 발달로 국가정책에 대한 국민들의 불만이 고조되고 있다. 국민들은 이러한 불만을 해소하기 위하여 집회 및 시위를 수단으로 이용하고 있다. 이와 같은 현상은 개인주의가 발달하면서 더욱 증가하여 국가정책 수립에 큰 지장을 초래하고 있다.

2003년 7월 부안수협 앞에서 종교계, 노동계, 지역주민 등 5,000여 명이 참석한 부안군 원전센터 반대 시위, 2003년부터 2007년까지 이어진 농민 및 시민단체의 한미 FTA 추진 반대 집회 그리고 2008년 5월 미국산 쇠고기 수입 반대를 위한 촛불집회 등이 대표적 사례이다.

이상의 유형을 사례를 통해 볼 때, 2000년대 이후에는 정치 · 이념적인 집회보다는 자신들의 생존권과 이익을 위해 집회 · 시위를 개최하는 경우가 많다는 것을 알 수 있다. 특히 집회나 시위는 노동운동가의 전유물로 여겨지던 시대가 지나가고, 누구나 어떤 의도로든 자유롭게 집회 및 시위를 개최하고 참가하는 시대가 도래함에 따라 집회 및 시위가 시민들의 자연스럽고도 당연한 권리라는 인식이 생겨났다.[3)]

제2절 「집시법」 개괄

1. 제정목적과 용어의 정의

가. 제정 목적

「집회 및 시위에 관한 법률」의 제정목적은 적법한 집회 및 시위를 최대한 보장하고 위법한 시위로부터 국민을 보호함으로써 집회 및 시위의 권리 보장과 공공의 안녕질서가 적절히 조화를 이루도록 하는 것이다(제1조).

경찰의 임무가 불법시위로부터 국민을 보호하는 적극적 임무와 적법한 시위를 보장하는 소극적 임무 모두를 포함하고 있다는 것을 알 수 있다. 헌법 제37조 제2항에서 규정한 집회의 자유에 대해 본질적인 내용을 침해하지 않는 선에서 질서유지 등을 이유로 제한할 수 있는 법률적 근거가 바로 「집회 및 시위에 관한 법률」인 것이다.

나. 용어의 정의

집회란 특정 또는 불특정 다수인이 공동의 의견을 형성하여 이를 대외적으로 표명할 목적 아래 일시적으로 일정한 장소에 모이는 것을 의미하며(대법원 2008. 6. 26. 선고 2008도3014판결), 시위란 사전적 의미로는 위력이나 기세를 드러내어 보이는 것을 말하는데, 집시법상의 시위는 여러 사람이 공동의 목적을 가지고 도로 · 광장 · 공원 등 공중이 자유로이 통행할 수 있는 장소를 행진하거나 위력 또는 기세를 보여 불특정한 여러 사람의 의견에 영향을 주거나 제한을 가하는 행위를 말한다(「집시법」 제2조 제2호). 집단적 시위나 시위행렬은 움직이는 집회로서 집단적 사상표현의 한 형태이기 때문에 다수설에서는 집회의 개념에 포함된다고 본다.[4)]

그러나 특정한 목적을 가지고 모였다는 자체만으로 「집회 및 시위에 관한 법률」상의 집회로 보기는 어렵고 공중에 영향을 줄 의도가 있어야 한다.[5)] 예를 들어 체육대회와 같은 스포츠행사, 야외공연감상 등의 문화행사처럼 순수한 오락목적의 회합은 집회로 볼 수 없다.[6)]

표 3-4 _ 집회 · 시위 관련 용어 정의

용어	정의
집회	다수인이 공동의 의견을 형성하여 이를 대외적으로 표명할 목적 아래 일시적으로 일정한 장소에 모이는 것
옥외집회	천장이 없거나 사방이 폐쇄되지 아니한 장소에서 여는 집회
시위	여러 사람이 공동의 목적을 가지고 도로, 광장, 공원 등 일반인이 자유로이 통행할 수 있는 장소를 행진하거나 위력 또는 기세를 보여, 불특정한 여러 사람의 의견에 영향을 주거나 제압을 가하는 행위
주최자	자기 이름으로 자기 책임 아래 집회나 시위를 여는 사람이나 단체를 말한다. 주최자는 주관자(主管者)를 따로 두어 집회 또는 시위의 실행을 맡아 관리하도록 위임할 수 있다. 이 경우 주관자는 그 위임의 범위 안에서 주최자로 본다.
질서유지인	주최자가 자신을 보좌하여 집회 또는 시위의 질서를 유지하게 할 목적으로 임명한 자
질서유지선	경찰서장이나 지방경찰청장이 적법한 집회 및 시위를 보호하고 질서유지나 원활한 교통 소통을 위하여 집회 또는 시위의 장소나 행진 구간을 일정하게 구획하여 설정한 띠, 방책, 차선 등의 경계 표지

출처:「집회 및 시위에 관한 법률」 제2조 및 판례

2. 집회 및 시위의 방해 금지

집회 · 시위는 헌법에서 보장하고 있는 기본권으로서 「집시법」에 따라 국가로부터 보호할 뿐 아니라 제3자로부터도 보호하기 위하여 집회 및 시위의 방해 금지 조항을 두고 있다.

누구든지 폭행, 협박, 그 밖의 방법으로 평화적인 집회 또는 시위를 방해하거나 질서를 문란하게 하여서는 아니 되며, 주최자나 질서유지인이 집시법의 규정에 따른 임무 수행을 방해하여서는 아니 된다(법 제3조 제1, 2항).

그리고 집회 또는 시위의 주최자는 평화적인 집회 또는 시위가 방해받을 우려가 있다고 인정되면 관할 경찰관서에 그 사실을 알려 보호를 요청할 수 있으며, 이 경우 관할 경찰관서의 장은 정당한 사유 없이 보호 요청을 거절할 수 없도록 함으로써 집회 · 시위에 대한 방해를 금지하고 있다.

한편, 집회 · 시위 방해 금지를 위반한 사람에게는 3년 이하의 징역 또는 300만원 이하의 벌금을 부과할 수 있으며, 특히, 제3자가 아닌 국가에 의한 집회 및 시위의 자유 침해를 방지하기 위하여 군인, 검사 또는 경찰관 등 공무집행자에 의한 집회 · 시위의 자유 침해행위에 대해서는 5년 이하의 징역에 처하게 함으로써 가중처벌하고 있다(법 제22조).

3. 집회 · 시위의 신고 및 보완

가. 집회 · 시위의 신고

옥외집회나 시위를 주최하려는 자는 신고서를 옥외집회나 시위를 시작하기 720시간 전부터 48시간 전에 관할 경찰서장에게 제출하여야 한다. 다만, 옥외집회 또는 시위 장소가 두 곳 이상의 경찰서의 관할에 속하는 경우에는 관할 지방경찰청장에게 제출하여야 하고, 두 곳 이상의 지방경찰청 관할에 속하는 경우에는 주최지를 관할하는 지방경찰청장에게 제출하여야 한다.

과거 집시법에서는 옥외집회와 시위는 그 시작 48시간 전에 관할 경찰관서장에게 신고서를 제출하도록 되어 있었다. 즉 신고의 종기(終期)만 규정하였고, 그 시기(始期)를 제한하는 규정은 두지 않았다. 이렇게 규정하였던 것은 집회 · 시위에 있어서 신고의 편의를 도모하여 그 집회 · 시위의 권리를 두텁게 보호하기 위한 것으로 보여진다.

그러나 그동안 신고의 시작 시점에 대한 제한이 없다는 점을 악용하여 집회 및 시위의 장소를 장기간 선점(先占)할 목적으로 특정 장소에 대하여 미리 신고서를 제출하여 타인의 집회 · 시위권을 침해하는 허위 · 위장 집회 · 신고가 크게 증가하였고 이로 인하여 집회 · 시위의 자유가 상당히 제약되는 등 그 문제점이 지적되어 왔다. 이에 따라 2013년 12월 「집시법」 개정을 통해 신고서를 옥외집회 또는 시위의 720시간(30일) 전부터 48시간 전에 제출하도록 하는 것으로 조정되었다(제6조 제1항).

관할 경찰서장 또는 지방경찰청장은 신고서를 접수하면 신고자에게 접수 일시를 적은 접수증을 즉시 내주어야 하며, 만약, 주최자가 신고한 옥외집회 또는 시위를 하지 아니하게 된 경우에는 신고서에 적힌 집회 일시 전에 관할 경찰관서장에게 그 사실을 알려야 한다(제6조 제1, 2항).

신고서에는 목적, 일시, 장소, 주최자(단체인 경우에는 그 대표자 등), 연락 책임자, 질서유지인의 주소 · 성명 · 직업 · 연락처, 참가 예정인 단체와 인원, 시위의 경우 그 방법(진로와 약도 등) 등이 포함된다.

집회신고의 법적 성격은 행정청에 대해 일정한 사항을 통지함으로써 의무가 종료되는 자체 완성적 공법행위로서의 신고이므로 그 신고내용에 대한 실질적 심사는 이루어질 수 없다 할 것이다. 그리고 신고방법은 2009년 7월 행정자치부 고시에 따라 '방문접수'로만 가능하다.

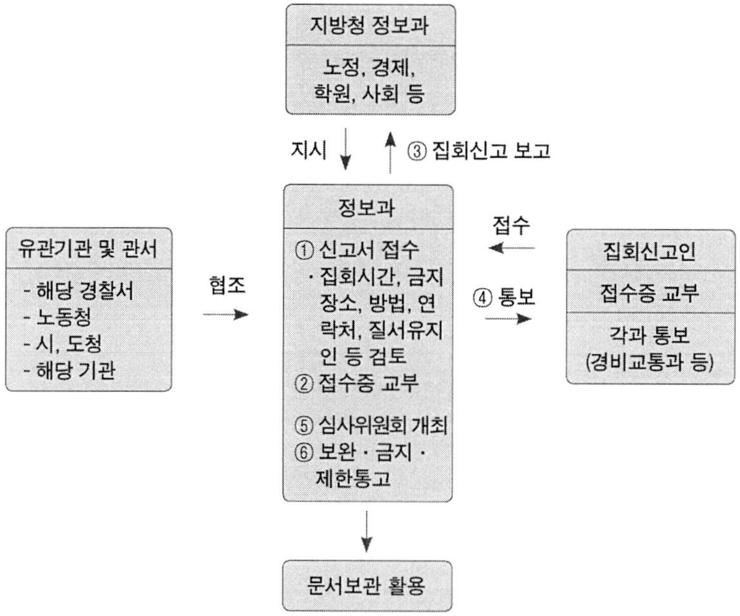

출처: 경찰청, (2011), 정보과장 매뉴얼, p. 81.

도 3-7 _ 집회 · 시위 신고처리 흐름도

나. 집회신고서의 보완

관할 경찰관서장은 신고서의 기재사항이 미비되어 있다면 접수증을 교부한 때부터 12시간 이내에 주최자에게 24시간을 기한으로 그 기재사항을 보완할 것을 통고할 수 있다. 이 때 보완할 사항을 분명히 밝혀 서면으로 주최자 또는 연락책임자에게 송달하여야 하고, 주최자 등이 기재사항을 보완하지 않는 경우에는 금지통고가 가능하다(제7, 8조).

관할 경찰관서장은 집회신고서의 미비를 이유로 집회신고서 접수를 거부하거나 반려할 수는 없으며, 그 기재사항의 미비점이 있을 경우에 보완을 요구할 수 있을 뿐이다. 보완통고의 대상에 대해 명시적 규정은 없으나 신고서 기재사항에 대해 미비한 경우에만 한정해야 하므로 기타 신고서 기재대상이 아닌 사항에 대해서는 보완을 요구할 수 없다고 볼 수 있다.

<판례 찾아보기 : 집회신고서>

「집회 및 시위에 관한 법률」 제6조 제1항에서는 옥외집회 또는 시위를 주최하고자 하는 자로 하여금 관할 경찰서장에게 그에 관한 소정의 신고서를 제출하도록 하고 있는데, 그 취지는 신고를 받은 관할 경찰서장이 그 신고에 의하여 옥외집회 또는 시위의 성격과 규모 등을 미리 파악함으로써 적법한 옥외집회 또는 시위를 보호하는 한편 그로 인한 공공의 안녕질서를 함께 유지하기 위한 사전조치를 마련하고자 함에 있는 것이고, 또한 같은 법 제8조 제1항은 신고서의 기재사항에 미비한 점이 보완되지 않은 경우 관할 경찰서장이 집회 또는 시위의 금지를 통고할 수 있도록 규정하고 있는데, 이러한 금지통고가 헌법에서 금하고 있는 사전허가가 되지 않기 위하여는 경찰서장이 집회의 실질적 내용까지 들어가 그 위법여부를 판단하여 허부를 결정하여서는 안 된다(서울고법 1998. 12. 29. 선고 98누11290 판결).

4. 집회 및 시위의 금지

헌법에 보장된 집회의 자유에도 불구하고 공공의 안녕과 질서 유지를 위해

「집시법」에 따라 집회의 금지가 가능하며, 금지의 정도에 따라 절대적 금지와 상대적 금지로 구분해 볼 수 있다.

가. 절대적 금지

절대적 금지는 세 가지 차원에서 살펴볼 수 있다. 먼저, 「집시법」 제5조에 따라 헌법재판소 결정에 의하여 해산된 정당의 목적을 달성하기 위한 집회 또는 시위와 집단적인 폭행 · 협박 · 손괴 · 방화 등으로 공공의 안녕질서에 직접적인 위협을 가할 것이 명백한 집회 또는 시위가 해당되며, 누구든지 이와 같은 집회 또는 시위를 할 것을 선전하거나 선동할 수 없다.

<판례 찾아보기 : 집회 및 시위의 금지>

시위에 동원된 인원이 수백 명 이상의 다수이고 그 수단이나 방법에 있어서 미리 준비하여 소지하고 있던 돌과 화염병을 던지고 쇠파이프와 각목을 휘두르며 구호를 외치면서 행진하는 등 비평화적인 방법을 사용하는 외에, 파출소를 습격하여 화염병을 던지고 부근에 있던 전경들을 체포한 경우, 위와 같은 시위는 「집회 및 시위에 관한 법률」 제5조 제1항 제2호에서 규정한 집단적인 폭행, 협박, 손괴, 방화 등으로 공공의 안녕질서에 직접적인 위협을 가할 것이 명백한 시위에 해당한다 할 것이고, 위 시위의 목적, 사전 준비상황, 그 진행과정, 그 시위의 방법 등에 비추어 볼 때 시위를 주최하거나 이에 참가한 피고인들로서는 집단적인 폭행이나 손괴 등의 행위를 의도하였거나 쉽사리 예상할 수 있었다고 보아야 할 것이다(대법원 1990. 6. 22. 선고 90도767 판결).

둘째, 누구든지 해가 뜨기 전이나 해가 진 후에는 옥외집회 또는 시위를 하여서는 아니 된다. 다만, 집회의 성격상 부득이하여 주최자가 질서유지인을 두고 미리 신고한 경우에는 관할 경찰서장은 질서 유지를 위한 조건을 붙여 해가 뜨기 전이나 해가 진 후에도 옥외집회를 허용할 수 있다(제10조). 이 금지는 야간의 옥외집회 · 시위의 경우 주간의 옥외집회 · 시위보다 질서 유지가 어려운데다 그만큼 공공의 안녕질서에 해를 미칠 개연성이 크기 때문에 제정된 것이다. 그러나 헌법재판소는 2009년 9월 24일 헌법불합치 결정을 통해 일몰에서 일출 전까지 일반적으로 집회를 금지하고 단서조항을 두어 예외적으로 허용을 하는 것은 허가제에 해당하며, 이것은 집회의 사전허가제를 금지한 헌법 제21조 제1항에 위배되며, 야간 옥외집회의 일몰부터 일출까지의 시간금지는 시간제한이 너무 광범위하여 침해의 최소성의 원칙과 과잉금지의 원칙에 위배된다는 의견을 제시하였다. 따라서 옥외집회 및 시위의 일출 전, 일몰 후 금지조항은 효력을 상실한 상태이다.

셋째, 누구든지 다음 각 호의 어느 하나에 해당하는 청사 또는 저택의 경계지점으로부터 100미터 이내의 장소에서는 옥외집회 또는 시위를 할 수 없다(제11조).

① 국회의사당, 각급 법원, 헌법재판소
② 대통령 관저, 국회의장 공관, 대법원장 공관, 헌법재판소장 공관
③ 국무총리 공관(다만, 행진은 허용)
④ 국내 주재 외국의 외교기관이나 외교사절의 숙소. 다만, 아래 항목의 어느 하나에 해당하는 경우로서 외교기관 또는 외교사절 숙소의 기능이나 안녕을 침해할 우려가 없다고 인정되는 때에는 예외로 한다.

- 해당 외교기관 또는 외교사절의 숙소를 대상으로 하지 아니하는 경우
- 대규모 집회 또는 시위로 확산될 우려가 없는 경우
- 외교기관의 업무가 없는 휴일에 개최하는 경우

여기서 외교기관이란 국내 주재 외국의 대사관, 영사관 및 국제기구를 말한다. 특히 국제기구는 외교부의 외교관 명부에 등재되고 우리나라와 조약을 통하여 특권과 부담의 면제를 인정받고 있는 국제기구만을 의미한다. 문화원 역시 우리나라와 사전 합의를 통해 인정된 미국, 일본 등 일부 국가에 한정되고

있다.

외교사절은 외교관계에 관한 비엔나협약에서 규정하고 있는 대사관의 공관장, 영사관계에 관한 비엔나협약에서 규정하고 있는 국내 주재 영사 기관장 그리고 우리나라가 조약을 통하여 특권 면제를 인정하고 있는 국제기구의 대표가 해당된다.

나. 상대적 금지

주어진 여건에 따라 상대적으로 집회 및 시위를 금지할 수 있는 경우는 네 가지가 있다.

첫째는 관할 경찰관서장의 보완통고에도 불구하고 신고서를 보완하지 않은 경우이며(제7조 제1항),

둘째, 집회 또는 시위의 시간과 장소가 중복되는 2개 이상의 신고가 있는 경우 그 목적으로 보아 서로 상반되거나 방해가 된다고 인정되면 뒤에 접수된 집회 또는 시위에 대하여 금지를 통고할 수 있다(제8조 제2항).

셋째, 아래 사항 중 어느 하나에 해당하는 경우로서 그 거주자나 관리자가 시설이나 장소의 보호를 요청하는 경우에는 집회나 시위의 금지 또는 제한을 통고할 수 있다(제8조 제3항).

1. 신고서에 적힌 장소가 다른 사람의 주거지역이나 이와 유사한 장소로서 집회나 시위로 재산 또는 시설에 심각한 피해가 발생하거나 사생활의 평온을 뚜렷하게 해칠 우려가 있는 경우
2. 신고장소가 「초·중등교육법」 제2조(학교의 종류)에 따른 학교의 주변 지역으로서 집회 또는 시위로 학습권을 뚜렷이 침해할 우려가 있는 경우
3. 신고장소가 「군사기지 및 군사시설 보호법」 제2조 제2호에 따른 군사시설의 주변 지역으로서 집회 또는 시위로 시설이나 군 작전의 수행에 심각한 피해가 발생할 우려가 있는 경우

넷째, 교통 소통을 위한 제한 또는 금지(제12조)로서 ① 대통령령으로 정하는 주요 도시의 주요 도로에서의 집회 또는 시위에 대하여 교통 소통을 위하여 필요하다고 인정하면 이를 금지하거나 교통질서 유지를 위한 조건을 붙여 제한할 수 있으며, ② 집회 또는 시위의 주최자가 질서유지인을 두고 도로를 행진하는 경우에는 금지를 할 수는 없으나 해당 도로와 주변 도로의 교통 소통에 장애를 발생시켜 심각한 교통 불편을 줄 우려가 있으면 금지할 수 있다.

다. 금지 통고

경찰은 집회 · 시위신고서를 검토한 결과 금지에 해당하는 경우에는 신고서를 접수한 때부터 48시간 이내에 집회 또는 시위를 금지할 것을 주최자에게 통고(서면)할 수 있다. 다만, 집회 또는 시위가 집단적인 폭행, 협박, 손괴, 방화 등으로 공공의 안녕질서에 직접적인 위험을 초래한 경우에는 남은 기간의 해당 집회 또는 시위에 대하여 신고서를 접수한 때부터 48시간이 지난 경우에도 금지 통고(서면)를 할 수 있다(법 제8조).

한편, 집회 또는 시위의 주최자는 위의 금지 통고를 받은 날부터 10일 이내에 해당 경찰관서의 바로 위의 상급경찰관서의 장에게 이의를 신청할 수 있으며, 이의 신청을 받은 경찰관서의 장은 접수 일시를 적은 접수증을 즉시 신청인에게 내주고 접수한 때부터 24시간 이내에 재결(裁決)을 하여야 한다. 이 경우 접수한 때부터 24시간 이내에 재결서를 발송하지 아니하면 관할 경찰관서장의 금지 통고는 소급하여 그 효력을 잃기 때문에 신고인은 처음 신고한 대로 집회 또는 시위를 개최할 수 있다. 다만, 금지 통고 등으로 시기를 놓친 경우에는 일시를 새로 정하여 집회 또는 시위를 시작하기 24시간 전에 관할 경찰관서장에게 신고함으로써 집회 또는 시위를 개최할 수 있다(법 제9조 제1, 2, 3항).

5. 질서유지선과 확성기 사용

가. 질서유지선의 설정

집회 · 시위 신고를 받은 관할 경찰관서장은 집회 및 시위의 보호와 공공의 질서 유지를 위하여 필요하다고 인정되면 최소한의 범위를 정하여 질서유지선을 설정할 수 있다. 경찰관서장이 질서유지선을 설정할 때에는 주최자 또는 연락책임자에게 이를 알려주어야 한다(제13조).

한편, 경찰관의 경고에도 불구하고 설정한 질서유지선을 정당한 사유 없이 상당 시간 침범하거나 손괴 · 은닉 · 이동 또는 제거하거나 그 밖의 방법으로 그 효용을 해친 자는 6개월 이하의 징역 또는 50만원 이하의 벌금 · 구류 또는 과료에 처해진다(제24조).

나. 확성기 등의 사용 제한

집회 또는 시위의 주최자는 확성기, 북, 징, 꽹과리 등의 기계 · 기구를 사용하여 타인에게 심각한 피해를 주는 일정한 기준을 위반하는 소음을 발생시켜서는 아니 된다. 관할 경찰관서장은 집회 또는 시위의 주최자가 정해진 기준을 초과하는 소음을 발생시켜 타인에게 피해를 주는 경우에는 그 기준 이하의 소음 유지 또는 확성기 등의 사용 중지를 명하거나 확성기 등의 일시보관 등 필요한 조치를 할 수 있다(제14조 제1, 2항).

표 3-5 _ 확성기 등의 소음기준 [단위: Leq dB(A)]

시간대 / 대상 지역	주간(해뜬 후~해지기 전)	야간(해진 후~해뜨기 전)
주거지역, 학교, 종합병원, 공공도서관	65 이하	60 이하
그 밖의 지역	75 이하	65 이하

출처: 집회 및 시위에 관한 법률 시행령, 별표 2

확성기 사용의 제한은 입법취지상 타인에게 심각한 피해를 주는 경우이기 때문에 원칙적으로 피해자의 신고나 요청이 있을 경우에 측정하는 것이 적절하다. 그러나 경찰은 노약자와 유아와 같이 신고가 어렵거나 집회 주최측의 위력으로 인해 신고가 쉽지 않은 상황에 놓여 있으면 피해자의 요청과 관계없이 자체 판단으로 소음측정과 조치가 가능하다.

한편, 경찰의 명령을 위반하거나 필요한 조치를 거부 · 방해한 자는 6개월 이하의 징역 또는 50만원 이하의 벌금구류 또는 과료에 처하게 된다.

6. 집회 및 시위 관계자의 준수사항

가. 주최자

집회 또는 시위에 있어 질서를 유지하여야 하는 주최자는 집회 또는 시위의 질서 유지에 관하여 자신을 보좌하도록 18세 이상의 사람을 질서유지인으로 임명할 수 있으며, 질서를 유지하기가 어렵다고 판단되면 그 집회 또는 시위의 종결을 선언하여야 한다. 그리고 옥내집회의 주최자는 확성기를 설치하는 등 주변에서의 옥외 참가를 유발하는 행위를 하여서는 아니 된다(제16조 제1, 2, 3항).

나. 질서유지인 및 참가자

질서유지인은 주최자의 지시에 따라 집회 또는 시위 질서가 유지되도록 해야 하며, 참가자 등이 질서유지인임을 쉽게 알아볼 수 있도록 완장, 모자, 어깨띠, 상의 등을 착용하여야 한다. 관할 경찰관서장은 집회 또는 시위의 주최자와 협의하여 질서유지인의 수를 적절하게 조정할 수 있으며, 주최자는 질서유지인의 수를 조정한 경우 집회 또는 시위를 개최하기 전에 조정된 질서유지인의 명단을 관할 경찰관서장에게 알려야 한다. 질서유지인은 주최자와 같이 〈표 3-6〉의 모든 금지사항을 준수하여야 한다.

표 3-6 _ 주최자 등의 금지사항

① 총포, 폭발물, 도검, 철봉, 곤봉, 돌덩이 등 다른 사람의 생명을 위협하거나 신체에 해를 끼칠 수 있는 기구를 휴대하거나 사용하는 행위 또는 다른 사람에게 이를 휴대하게 하거나 사용하게 하는 행위
② 폭행, 협박, 손괴, 방화 등으로 질서를 문란하게 하는 행위
③ 신고한 목적, 일시, 장소, 방법 등의 범위를 뚜렷이 벗어나는 행위

참가자는 주최자 및 질서유지인의 질서 유지를 위한 지시에 따라야 하며, 〈표 3-6〉의 ①과 ②의 금지사항을 준수하여야 한다(제18조).

7. 경찰관의 출입

경찰관은 집회 또는 시위의 주최자에게 알리고 그 집회 또는 시위의 장소에 정복을 입고 출입할 수 있다. 다만, 옥내집회 장소에 출입하는 것은 직무 집행을 위하여 긴급한 경우에만 할 수 있다(제19조).

그렇다면, 이미 관례화되어 있는 집회 · 시위 현장에서의 사복을 착용한 정보경찰들의 정보활동을 어떻게 볼 것인가? 하는 문제가 제기될 수 있다. 생각하건대, 다음과 같은 이유로 사복 경찰관의 정보활동은 가능하다고 할 수 있다.[7)]

당초 「집시법」에서는 집회 또는 시위현장에서 경찰관의 출입에 대해 집회나 시위의 주최자는 정당한 이유 없이 질서를 유지하기 위한 경찰관의 지시 또는 출입을 거절하여서는 안된다고 규정하였으나 1989년 개정을 통해 현재 내용으로 변경되었다. 이 개정과정에서 입법자의 구상은 기본적으로 경찰 출입이 집회의 자유로운 분위기를 저해하는 것이지만, 질서 유지를 위하여 필요한 경우에 옥외집회 및 시위 장소에 대한 경찰관의 출입을 허용하는 것이었다. 다만, 경찰관이 출입하고자 할 때에 집회 · 시위 주최자에게 통보할 것을 요구하였던 것이다. 특별히 정복 착용을 요구하려고 하였던 어떠한 시도도 없었다.

비교법적으로도 사복을 착용한 경찰관의 출입을 특별히 제한하는 입법례가 없고 오히려 경찰의 적극적인 집회 · 시위 참석권과 참석 경찰관의 해산명령권을 인정하고 있다는 점을 고려하여야 할 것이다. 특히 독일의 경우 공공집회의 보호라는 우월적 이익을 위하여 집회에 참석하는 것이기 때문에 참석 자체에 대한 별다른 수권이 필요하지 않다고 보고 있다.

아울러 채증활동 목적을 적절히 수행하기 위해서는 사복 착용이 필요하다는 현실적인 이유와 경찰관이 집회 및 시위를 방해하면 징역 5년으로 가중처벌 받도록 규정되어 있는 점도 고려할 필요가 있다. 이러한 몇 가지 점에 비추어 볼 때, 채증목적으로 집회 · 시위 현장을 경찰관이 출입하는 경우에 반드시 정복을 착용하여야 하는 것은 아니다.

다만, 「집시법」 제19조의 입법취지를 고려해 볼 때 개방된 옥외집회라 하더라도 사복을 착용하고 집회 · 시위 군중 속으로 들어가는 것은 집회 · 시위 장소에 출입하는 것이기 때문에 금지된다고 해석되며, 「형사소송법」에 근거하여 범죄수사목적으로 집회 및 시위 장소에 출입할 경우에는 긴급하거나 불가피한 경우가 아니면 주최자에게 통보하는 것이 바람직하다.

이러한 해석에도 불구하고 사복을 착용한 채 집회 · 시위 현장에서 정보활동을 하는 경우에는 지속적인 논란이 예상되기 때문에 향후 정복 착용 조항을 삭제하는 내용의 「집시법」 개정을 통하여 갈등의 여지를 제거하는 것이 바람직 할 것이다.

8. 집회 · 시위자문위원회의 구성

집회 및 시위의 자유와 공공의 안녕질서가 조화를 이루도록 하기 위하여 각급 경찰관서에 변호사, 교수, 시민단체에서 추천한 사람, 관할지역 주민대표 등 5~7명으로 구성된 집회 · 시위자문위원회를 둘 수 있다. 이 위원회는 집회 또는 시위의 금지 또는 제한 통고, 이의 신청에 관한 재결 및 집회 · 시위에 대한 사례 검토 등 집회 또는 시위 업무의 처리와 관련하여 필요한 사항에 대하여 자문 역할을 수행한다.

제3절 채증활동

1. 채증활동의 의의

채증활동이란 정보 또는 경비경찰이 집회 또는 시위 현장 등에서 불법행위 또는 이와 밀접한 행위를 촬영, 녹화 또는 녹음하는 것을 말한다(채증활동 규칙 제1, 2조).

불법폭력시위가 발생했다 하더라도 채증이 제대로 되지 않으면 시위 참가자의 불법행위를 제재할 수단이 없어 계속하여 유사한 불법폭력시위를 양산하게 된다. 시위대 중 일부는 사진만 찍히지 않으면 안전하다는 사실을 알고 정보채증 경찰관만을 중점적으로 공격하여 사진기를 빼앗고 폭력을 행사하기도 한다. 정보채증 경찰관들은 시위현장에서 가장 위험하고 어려운 일을 맡고 있다고 해도 과언이 아니다. 현재 대부분의 경찰관들은 채증업무를 기피하고 있으며, 이에 따라 경찰의 불법폭력시위 대응능력도 약화되는 것이라고 할 수 있다. 정보채증 역량을 강화하는 것은 평화적 집회·시위문화를 형성하기 위한 전제조건이 될 수 있다.[8)]

표 3-7 _ 정보채증활동 개요

출동 전 준비	현장 활동	사후 활동
• 상황에 대한 사전파악으로 채증수단, 방향 결정	• 채증에 유리한 위치 선점	• 장비점검 • 채증사진첩 제작
• 출동지역에 대한 지형지물 등 사전 파악 • 상황에 따른 장비 및 보조장비 확보	• 전개사항 예측으로 중요상황 채증 실기 방지 • 침착 냉철한 판단으로 피납, 폭행방지	• 채증자료 판독 • 채증자료 보전관리

출처: 문경환·황규진, 전게서, 183.

2. 채증의 법적 근거

- 경찰관 직무집행법 제2조(직무의 범위) 제2, 4, 6호
- 형사소송법 제216조(영장에 의하지 아니한 강제처분) 제3항
- 형사소송법 제212조(현행범인의 체포)
- 채증활동 규칙(경찰청)

3. 채증활동의 필요성

채증활동은 당사자의 정보의 자기결정권을 침해할 수 있다는 논란에도 불구하고 집회 및 시위 현장을 중심으로 이루어지고 있는데,[9] 그 필요성은 아래와 같다.[10]

첫째, 전체적인 집회 · 시위 상황을 정확히 파악하여 정황에 따라 적절히 대응하기 위하여 필요하다. 신고된 대로 진행되고 있는지, 불법폭력시위로 변질될 위험성은 없는지, 교통체증 등 제3자의 권익을 지나치게 침해하고 있지는 않은지 등을 미리 파악하고 그에 상응하는 대응을 위해서 상황파악이 우선되어야 하기 때문이다.

둘째, 사후에 있을 범죄수사를 위한 증거 확보 차원에서도 필요하다. 불법행위 시에 이에 대한 증거를 수집하는 것은 범죄수사상 당연한 것이고, 집회 · 시위현장에서 불법폭력행위를 자행하는 등 법질서 위반행위자를 현장에서 검거할 경우 대규모 폭력시위로 확대될 수도 있기 때문에 채증활동을 통해 사후에 추적 수사를 하는 것이 훨씬 효과적인 집회 · 시위 대응방법이 될 수도 있기 때문이다. 그리고 언제 불법폭력시위로 변질될 지도 모르는 상황에서 개인식별이 어려울 것에 대비하여 사전에 촬영하여 대조하는 것 또한 수사기법의 하나이기도 하다.

셋째, 사후에 있을지도 모를 경찰의 대응에 대한 시비와 법적 분쟁에 대비

하기 위해서도 증거 확보는 요구되고 있다. 현실에서는 집회 · 시위 참가자들은 자신들이 경찰로부터 피해를 입는 내용만 촬영하고 홍보할 뿐 자신들이 경찰에 폭행하고 장비를 파손시키는 등에 대해서는 외면하기 때문에 이런 측면에서도 경찰의 채증활동은 필요할 수밖에 없는 실정이다.

4. 채증 대상과 방법[11)]

가. 채증 대상

집회 · 시위 등 다수의 집단적 의사표현이 공공의 안녕과 질서를 파괴할 위험성이 있는 경우라고 판단되면 현장상황을 사진촬영하거나 녹취하여 사후 관련자 처리 및 유사상황 발생 시 효과적인 대응을 위하여 채증활동을 한다.

중점 채증 대상은 주최자, 주동자, 선동자, 집단시위의 규모 및 상황, 단계별 진행상황, 현수막 등 선전물, 불순발언 및 구호 내용, 충돌장면, 기물손괴 폭력, 방화, 화염병 투척 행위 등이 포함된다.

나. 채증방법

채증반은 동사진 촬영조, 정사진 촬영조, 녹음조 등 3명 1개조가 중심이 되나 필요 시 타 기능에서 협조를 받을 수 있으며, 비디오카메라 촬영을 하게 되면 인원의 추가가 필요하다.

채증활동 시에 유의해야 할 사항은 다음과 같다. 전경촬영이 가장 바람직하나 형편이 되지 않을 때는 파노라마식으로 촬영하며 주요부분이나 장면은 반복하여 촬영한다. 주동자, 선동자 등 인물채증은 얼굴 식별이 가능하도록 행위 유형별로 반복하여 촬영한다. 시위장비 및 용품 등은 특정할 수 있도록 촬영하며, 차량은 번호를 식별할 수 있도록 촬영한다. 채증하는 동안 집회나 시위 참가자의 불필요한 오해를 사지 않도록 하며, 채증장비의 피탈 등에 대비하여야 한다.

5. 정보채증 관련 논란

정보채증은 집회 · 시위에 대한 채증의 시점, 대상, 양상 등에 따라 법적 근거의 존부여부가 논란이 되어 오고 있다. 현존하는 불법폭력시위인 경우에는 「형사소송법」상 사진촬영이 인정되나 불법폭력이 예상되는 집회나 평화집회의 경우에는 사진촬영을 할 수 있는 법적 근거가 미약하기 때문이다. 대법원은 "수사기관이 범죄를 수사함에 있어 현재 범행이 행하여지고 있거나 행하여진 직후이고, 증거보전의 필요성 및 긴급성이 있으며, 일반적으로 허용되는 상당한 방법에 의하여 촬영을 한 경우라면 위 촬영이 영장 없이 이루어진 경우라도 이를 위법하다 단정할 수 없다"고 판시하였다. 즉, 현행성, 필요성 및 긴급성, 상당성이 있는 경우에 수사기관의 영장 없는 사진촬영을 인정했다고 할 수 있다. 그러나 이 판례로도 평화집회의 사진촬영은 인정되지 않는다.[12]

이에 따라 경찰청은 2015년 1월 채증활동 규칙을 개정하여, 채증의 범위를 '불법 또는 불법이 우려되는 상황'에서 '불법행위 또는 이와 밀접한 행위'로 명확화하였다.[13] 채증범위를 '불법행위와 밀접한 행위'로 구체화함에 따라, 채증 개시시점을 불법행위 직전부터 가능하도록 한정하여, 집회 · 시위 현장에서 불법행위와 무관한 장면은 채증하지 않도록 기준을 설정한 것이다.

1) 심희기. (2010), "집시법의 탈형사화", 「법학연구」 20(1), 1.
2) 나유인 외. (2010), "집회시위 사례연구: 부안사례를 중심으로", 「한국공안행정학회보」, 41, 176-178.
3) 나유인 외. 전게논문, 178.
4) 강영규 외. (2008), 「경찰경비총서」, 용인: 경찰대학, 128-129.
5) 김병준. (2004), "변형 집회 및 시위의 피해 경감방안에 관한 연구: 종교 · 문화 행사를 방자한 집회 및 시위에 대하여", 「피해자학 연구」, 12(1), 242.

6) 나유인 외. 전게논문, 179.
7) 문성도. (2008), "집회 · 시위 현장에 대한 경찰출입에 대한 법적 문제와 합리적 대안", 「한국경찰법학회, 제27차 학술회의 세미나 자료」, 102-103.
8) 문경환 · 황규진. 전게서, 182-183.
9) 박종렬 · 노상욱. (2014), "집회시위현장의 채증활동과 정보자기결정권의 충돌에 관하 소고", 「법과 정책」, 20(1), 303.
10) 권현식. (2007), "사복경찰관 집회 시위현장 채증활동의 법적 정당성 연구", 「한국경찰연구」, 6(2), 180-181.
11) 경찰대학. 전게서, 1035-1036에서 일부 수정.
12) 문경환 · 황규진. 전게서, 183.
13) 경찰청. (2015), "집회참가자 인권 및 경찰 채증활동의 합리적 기준 마련을 위한 채증활동규칙 개정", 「경찰청 브리핑」.

부록

집회 및 시위에 관한 법률
수사첩보 수집 및 처리 규칙
해외주재관 운영에 관한 규칙

집회 및 시위에 관한 법률

[시행 2008.9.22.] [법률 제8733호, 2007.12.21., 타법개정]

제1조(목적) 이 법은 적법한 집회(集會) 및 시위(示威)를 최대한 보장하고 위법한 시위로부터 국민을 보호함으로써 집회 및 시위의 권리 보장과 공공의 안녕질서가 적절히 조화를 이루도록 하는 것을 목적으로 한다.

제2조(정의) 이 법에서 사용하는 용어의 뜻은 다음과 같다.

1. "옥외집회"란 천장이 없거나 사방이 폐쇄되지 아니한 장소에서 여는 집회를 말한다.
2. "시위"란 여러 사람이 공동의 목적을 가지고 도로, 광장, 공원 등 일반인이 자유로이 통행할 수 있는 장소를 행진하거나 위력(威力) 또는 기세(氣勢)를 보여, 불특정한 여러 사람의 의견에 영향을 주거나 제압(制壓)을 가하는 행위를 말한다.
3. "주최자(主催者)"란 자기 이름으로 자기 책임 아래 집회나 시위를 여는 사람이나 단체를 말한다. 주최자는 주관자(主管者)를 따로 두어 집회 또는 시위의 실행을 맡아 관리하도록 위임할 수 있다. 이 경우 주관자는 그 위임의 범위 안에서 주최자로 본다.
4. "질서유지인"이란 주최자가 자신을 보좌하여 집회 또는 시위의 질서를 유지하게 할 목적으로 임명한 자를 말한다.
5. "질서유지선"이란 관할 경찰서장이나 지방경찰청장이 적법한 집회 및 시위를 보호하고 질서유지나 원활한 교통 소통을 위하여 집회 또는 시위의 장소나 행진 구간을 일정하게 구획하여 설정한 띠, 방책(防柵), 차선(車線) 등의 경계 표지(標識)를 말한다.

6. "경찰관서"란 국가경찰관서를 말한다.

제3조(집회 및 시위에 대한 방해 금지) ① 누구든지 폭행, 협박, 그 밖의 방법으로 평화적인 집회 또는 시위를 방해하거나 질서를 문란하게 하여서는 아니 된다.

② 누구든지 폭행, 협박, 그 밖의 방법으로 집회 또는 시위의 주최자나 질서유지인의 이 법의 규정에 따른 임무 수행을 방해하여서는 아니 된다.

③ 집회 또는 시위의 주최자는 평화적인 집회 또는 시위가 방해받을 염려가 있다고 인정되면 관할 경찰관서에 그 사실을 알려 보호를 요청할 수 있다. 이 경우 관할 경찰관서의 장은 정당한 사유 없이 보호 요청을 거절하여서는 아니 된다.

제4조(특정인 참가의 배제) 집회 또는 시위의 주최자 및 질서유지인은 특정한 사람이나 단체가 집회나 시위에 참가하는 것을 막을 수 있다. 다만, 언론사의 기자는 출입이 보장되어야 하며, 이 경우 기자는 신분증을 제시하고 기자임을 표시한 완장(腕章)을 착용하여야 한다.

제5조(집회 및 시위의 금지) ① 누구든지 다음 각 호의 어느 하나에 해당하는 집회나 시위를 주최하여서는 아니 된다.

1. 헌법재판소의 결정에 따라 해산된 정당의 목적을 달성하기 위한 집회 또는 시위
2. 집단적인 폭행, 협박, 손괴(損壞), 방화 등으로 공공의 안녕 질서에 직접적인 위협을 끼칠 것이 명백한 집회 또는 시위

② 누구든지 제1항에 따라 금지된 집회 또는 시위를 할 것을 선전하거나 선동하여서는 아니 된다.

제6조(옥외집회 및 시위의 신고 등) ① 옥외집회나 시위를 주최하려는 자는 그에 관한 다음 각 호의 사항 모두를 적은 신고서를 옥외집회나 시위를 시작하기 720시간 전부터 48시간 전에 관할 경찰서장에게 제출하여야 한다. 다만, 옥외집회 또는 시위 장소가 두 곳 이상의 경찰서의 관할에 속하는 경우에는 관할 지방경찰청장에게 제출하여야 하고, 두 곳 이상의 지방경찰청 관할에 속하는 경우에는 주최지를 관할하는 지방경찰청장에게 제출하여야 한다.

1. 목적
2. 일시(필요한 시간을 포함한다)

3. 장소
4. 주최자(단체인 경우에는 그 대표자를 포함한다), 연락책임자, 질서유지인에 관한 다음 각 목의 사항
   가. 주소
   나. 성명
   다. 직업
   라. 연락처
5. 참가 예정인 단체와 인원
6. 시위의 경우 그 방법(진로와 약도를 포함한다)

② 관할 경찰서장 또는 지방경찰청장(이하 “관할경찰관서장”이라 한다)은 제1항에 따른 신고서를 접수하면 신고자에게 접수 일시를 적은 접수증을 즉시 내주어야 한다.

③ 주최자는 제1항에 따라 신고한 옥외집회 또는 시위를 하지 아니하게 된 경우에는 신고서에 적힌 집회 일시 전에 관할경찰관서장에게 그 사실을 알려야 한다.

④ 제3항에 따라 통지를 받은 관할경찰관서장은 제8조제2항에 따라 금지 통고를 한 집회나 시위가 있는 경우에는 그 금지 통고를 받은 주최자에게 제3항에 따른 사실을 즉시 알려야 한다.

⑤ 제4항에 따라 통지를 받은 주최자는 그 금지 통고된 집회 또는 시위를 최초에 신고한 대로 개최할 수 있다. 다만, 금지 통고 등으로 시기를 놓친 경우에는 일시를 새로 정하여 집회 또는 시위를 시작하기 24시간 전에 관할경찰관서장에게 신고서를 제출하고 집회 또는 시위를 개최할 수 있다.

제7조(신고서의 보완 등) ① 관할경찰관서장은 제6조제1항에 따른 신고서의 기재 사항에 미비한 점을 발견하면 접수증을 교부한 때부터 12시간 이내에 주최자에게 24시간을 기한으로 그 기재 사항을 보완할 것을 통고할 수 있다.

② 제1항에 따른 보완 통고는 보완할 사항을 분명히 밝혀 서면으로 주최자 또는 연락책임자에게 송달하여야 한다.

제8조(집회 및 시위의 금지 또는 제한 통고) ① 제6조제1항에 따른 신고서를 접수한 관할경찰관서장은 신고된 옥외집회 또는 시위가 다음 각 호의 어느 하나에 해당하는 때에는 신고서를 접수한 때부터 48시간 이내에 집회 또는 시위를 금지할 것을 주최자에게 통고할 수 있다. 다만, 집회 또는 시위가 집단적인 폭행, 협박,

손괴, 방화 등으로 공공의 안녕 질서에 직접적인 위험을 초래한 경우에는 남은 기간의 해당 집회 또는 시위에 대하여 신고서를 접수한 때부터 48시간이 지난 경우에도 금지 통고를 할 수 있다.

1. 제5조제1항, 제10조 본문 또는 제11조에 위반된다고 인정될 때
2. 제7조제1항에 따른 신고서 기재 사항을 보완하지 아니한 때
3. 제12조에 따라 금지할 집회 또는 시위라고 인정될 때

② 관할경찰관서장은 집회 또는 시위의 시간과 장소가 중복되는 2개 이상의 신고가 있는 경우 그 목적으로 보아 서로 상반되거나 방해가 된다고 인정되면 뒤에 접수된 집회 또는 시위에 대하여 제1항에 준하여 그 집회 또는 시위의 금지를 통고할 수 있다.

③ 다음 각 호의 어느 하나에 해당하는 경우로서 그 거주자나 관리자가 시설이나 장소의 보호를 요청하는 경우에는 집회나 시위의 금지 또는 제한을 통고할 수 있다. 이 경우 집회나 시위의 금지 통고에 대하여는 제1항을 준용한다. *〈개정 2007.12.21.〉*

1. 제6조제1항의 신고서에 적힌 장소(이하 이 항에서 “신고장소”라 한다)가 다른 사람의 주거지역이나 이와 유사한 장소로서 집회나 시위로 재산 또는 시설에 심각한 피해가 발생하거나 사생활의 평온(平穩)을 뚜렷하게 해칠 우려가 있는 경우
2. 신고장소가 「초 · 중등교육법」 제2조에 따른 학교의 주변 지역으로서 집회 또는 시위로 학습권을 뚜렷이 침해할 우려가 있는 경우
3. 신고장소가 「군사기지 및 군사시설 보호법」 제2조제2호에 따른 군사시설의 주변 지역으로서 집회 또는 시위로 시설이나 군 작전의 수행에 심각한 피해가 발생할 우려가 있는 경우

④ 집회 또는 시위의 금지 또는 제한 통고는 그 이유를 분명하게 밝혀 서면으로 주최자 또는 연락책임자에게 송달하여야 한다.

제9조(집회 및 시위의 금지 통고에 대한 이의 신청 등) ① 집회 또는 시위의 주최자는 제8조에 따른 금지 통고를 받은 날부터 10일 이내에 해당 경찰관서의 바로 위의 상급경찰관서의 장에게 이의를 신청할 수 있다.

② 제1항에 따른 이의 신청을 받은 경찰관서의 장은 접수 일시를 적은 접수증을 이의 신청인에게 즉시 내주고 접수한 때부터 24시간 이내에 재결(裁決)을 하여야 한다. 이 경우 접수한 때부터 24시간 이내에 재결서를 발송하지 아니하면 관할경찰관서

장의 금지 통고는 소급하여 그 효력을 잃는다.

③ 이의 신청인은 제2항에 따라 금지 통고가 위법하거나 부당한 것으로 재결되거나 그 효력을 잃게 된 경우 처음 신고한 대로 집회 또는 시위를 개최할 수 있다. 다만, 금지 통고 등으로 시기를 놓친 경우에는 일시를 새로 정하여 집회 또는 시위를 시작하기 24시간 전에 관할경찰관서장에게 신고함으로써 집회 또는 시위를 개최할 수 있다.

제10조(옥외집회와 시위의 금지 시간) 누구든지 해가 뜨기 전이나 해가 진 후에는 옥외집회 또는 시위를 하여서는 아니 된다. 다만, 집회의 성격상 부득이하여 주최자가 질서유지인을 두고 미리 신고한 경우에는 관할경찰관서장은 질서 유지를 위한 조건을 붙여 해가 뜨기 전이나 해가 진 후에도 옥외집회를 허용할 수 있다.

[헌법 불합치, 2008헌가25, 2009.9.24., 집회 및 시위에 관한 법률(2007.5.11. 법률 제8424호로 전부개정된 것) 제10조 중 '옥외집회' 부분 및 제23조 제1호 중 '제10조 본문의 옥외집회' 부분은 헌법에 합치되지 아니한다. 위 조항들은 2010.6.30.을 시한으로 입법자가 개정할 때까지 계속 적용된다.]

[한정위헌, 2010헌가2, 2014.3.27. 집회 및 시위에 관한 법률(2007.5.11. 법률 제8424호로 개정된 것) 제10조 본문 중 '시위'에 관한 부분 및 제23조 제3호 중 '제10조 본문' 가운데 '시위'에 관한 부분은 각 '해가 진 후부터 같은 날 24시까지의 시위'에 적용하는 한 헌법에 위반된다.]

제11조(옥외집회와 시위의 금지 장소) 누구든지 다음 각 호의 어느 하나에 해당하는 청사 또는 저택의 경계 지점으로부터 100미터 이내의 장소에서는 옥외집회 또는 시위를 하여서는 아니 된다.

1. 국회의사당, 각급 법원, 헌법재판소
2. 대통령 관저(官邸), 국회의장 공관, 대법원장 공관, 헌법재판소장 공관
3. 국무총리 공관. 다만, 행진의 경우에는 해당하지 아니한다.
4. 국내 주재 외국의 외교기관이나 외교사절의 숙소. 다만, 다음 각 목의 어느 하나에 해당하는 경우로서 외교기관 또는 외교사절 숙소의 기능이나 안녕을 침해할 우려가 없다고 인정되는 때에는 해당하지 아니한다.
   가. 해당 외교기관 또는 외교사절의 숙소를 대상으로 하지 아니하는 경우
   나. 대규모 집회 또는 시위로 확산될 우려가 없는 경우

다. 외교기관의 업무가 없는 휴일에 개최하는 경우

제12조(교통 소통을 위한 제한) ① 관할경찰관서장은 대통령령으로 정하는 주요 도시의 주요 도로에서의 집회 또는 시위에 대하여 교통 소통을 위하여 필요하다고 인정하면 이를 금지하거나 교통질서 유지를 위한 조건을 붙여 제한할 수 있다.

② 집회 또는 시위의 주최자가 질서유지인을 두고 도로를 행진하는 경우에는 제1항에 따른 금지를 할 수 없다. 다만, 해당 도로와 주변 도로의 교통 소통에 장애를 발생시켜 심각한 교통 불편을 줄 우려가 있으면 제1항에 따른 금지를 할 수 있다.

제13조(질서유지선의 설정) ① 제6조제1항에 따른 신고를 받은 관할경찰관서장은 집회 및 시위의 보호와 공공의 질서 유지를 위하여 필요하다고 인정하면 최소한의 범위를 정하여 질서유지선을 설정할 수 있다.

② 제1항에 따라 경찰관서장이 질서유지선을 설정할 때에는 주최자 또는 연락책임자에게 이를 알려야 한다.

제14조(확성기등 사용의 제한) ① 집회 또는 시위의 주최자는 확성기, 북, 징, 꽹과리 등의 기계·기구(이하 이 조에서 "확성기 등"이라 한다)를 사용하여 타인에게 심각한 피해를 주는 소음으로서 대통령령으로 정하는 기준을 위반하는 소음을 발생시켜서는 아니 된다.

② 관할경찰관서장은 집회 또는 시위의 주최자가 제1항에 따른 기준을 초과하는 소음을 발생시켜 타인에게 피해를 주는 경우에는 그 기준 이하의 소음 유지 또는 확성기등의 사용 중지를 명하거나 확성기 등의 일시보관 등 필요한 조치를 할 수 있다.

제15조(적용의 배제) 학문, 예술, 체육, 종교, 의식, 친목, 오락, 관혼상제(冠婚喪祭) 및 국경행사(國慶行事)에 관한 집회에는 제6조부터 제12조까지의 규정을 적용하지 아니한다.

제16조(주최자의 준수 사항) ① 집회 또는 시위의 주최자는 집회 또는 시위에 있어서의 질서를 유지하여야 한다.

② 집회 또는 시위의 주최자는 집회 또는 시위의 질서 유지에 관하여 자신을 보좌하도록 18세 이상의 사람을 질서유지인으로 임명할 수 있다.

③ 집회 또는 시위의 주최자는 제1항에 따른 질서를 유지할 수 없으면 그 집회 또는 시위의 종결(終結)을 선언하여야 한다.

④ 집회 또는 시위의 주최자는 다음 각 호의 어느 하나에 해당하는 행위를 하여서는 아니 된다.

1. 총포, 폭발물, 도검(刀劍), 철봉, 곤봉, 돌덩이 등 다른 사람의 생명을 위협하거나 신체에 해를 끼칠 수 있는 기구(器具)를 휴대하거나 사용하는 행위 또는 다른 사람에게 이를 휴대하게 하거나 사용하게 하는 행위
2. 폭행, 협박, 손괴, 방화 등으로 질서를 문란하게 하는 행위
3. 신고한 목적, 일시, 장소, 방법 등의 범위를 뚜렷이 벗어나는 행위

⑤ 옥내집회의 주최자는 확성기를 설치하는 등 주변에서의 옥외 참가를 유발하는 행위를 하여서는 아니 된다.

제17조(질서유지인의 준수 사항 등) ① 질서유지인은 주최자의 지시에 따라 집회 또는 시위 질서가 유지되도록 하여야 한다.

② 질서유지인은 제16조제4항 각 호의 어느 하나에 해당하는 행위를 하여서는 아니 된다.

③ 질서유지인은 참가자 등이 질서유지인임을 쉽게 알아볼 수 있도록 완장, 모자, 어깨띠, 상의 등을 착용하여야 한다.

④ 관할경찰관서장은 집회 또는 시위의 주최자와 협의하여 질서유지인의 수(數)를 적절하게 조정할 수 있다.

⑤ 집회나 시위의 주최자는 제4항에 따라 질서유지인의 수를 조정한 경우 집회 또는 시위를 개최하기 전에 조정된 질서유지인의 명단을 관할경찰관서장에게 알려야 한다.

제18조(참가자의 준수 사항) ① 집회나 시위에 참가하는 자는 주최자 및 질서유지인의 질서 유지를 위한 지시에 따라야 한다.

② 집회나 시위에 참가하는 자는 제16조제4항제1호 및 제2호에 해당하는 행위를 하여서는 아니 된다.

제19조(경찰관의 출입) ① 경찰관은 집회 또는 시위의 주최자에게 알리고 그 집회 또는 시위의 장소에 정복(正服)을 입고 출입할 수 있다. 다만, 옥내집회 장소에 출

입하는 것은 직무 집행을 위하여 긴급한 경우에만 할 수 있다.

② 집회나 시위의 주최자, 질서유지인 또는 장소관리자는 질서를 유지하기 위한 경찰관의 직무집행에 협조하여야 한다.

제20조(집회 또는 시위의 해산) ① 관할경찰관서장은 다음 각 호의 어느 하나에 해당하는 집회 또는 시위에 대하여는 상당한 시간 이내에 자진(自進) 해산할 것을 요청하고 이에 따르지 아니하면 해산(解散)을 명할 수 있다.

1. 제5조제1항, 제10조 본문 또는 제11조를 위반한 집회 또는 시위
2. 제6조제1항에 따른 신고를 하지 아니하거나 제8조 또는 제12조에 따라 금지된 집회 또는 시위
3. 제8조제3항에 따른 제한, 제10조 단서 또는 제12조에 따른 조건을 위반하여 교통 소통 등 질서 유지에 직접적인 위험을 명백하게 초래한 집회 또는 시위
4. 제16조제3항에 따른 종결 선언을 한 집회 또는 시위
5. 제16조제4항 각 호의 어느 하나에 해당하는 행위로 질서를 유지할 수 없는 집회 또는 시위

② 집회 또는 시위가 제1항에 따른 해산 명령을 받았을 때에는 모든 참가자는 지체 없이 해산하여야 한다.

③ 제1항에 따른 자진 해산의 요청과 해산 명령의 고지(告知) 등에 필요한 사항은 대통령령으로 정한다.

제21조(집회 · 시위자문위원회) ① 집회 및 시위의 자유와 공공의 안녕 질서가 조화를 이루도록 하기 위하여 각급 경찰관서에 다음 각 호의 사항에 관하여 각급 경찰관서장의 자문 등에 응하는 집회 · 시위자문위원회(이하 이 조에서 "위원회"라 한다)를 둘 수 있다.

1. 제8조에 따른 집회 또는 시위의 금지 또는 제한 통고
2. 제9조제2항에 따른 이의 신청에 관한 재결
3. 집회 또는 시위에 대한 사례 검토
4. 집회 또는 시위 업무의 처리와 관련하여 필요한 사항

② 위원회에는 위원장 1명을 두되, 위원장을 포함한 5명 이상 7명 이하의 위원으로 구성된다.

③ 위원장과 위원은 각급 경찰관서장이 전문성과 공정성 등을 고려하여 다음 각 호의

사람 중에서 위촉한다.

1. 변호사
2. 교수
3. 시민단체에서 추천하는 사람
4. 관할 지역의 주민대표

④ 위원회의 구성 · 운영 등에 필요한 사항은 대통령령으로 정한다.

제22조(벌칙) ① 제3조제1항 또는 제2항을 위반한 자는 3년 이하의 징역 또는 300만원 이하의 벌금에 처한다. 다만, 군인 · 검사 또는 경찰관이 제3조제1항 또는 제2항을 위반한 경우에는 5년 이하의 징역에 처한다.

② 제5조제1항 또는 제6조제1항을 위반하거나 제8조에 따라 금지를 통고한 집회 또는 시위를 주최한 자는 2년 이하의 징역 또는 200만원 이하의 벌금에 처한다.

③ 제5조제2항 또는 제16조제4항을 위반한 자는 1년 이하의 징역 또는 100만원 이하의 벌금에 처한다.

④ 그 사실을 알면서 제5조제1항을 위반한 집회 또는 시위에 참가한 자는 6개월 이하의 징역 또는 50만원 이하의 벌금 · 구류 또는 과료에 처한다.

제23조(벌칙) 제10조 본문 또는 제11조를 위반한 자, 제12조에 따른 금지를 위반한 자는 다음 각 호의 구분에 따라 처벌한다.

1. 주최자는 1년 이하의 징역 또는 100만원 이하의 벌금
2. 질서유지인은 6개월 이하의 징역 또는 50만원 이하의 벌금 · 구류 또는 과료
3. 그 사실을 알면서 참가한 자는 50만원 이하의 벌금 · 구류 또는 과료

[헌법 불합치, 2008헌가25, 2009.9.24., 집회 및 시위에 관한 법률(2007.5.11. 법률 제8424호로 전부개정된 것) 제10조 중 '옥외집회' 부분 및 제23조제1호 중 '제10조 본문의 옥외집회' 부분은 헌법에 합치되지 아니한다. 위 조항들은 2010.6.30.을 시한으로 입법자가 개정할 때까지 계속 적용된다.]

[한정위헌, 2010헌가2, 2014.3.27. 집회 및 시위에 관한 법률(2007.5.11. 법률 제8424호로 개정된 것) 제10조 본문 중 '시위'에 관한 부분 및 제23조 제3호 중 '제10조 본문' 가운데 '시위'에 관한 부분은 각 '해가 진 후부터 같은 날 24시까지의 시위'에 적용하는 한 헌법에 위반된다.]

제24조(벌칙) 다음 각 호의 어느 하나에 해당하는 자는 6개월 이하의 징역 또는 50만 원 이하의 벌금·구류 또는 과료에 처한다.

1. 제4조에 따라 주최자 또는 질서유지인이 참가를 배제했는데도 그 집회 또는 시위에 참가한 자
2. 제6조제1항에 따른 신고를 거짓으로 하고 집회 또는 시위를 개최한 자
3. 제13조에 따라 설정한 질서유지선을 경찰관의 경고에도 불구하고 정당한 사유 없이 상당 시간 침범하거나 손괴·은닉·이동 또는 제거하거나 그 밖의 방법으로 그 효용을 해친 자
4. 제14조제2항에 따른 명령을 위반하거나 필요한 조치를 거부·방해한 자
5. 제16조제5항, 제17조제2항, 제18조제2항 또는 제20조제2항을 위반한 자

제25조(단체의 대표자에 대한 벌칙 적용) 단체가 집회 또는 시위를 주최하는 경우에는 이 법의 벌칙 적용에서 그 대표자를 주최자로 본다.

부칙(군사기지 및 군사시설 보호법) 〈제8733호, 2007.12.21.〉

제1조(시행일) 이 법은 공포 후 9개월이 경과한 날부터 시행한다. 〈단서 생략〉

제2조부터 제9조까지 생략

제10조(다른 법률의 개정) ①부터 〈21〉까지 생략

〈22〉 집회 및 시위에 관한 법률 일부를 다음과 같이 개정한다.

제8조제3항제3호 중 "「군사시설보호법」 제2조제1호"를 "「군사기지 및 군사시설 보호법」 제2조제2호"로 한다.

〈23〉부터 〈30〉까지 생략

제11조 생략

수사첩보 수집 및 처리 규칙

[제정 1991.7.31, 경찰청예규 제62호]
개정 2008.3.26 예규 제382호 (전부개정)
2011.11.30 예규 제448호

제1조(목적) 이 규칙은 형사정책 수립 및 범죄 수사의 자료가 되는 수사첩보를 적극 수집 처리하여 수사경찰의 발전과 수사 활동의 효율적인 수행을 도모함을 목적으로 한다.

제2조(정의) 이 규칙에서 사용하는 용어의 정의는 다음과 같다.

1. 「수사첩보」라 함은 수사와 관련된 각종 보고자료로서 범죄첩보와 정책첩보를 말한다.
2. 「범죄첩보」라 함은 대상자, 혐의 내용, 증거자료 등이 특정된 내사 단서 자료와 범죄 관련 동향을 말하며, 전자를 범죄내사첩보, 후자를 범죄동향첩보라고 한다.
3. 「기획첩보」라 함은 범죄첩보 중 일정기간 집중적으로 수집이 필요한 내사 단서 자료 및 동향을 말한다.
4. 「정책첩보」라 함은 수사제도 및 형사정책 개선, 범죄예방 및 검거대책에 관한 자료를 말한다.
5. 「범죄첩보분석시스템(Criminal Intelligence Analysis System)」(이하 "CIAS"라 한다.)이라 함은 수사첩보의 작성, 수집, 평가, 배당 등 전 과정을 전산화한 시스템으로서 경찰청 과학수사센터에서 구축, 운영중인 것을 말한다.

제3조(적용범위) 이 규칙은 모든 경찰공무원에게 적용된다.

제4조(수집의무) 경찰공무원은 일상 업무를 수행하면서 항상 적극적인 자세로 문제의

식을 가지고 사물을 관찰함으로써 정확한 사회 진단에 의한 첩보를 발굴 수집하여야 한다.

제5조(월 수집기준량) 경찰공무원은 「견문 수집 및 처리 규칙」에서 정한 기준건수를 수집 · 보고하되, 수사 · 형사 외근요원(경찰청 수사국장의 업무지휘를 받고 있는 경찰관서의 수사부서 근무자)은 4건 이상의 수사첩보를 수집 · 보고하고, 수사내근 · 지구대 · 파출소 · 분소 직원은 1건 이상의 수사첩보를 수집 · 보고하도록 한다.

제6조(제출방법) ① 경찰공무원은 입수한 모든 수사첩보는 CIAS를 통하여 작성 · 제출함을 원칙으로 한다.

② 경찰공무원은 수사 중이거나 수사종결된 사건 및 허위의 사실을 첩보로 제출해서는 안 된다.

제7조(평가 및 기록관리 책임자) ① 평가 및 기록관리 책임자(이하 "평가 책임자"라 한다)는 다음과 같다.

1. 경찰청은 과학수사센터장
2. 지방경찰청 및 경찰서는 수사과장, 형사과가 분리된 경우 형사과장

② 평가 책임자는 제출된 첩보를 신속히 검토 후 적시성, 정확성, 활용성 등을 종합판단하여 공정하게 평가하고 필요한 조치에 대하여 구체적으로 지시하여야 한다.

③ 평가 책임자는 제출된 첩보의 정확한 평가를 위하여 제출자에게 사실 확인을 요구할 수 있다.

④ 평가 책임자는 제출된 첩보의 내용이 부실하여 보충할 필요성이 있는 경우 제출자에게 반려하여 보완을 요구할 수 있다.

⑤ 평가 책임자는 제출된 첩보에 대하여 비공개를 원칙으로 하되, 범죄예방 및 검거 등 수사목적상 첩보 내용을 공유할 필요가 있다고 인정할 경우 CIAS상에서 공유하게 할 수 있다.

제8조(첩보처리) ① 경찰공무원이 입수한 모든 수사첩보는 CIAS를 통하여 처리되어야 한다.

② 각급 경찰관서장은 입수된 수사첩보를 신속하게 처리하도록 한다.

③ 입수된 첩보와 관련하여 당해 관서에서 처리하기가 적합하지 않다고 인정될만한

사유가 있는 경우에 한하여 상급관서에서 처리할 수 있도록 지체없이 보고한다.
④ 모든 수사첩보는 수사 착수 전에 누설되는 일이 없도록 철저히 보안을 유지하여야 한다.

제9조(이송) ① 수집된 첩보는 수집관서에서 처리하는 것을 원칙으로 한다. 다만, 평가 책임자는 첩보에 대해 범죄지, 피내사자의 주소·거소 또는 현재지 중 어느 1개의 관할권도 없는 경우 이송할 수 있다.
② 전항과 같이 이송을 하는 첩보의 평가 및 처리는 이송 받은 관서의 평가 책임자가 담당한다.

제10조(기획첩보의 수집) 각 경찰관서 수사부서의 장은 소속 관서의 경찰공무원에게 한시적·단편적·지역적 사안에 대하여 기획첩보를 수집하도록 요구할 수 있다.

제11조(평가) ① 범죄첩보의 성적 평가를 위한 1건당 배점은 다음 각 호와 같다.
1. 특보 : 10점
   가. 전국단위 기획수사에 활용될 수 있는 첩보
   나. 2개 이상의 지방청과 연관된 중요 사건 첩보 등 경찰청에서 처리해야 할 첩보
2. 중보 : 5점
   2개 이상 경찰서와 연관된 중요 사건 첩보 등 지방청 단위에서 처리해야 할 첩보
3. 통보 : 2점
   경찰서 단위에서 내사할 가치가 있는 첩보
4. 기록 : 1점
   내사할 정도는 아니나 추후 활용할 가치가 있는 첩보
5. 참고
   단순히 수사업무에 참고가 될 뿐 사용가치가 적은 첩보

② 정책첩보의 성적 평가를 위한 1건당 배점은 다음 각 호와 같다.
1. 특보 : 10점
   전국적으로 활용·시행할 가치가 있는 첩보
2. 중보 : 5점
   지방청 단위에서 활용·시행할 가치가 있는 첩보
3. 통보 : 2점
   경찰서 단위에서 활용·시행할 가치가 있는 첩보

4. 기록 : 1점
   추후 활용 · 시행할 가치가 있는 첩보
5. 참고
   단순히 수사업무에 참고가 될 뿐, 활용 · 시행할 가치가 적은 첩보

③ 첩보수집 내역, 평가 및 처리결과는 CIAS를 이용하여 전산관리한다.

제11조의2(수사첩보의 보존 및 폐기) ① 수사첩보 및 수사첩보 전산관리대장의 보존기간은 다음 각 호와 같다. 이 경우 보존기간의 기산일은 다음 해 1월 1일로 한다.

1. 수사첩보 : 2년
2. 수사첩보 전산관리대장 : 10년

② 보존기간이 경과한 수사첩보 및 수사첩보 전산관리대장은 매년 초 일괄 폐기하고, 로그기록을 보존하여야 한다.

〈2011.11.30 본조 신설〉

제12조(포상) ① 수사첩보에 의해 사건해결 또는 중요범인을 검거하였을 경우 첩보제출자를 사건을 해결한 자 또는 검거자와 동등하게 특별승진 또는 포상할 수 있다.

② 일정기간 동안 개인별로 첩보성적을 평가하여 포상 및 특별승진 등 기준으로 사용할 수 있다.

③ 제출한 첩보에 의해 수사시책 개선발전에 기여한 자는 별도 포상한다.

제13조(인사반영) 경찰공무원이 제출한 첩보 성적평가 결과는 매월 해당부서에 통보하여 인사에 반영한다.

제14조(위임규정) 지방경찰청장은 이 규칙의 시행에 필요한 세부사항을 제정 · 시행할 수 있다.

부칙 (2008.3.26)

이 규칙은 발령한 날부터 시행한다.

부칙 (2011.11.30)

이 규칙은 발령한 날부터 시행한다.

해외주재관 운영에 관한 규칙

[1991. 7. 31 경찰청예규 제31호]

개정 1995. 6. 22 예규 제142호
1998. 12. 31 예규 제119호
2000. 4. 1 훈령 제301호
2000. 10. 20 예규 제277호
2001. 2. 28 예규 제282호
2005. 3. 24 예규 제333호
(전개, 제명변경) 2006. 6. 20 예규 제357호
2013. 10. 1 훈령 제711호

제1조(목적) 이 규칙은 해외 경찰주재관(이하 "주재관"이라 한다)의 선발, 교육 및 평가 등에 관한 사항을 규정함을 목적으로 한다.

제2조(주재관의 자격요건) 주재관은 다음 각호의 자격을 갖추어야 한다.

1. 경감 이상의 경찰공무원인 자
2. 영어 또는 주재국 공용어 우수자
3. 투철한 국가관과 사명감, 외교적 자질이 있는 자

제3조(주재관의 선발 등) ① 경찰청장은 주재관의 신규 파견 또는 임기 만료자의 교체를 위하여 주재관 추천대상자를 선발하는 경우에는 파견 예정공관, 직급 등을 정하여 공개모집 한다.

② 주재관 추천대상자 선발심사는 외국어 능력 등 객관적 요소와 직무수행능력 · 태도 등 주관적 요소를 고루 평정하여야 하며, 객관요소 평정은 서류심사 방식으로, 주관요소 평정은 개별 또는 집단면접 방식으로 각각 진행하고, 선발은 점수제로 한다.
③ 제2항의 규정에 의한 심사를 위하여 선발심사위원회를 구성하되, 위원장은 경찰청 차장으로 하고, 위원은 외사국장을 포함한 국장급 또는 심의관급 2~4인으로 하며, 간사는 외사기획과장으로 한다.

제4조(교육) 주재관으로 파견될 주재관 후보자는 다음 각 호에 해당하는 교육을 이수하여야 한다.

1. 경찰청의 자체 주재관교육
2. 외교부 외교안보연구원의 직무교육
3. 국가정보원의 소양교육

제5조(주재관의 임무) 주재관은 다음 각호의 임무를 수행한다.

1. 재외국민 권익보호를 위한 활동
2. 마약, 테러 등 국제성 범죄관련 자료수집
3. 국제성 범죄자 검거를 위한 수사공조활동
4. 주재국 경찰기관과의 협력업무
5. 기타 경찰업무와 관련한 하명사항

제6조(주재관 근무기간 등) ① 주재관의 근무기간은 계속하여 3년을 원칙으로 하되, 경찰청장은 재외공관장이 요청하는 경우에는 외교부장관의 동의를 얻어 1년의 범위 내에서 연장을 허용할 수 있다.
② 경찰청장은 경찰청 업무수행상 특히 필요하다고 인정되는 경우에는 근무기간 만료 이전이라도 외교부장관의 동의를 얻어 경찰청으로 복귀 시킬 수 있다.
③ 주재관 근무를 마치고 귀임예정인 주재관과 새로 부임한 주재관은 일정기간 합동 근무를 하여야하며, 주재관 업무에 관하여 필요한 사항에 대하여 반드시 인계 · 인수하여야 한다.

제7조(주재관의 일시 귀국) 재외공관에 근무중인 주재관은 다음 각호의 1에 해당하는 경우 경찰청장의 허가를 받아 일시 귀국할 수 있다.

1. 배우자, 본인 또는 배우자의 직계 존비속이 사망하거나 위독한 때
2. 본인이 본국에서 치료 및 휴양이 필요한 때
3. 본인 또는 자녀가 본국에서 결혼할 때
4. 기타 경찰청장이 특히 필요하다고 인정한 때

제8조(출장) 주재관이 주재지 관할이외의 지역에 출장하려할 때에는 경찰청장에게 보고하여야 한다. 다만, 시급을 요할 때에는 사전에 주재공관장의 승인으로 시행하고 귀임후에는 지체없이 그 결과를 보고하여야 한다.

제9조(업무실적평가) ① 주재관의 활동실적은 월단위로 평가하며, 분기 1회 종합평가하여 그 결과를 본인에게 통보하여야 한다.

② 주재관의 업무실적 평가에 관한 구체적인 사항은 별도의 업무실적 평가계획에 의한다. 이 경우 재외공관장의 성과계약 평정결과를 일정비율 반영하여야 한다.

③ 주재관의 업무실적 평가 결과는 근무평정에 적극 반영하여야 한다.

제10조(인사상 불이익의 금지 등) ① 제3조의 자격요건을 갖춘 경찰공무원은 누구나 자유롭게 경찰주재관 공모에 지원할 수 있으며, 이를 이유로 인사상 불이익을 받아서는 아니된다.

② 소속기관의 장은 주재관(주재관 근무후 복귀한 자를 포함한다)에 대하여 국내근무자와 동등한 인사상의 배려를 하여야 한다.

제11조(소환 등) 경찰청장은 주재관이 다음 각 호의 어느 하나에 해당하는 때에는 지체없이 당해 주재관의 소환 등 적절한 조치를 하여야 한다.

1. 국위를 손상하거나 국가이익에 위반되는 행위를 한 때
2. 정당한 사유없이 중요한 업무수행을 태만히 하거나 경찰관으로서의 복무상 의무를 위반한 때
3. 외교부장관 또는 해당 공관장으로부터 소환요청이 있는 때
4. 해당 직무수행에 부적합하다고 인정된 때

부칙 (2013. 10. 1)

이 규칙은 발령한 날부터 시행한다.

찾아보기

P

R

S

T

U

X

ㄱ

ㄴ

ㄷ

ㅅ

ㅇ

ㅈ

ㅊ

ㅋ

ㅌ

ㅍ

ㅎ

찾아보기(인명)

A

B

C

D

J

R

T

W

Y

ㄱ

ㅈ

ㅊ

ㅋ

ㅍ

ㅎ

저자약력

정육상

계명대학교 경영학과 졸업(경영학 · 행정학 전공)
미국 Wichita State University 대학원 형사학과 석사과정 수학(경찰학 · 범죄학 전공)
경북대학교 행정대학원 졸업(이론행정 전공)
동국대학교 대학원 경찰행정학과 졸업(법학박사, 경찰학 전공)

_ 現

계명대학교 경찰행정학과 교수
한국치안행정학회 회장
한국경찰학회 부회장
한국중독범죄학회 부회장
한국경찰연구학회 부회장
법무부 범죄피해자보호위원회 위원
경찰청 시민감찰위원
국가안보전략연구원 연구위원
서울 · 경기 · 경북 · 대구지방경찰청 순경공채면접위원

_ 前

정보학 사무관 승진시험 출제위원
미국 University of Oklahoma 정치학과 연구위원(Research Associate)
미국 Wichita State University 형사학과 조교수(Adjunct Assis. Prof.)
국가정보대학원 교수
한국범죄심리학회 부회장
한국경호경비학회 부회장
한국민간경비학회 부회장
한국공안행정학회 부회장
국정원 정책위원
駐미얀마 한국대사관 참사관
대통령 경호실 경호안전대책위원회 위원
정부 테러대책실무회의 위원
국가정보원 도지부 지부장 직무대리
국가정보원 국장급 퇴임(2급)

_ 저서 및 논문

경찰학개론(서울: 우공출판사, 2017)
경찰학(서울: 박영사, 2015)
테러유형별 대응조치 매뉴얼(서울: 특수범죄연구소, 2009)
신 국제범죄정보 수집기법(서울: 특수범죄연구소, 2006)
실무 마약정보활동(서울: 특수범죄연구소, 2001)

국내거주 결혼이주 여성의 범죄두려움에 관한 연구(한국위기관리논집, 2015)
북한의 대남테러 가능성과 경찰의 대응역량강화방안(한국치안행정논집, 2015)
경찰학 분야 연구경향 분석: 한국위기관리논집을 중심으로(한국위기관리논집, 2014)
국제범죄환경의 변화에 따른 보안 · 수사기관의 대응능력 제고방안(한국공안행정학회보, 2014)
최근 테러양상의 변화에 따른 대응체제 개선방안(한국치안행정논집, 2014)
체미 한인여성의 성착취 목적 인신매매와 밀입국에 대한 조사방법 연구(한국민간경비학회보, 2014)
외로운 늑대테러의 발생가능성과 경찰의 대응방안(한국경찰학회보, 2013)
델파이 분석을 활용한 경찰공무원 채용시험의 개선방안(한국민간경비학회보, 2013)
언론보도에 의한 범죄피해자 보호방안에 관한 연구(언론정보학 연구, 2013)
국정원과 경찰의 조직개편 방향에 관한 연구: 양 기관의 유사업무 조정을 중심으로(경찰학논총, 2013)
우리나라 생물테러 대응체제의 문제점 및 개선방안 연구(한국경호경비학회지, 2010)
The Organized Crime in Contemporary Korea: International Implication(International Journal of Comparative and Applied Criminal Justice, 1997)
Revamping the Korean Intelligence Service: A View Point of National Security(International Journal of Comparative and Applied Criminal Justice, 1994) 외 다수

저자와의
합의하에
인지첩부
생략

국가정보와 경찰정보 II

2015년 8월 10일 초판 1쇄 발행
2017년 8월 20일 초판 2쇄 발행

지은이 정육상
펴낸이 진욱상
펴낸곳 백산출판사
교　정 편집부
본문디자인 편집부
표지디자인 오정은

등　록 1974년 1월 9일 제406-1974-000001호
주　소 경기도 파주시 회동길 370(백산빌딩 3층)
전　화 02-914-1621(代)
팩　스 031-955-9911
이메일 editbsp@naver.com
홈페이지 www.ibaeksan.kr

ISBN 979-11-5763-079-0
값 25,000원(세트가)